【改訂新版】

異郷と故郷

——近代ドイツとルール・ポーランド人——

伊藤定良
著

有志舎

【改訂新版】

異郷と故郷

―近代ドイツとルール・ポーランド人―

《目次》

【凡例】

一、本書は、東京大学出版会から刊行された「新しい世界史」シリーズ第八巻の『異郷と故郷―ドイツ帝国主義とルール・ポーランド人』（一九八七年）の改訂新版である。ただし、全体の三分の一ほどは新稿に差し替え、その他の箇所もかなりの部分を補訂している。また、サブタイトルも変更した。

一、出典は、本文中に（著者、出版年、引用ページ）のかたちで記し、詳細な書誌情報は「引用文献・参考文献一覧」に記した。

一、未刊行史料については、つぎのように略記した。

Oberpräsidium (der Provinz Westfalen) → OP

Regierung Münster → RM

Regeirung Arnsberg → RA

Oberbergamt Dortmund → OD

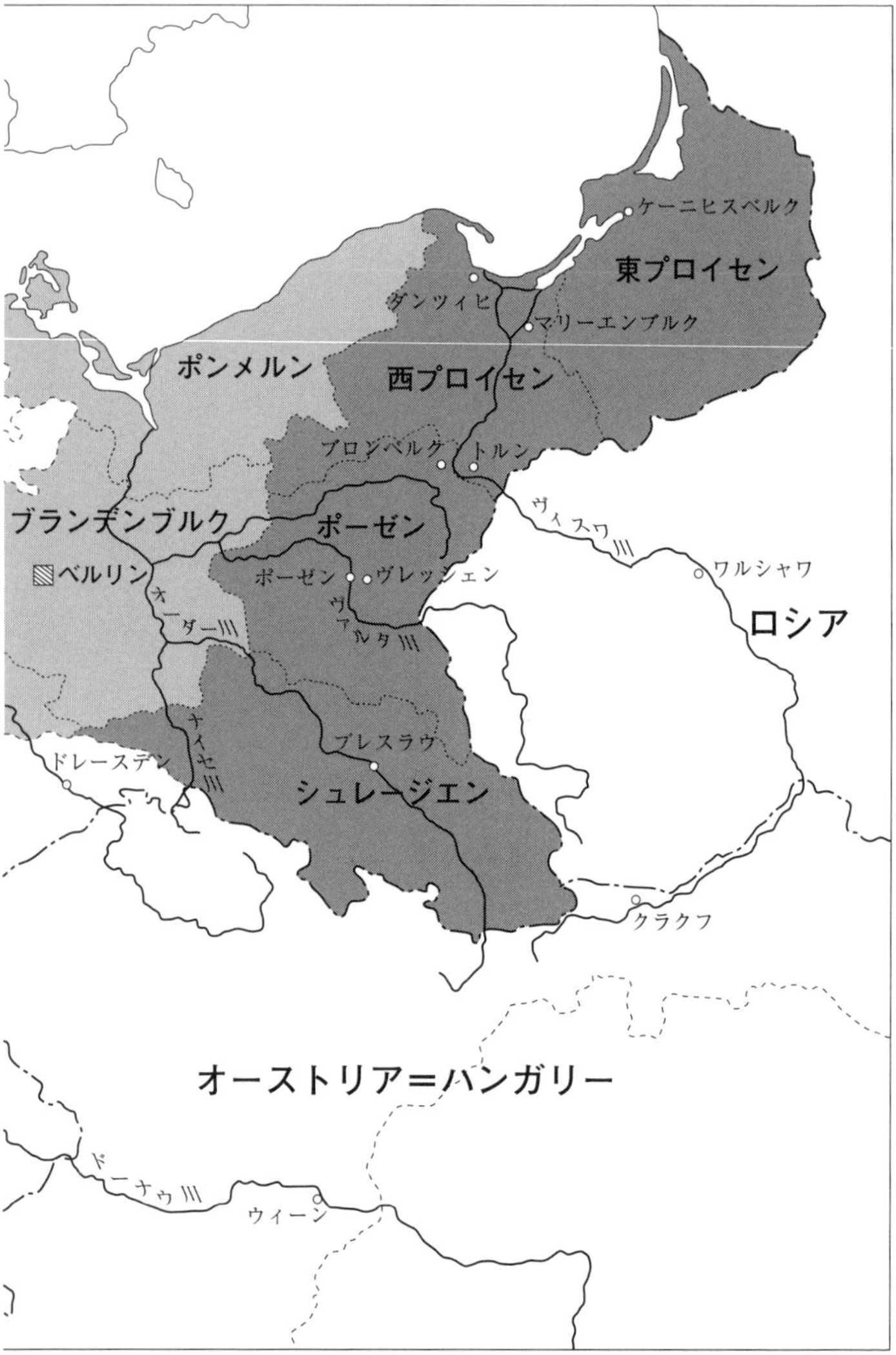
ケーニヒスベルク
東プロイセン
ダンツィヒ
マリーエンブルク
ポンメルン
西プロイセン
ブロンベルク
トルン
ブランデンブルク
ポーゼン
ベルリン
ポーゼン
ヴレッシェン
ヴィスワ川
ワルシャワ
ロシア
オーダー川
ヴァルタ川
ナイセ川
ドレースデン
ブレスラウ
シュレージエン
クラクフ
オーストリア＝ハンガリー
ドーナウ川
ウィーン

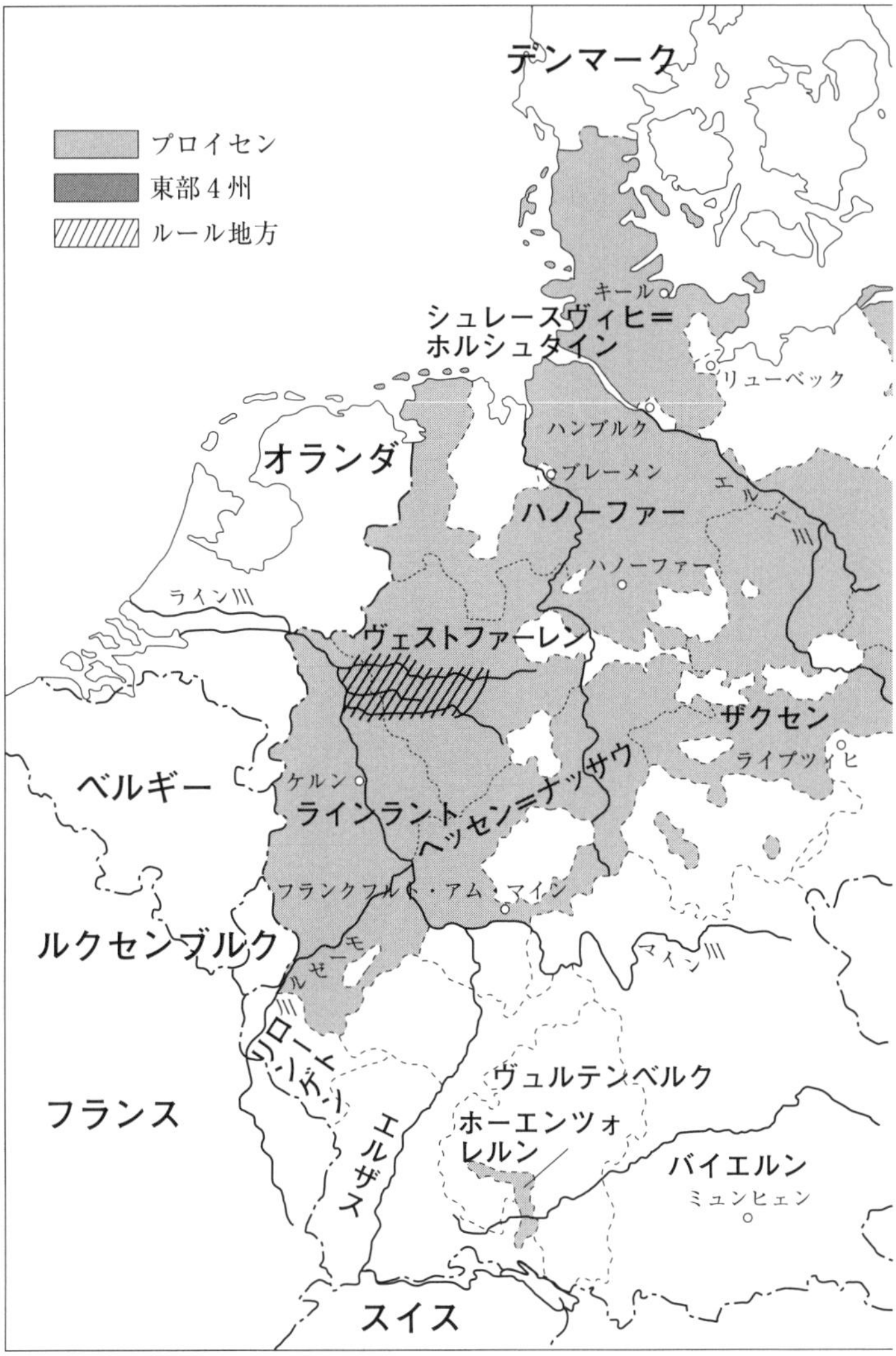

ドイツ帝国（1871～1914年）**の版図**

プロローグ

「ポーランド野郎」の苦痛

一九世紀は、すぐれて人の移動が活発化した時代だった。ヨーロッパは、産業革命と工業化を進めたこの時期に、植民地を世界大に広げてグローバル化をもたらした。ヨーロッパからアメリカなどへの海外移住がかつてない規模で起こったのは、一九世紀のことである。同時に、ヨーロッパの社会・経済の変動は、国内の人びとの移動をも促進した。それはドイツでも見られたことだった。本書がもっぱら対象とするルール・ポーランド人とは、こうした一九世紀社会の変化によって生じた人の移動を体現した存在にほかならない。

周知のように、ポーランドは、一八世紀後半のポーランド分割によって姿を消し、ワルシャワ公国という幕間はあったものの、ウィーン会議でふたたび分割された。ポーランド西部はプロイセンに領有され、そこのポーランド人は、その後ドイツ帝国に組み込まれた。ドイツ国民の一員として、ポーランド人も当然資本主義化・近代化の波に洗われ、時代の変化にさらされた。エルベ川東のドイツ東部国境地域《オストマルケン》に居住していたポーランド人の一部は、当面する苦境から脱するために、糊口の道を求めて西部のルール工業地帯に移住した。ここに形成されたのがルール・ポーランド人である。

ポーランド人が、大量に西部地域に移住していくのは、一八九〇年代以降のことである。しかし、彼らを待っていた新天地は自分たちの故郷とはあまりにも違っていた。言うまでもないことだが、彼らにとっては、この工業地帯は自分たちとはなじみの薄いドイツ的環境であり、その異質な環境は彼らを大いに苦しめた。言語や生活習慣を始めとして、彼らが限りない圧迫を感じたとしても何ら不思議ではない。

ルール地方の中心都市ドルトムントに住む家具職人ヨーゼフ・ヤンコフスキは、長いあいだ自分の名前に引け目を感じ、劣等感を持っていた。一九〇八年七月一八日は、彼にとって、長年の重荷から解放された記念すべき日であった。というのは、この日、アルンスベルク県知事から、ドイツ姓ボイマーへの改姓が許可されたからである。

彼の経歴について、詳しいことは分かっていない。改姓申請書にはつぎのように記されているだけである。一八七一年一一月一一日、労働者アンドレアス・ヤンコフスキ夫婦の息子として、西プロイセン州ダンツィヒ県マリーエンブルク郡タウゼー村で生まれ、唯一の姉はドルトムントのペンキ屋コンラーディと結婚している。一八九六年二月八日にドルトムントのドイツ人女性ヘンリエッテ・ヴェヒターと結婚し、一一歳の男子を頭に三人の子どもをもうけている、と (RA, I Sta, Nr. 501)。

このデータからは、彼の社会生活など確かなことを知るすべはない。ただ、彼が、ポーランド人移住者として、生活環境を含むすべての点でドイツ東部の「故郷《ハイマート》」とは異なる西部の「異郷《フレムデ》」の地で、ドイツ社会への同化を進めていったらしいことである。ポーランド人移住者の多くが鉱夫として働き、コロニーと呼ばれる炭鉱集団住宅に住んでまとまった社会生活を営んでいたのに対し、彼は、ルール地方のポーランド人には数少ない家具職人だった。ドイツ人との付き合いが日常的であったことは、容易に推測できる。ドイツ人女性との結婚も、彼にとっては自然の成り行きであっただろう。

そのような彼にしてみれば、子どもたちの現在と将来は尽きない心配の種であった。子どもたちは、ポーランド姓を持っているというだけで、「ポラック」あるいは「ポラッケン」（「ポーランド野郎」の意味）とののしられ、いじめの対象になった。年かさのものを中心にした子どもの世界では、何という理由もなく、ヤンコフスキの二人の男の子パウルとアウグストは、本名でなく、「ポーランド野郎」と呼びかけられることが多かった。わが子の心が深く傷つけられていくのを目の当たりにして、ヤンコフスキの改姓の決意は固まった。改姓申請書には、子を思う親の心情が簡潔に述べられている。

子どもたちに日々加えられているいじめを改姓理由に挙げている点では、車掌助手のツァイェフスキの場合もまったく同様である。彼も、一九〇八年七月四日に、ザント姓への改姓を許されたが、自分の子どもが仲間内で受けるいろいろな意地悪、仕打ちに深く心を痛めていた。ドイツ人のなかに交じり合って生きていくほかないルール地方の生活環境では、ポーランド人に対するあらゆる偏見と蔑視が、子どもたちの世界に凝縮されていたと言えるかもしれない。こうした偏見に反発すれば、いさかいは日常茶飯事となり、いじめは度を増した。子どもの将来を憂慮した結果の選択が、彼の場合も、改姓という行為だった（RA, I Sta, Nr. 500）。

「ポーランドの脅威」

ドイツ姓への改姓の背後にドイツ社会の重苦しい圧迫があったことは、以上の例でもうかがい知ることができる。実際の生活の場でも、ドイツの商店がポーランド人を締め出し、露骨な差別感情をむき出しにすることは多かった。それに対して、ポーランド人は対抗手段を講じ、「誰しもが同胞のもとへ」をスローガンにして、ポーランド人自身の店で買うようにキャンペーンを張った。世紀転換期のころには、つぎのような広告が少なからず見出されたという（一九〇三年一二月二二日付アルンスベルク県知事のプロイセン内相宛て報告。RM, Abt. VII, Nr. 35 b)。

――私は当地で最初の肉屋です。だから、私はすべてのポーランド人の絶大な支援を当てにしています。

――私は「ポーランド人」の助産婦を開業しました。

――順調にやっている食料品雑貨店を適正価格で売却します。開業の絶好の機会をポーランド人に提供します。

こうしたポーランド人の広告がルール地方当局やドイツ民族主義的な新聞の注目を浴びていったのも、それがポーランド人移住者の増大を背景にしていたからであろう。じつは、ポーランド人移住者の増大という事態は、この地域に「ポーランドの脅威《ポーレンゲファール》」と呼ばれる新しい問題を突きつけたのだった。ドイツ・ナショナリストによれば、「ポーランドの脅威」とは、何も、ますます活発化するポーランド人の協会活動や集会、新聞によってのみ体現されているのではない。ポーランド人の存在そのものがドイツの地域社会を変えているのであり、それに目を塞ぐことは許されないのである。

ドイツ・ナショナリズムを先導していた全ドイツ連盟は、はやくも一九〇一年にはルール・ポーランド人の動向をまとめ、彼らの危険性についてドイツ世論を喚起しようとしている。ここで興味深いのは、ポーランド人顧客に対する一部ドイツ人商店の態度さえ問題にされていることである。以下のような事態は、全ドイツ連盟にとって、ドイツ人の民族的誇りを蔑ろにしている最大の証明であった(ADV (Hg.), 1901 : 48-49)。

ゲルゼンキルヒェン…レックリングハウゼン…もちろんボーフムでも、またそのほか多くのところでは、ショーウインドーから色鮮やかなポーランド語の広告が目に飛び込んでくる。…ドイツ人商人のなかには、「当店はポーランド語を話します」という看板を出しているものもいる。立ち寄ってくれるポーランド人には、そのために東部から呼び寄せられたポーランド語のできる店員が応対するのである。ラインラント・ヴェストファーレンのために、ポーランド語に堪能な店員を求めるドイツ人商人の広告が、しばしば東部発行の新聞の紙面を飾っている。

「ポーランドの脅威」は、一般的には、新聞による活発な宣伝とともに、あらゆる分野に組織を広げてポーランド人の民族的結集を進める活動について言われるが（第四章*1*を参照）、以上に取り上げた地域社会の新しい事態も、紛れもなくその重要な要素であった。

二つの裁判

ルール地方にポーランド人移住者が増え、街頭風景を変えていくなかで、「ポーランドの脅威」論は広がった。ここでは、当時のドイツ社会に広く喧伝され、ポーランド人を圧迫した「ポーランドの脅威」について、まずは当局の目をとおして見ておきたい。

「ポーランドの脅威」として、警察や行政当局の監視の目にさらされたポーランド協会のなかで、とりわけ体操協会「ソークウ」（ハヤブサ、タカ）の活動には厳しい視線が注がれた。というのも、その体操練習が往々にして政治的・軍事的な面で解釈されたからである。当然ながら、体操協会は警察・行政当局の処置に抗議し、みずから行政訴訟に持ち込んで、その不当性を追及した。また、協会側が起訴された場合には、公判で自己の活動の正当性を強く主張した。裁判闘争では、一般的にポーランド人側の不利は否みがたく、彼らの怒りは大きかった。つぎの二つの裁判事例は、当局と民族運動の側とのせめぎ合いを象徴しているが、同時に、「ポーランドの脅威」が当局によってどのように捉えられたのかをもよく示している。

一九〇五年一〇月一五日、ヴァンネの体操協会は、ある旅館のホールで集会を開いた。集会の終わりごろ、協会書記のムシェラクが、体操家を描いている二枚の絵をホールの壁に掛けた。一一月末にそれらの絵は警察の手によって押収され、ムシェラクは起訴された。エッセン地方裁判所刑事三部によって問題とされたのは、「希望」というタイトルのついている絵の方だった。一九〇六年四月二六日、裁判所は被告に対し、刑法典第一三〇条違反（階級的憎悪扇動の罪）により罰金一〇〇マルク、もしくは各五マルクにつき一日の拘禁という有罪判決を下した（RA, I Pa, Nr. 212）。

問題の絵（ほかの一枚は差し押さえ解除）は、体操協会「ソークウ」の衣装を身にまとった馬上姿の体操家を描いていた。体操家は左手に槍、右手に燃え盛る松明《たいまつ》を持ち、地上を疾駆している。彼はまた、この大地に絡みついている双頭の蛇に松明を向けている。このような絵に対し、裁判所は、体操協会の政治的性格を指摘して、ポーランド王国再建の「希望」を読み取ろうとした。プロイセンを暗示する蛇を焼き尽くすことにより、その軛《くびき》を脱してポーランドの大地を奪回することが絵の真意＝「希望」なのだ、と。しかも松明は、プロイセンに対する闘争を意味しているのである。判決文は断定している。誰でもが出入りできる公共の場所において、武力によるポーランド王国再建の希望を表現している絵を展示することは、「公共の安寧秩序」を危険に陥れるものにほかならない。

一九〇六年一〇月八日、最高裁判所はエッセン地方裁判所の判決を支持し、被告の上告を棄却した。しかし、ポーランド人側も負けてはいない。刑事訴訟事件とは違って、行政訴訟の場合には、ポーランド人側の執拗な抵抗が勝訴をもたらしたケースも見られる。ベレシンスキ裁判がそれである。一九一三年一二月一日、プロイセン上級行政裁判所は被告であるヴェストファーレン州知事の決定を廃棄し、原告ベレシンスキの異議申し立てを認めた。

問題の発端は、体操協会第一〇地区《ガウ》が公開屋外体育祭の許可を申請したことだった。協会幹部は、一九一一年九月二七日に、ボーフム警察本部長のもとにその開催許可を求めた。許可は与えられたが、条件付きであった。体操協会「ソークウ」のグレーの民族衣装、赤白の飾り帯、民族帽「ロガトゥカ」などは身に着けてはならず、違反した場合には集会はただちに解散、責任者は処罰されるというものである。警察の判断では、「ソークウ」の祭典用民族衣装はポーランドの民族的自立を図ろうとする協会の特徴を示しており、軍服に類似したその衣装は「正規軍の外観」を与えていた。さらに警察は、体操練習が形態において「軍事教練」と同質であることを強調している。

体操協会は、ここでは、協会の民族的＝政治的性格の判断については争おうとはしていない。体操協会は、おそらく、規約をめぐる理念論争になれば警察の土俵に乗りかねないことを恐れたのであろう。もっぱら、具体的な事実の解釈で警察の誤りを突こうとしている。つまり、こういう議論である。「ソークウ」の民族衣装と言われているものは、実際生活で使いやすいために、「ソークウ」とまったく関係のない人びとによっても着用されているのであり、民族帽もとくに「ソークウ」的でなく、プロイセン東部では民族に関わりなく日常生活で愛用されているのだ、と。

このような体操協会側の主張は警察によって受け入れられず、ベレシンスキは、県知事、ついで州知事に警察の行政命令の撤回を訴えた。しかし、両者とも、彼のたび重なる主張を認めようとはしなかった。舞台は、プロイセン上級行政裁判所に移った。上級行政裁判所の判決文は回りくどいが、要するに以下のようなものである。「ソークウ」のグレーの民族衣装の着用を公共性の名において禁止している法的規定は、存在していない。とすれば、この衣装の着用が、守るべき警察の利害（「公共の安寧秩序」の維持）をあきらかに脅かしているかどうかが問題である。衣装そのものは、「ポーランド人住民の歴史的な民族衣装と関連づけられるような独自性を見せてはいない」。とはいえ、これがポーランド民族主義的志向を表していないとは必ずしも言えない。だがそれは、客観的に証明されねばならない。この衣装が、ポーランド民族運動を進めようとしている体操協会の礼服というだけでは不十分である。事実、この種の衣装は、ことにスポーツ団体ではしばしば一般的である。衣装が体操協会の団結と結集を意味するにしても、その点はすでに公開模範体操で示されている。したがって、模範体操の許可が公共の安寧に抵触しないのであれば、衣装による示威的性格は認めることができない。しかも、体育祭典は、公道での行進とは違い、一般の人びとが出入りできるにしても、一定の限られた場所で開かれるのである。以上のように、この件では、上級行政裁判所は体操協会側に軍配を上げた（RM, Abt. VII, Nr. 23, Bd. 1）。

後者のケースでは、司法当局と警察・行政当局との見解の違いが示されたことになるが、この司法判決によって問題がすべて解決されたわけではない。警察による監視・規制は相変わらず続き、監視体制もいちだんと強化・整備されていった。県および州当局は、現行法の適用について検討を進めた。当局とポーランド民族運動との緊張関係は、ルール・ポーランド人に限りない重圧を加えたのである。

「チョウセン」と「日本通名」

前述したように、改姓問題は、民族的マイノリティに対する差別と偏見をむき出しにしているプロイセン＝ドイツ社会の特徴をよく表していた。その社会の重圧は、「ポーランド野郎」という蔑称に体現されて、ポーランド人としての生き方を左右するほどだった。ここに、改姓問題の持つ深刻さがある。しかもこの問題は、日本近現代史を振り返るならば、私たちにとっては特別な意味を持ってくる。私たちにおいても、じつは、同様の問題を抱えているのではないかという問いを発する人は、少なくないはずである。民族差別＝社会差別からの脱出を改姓に求めたポーランド人の生き方は、私たちにとって、他人ごとで済ませることができるであろうか。

朝鮮済州島出身の高峻石《コジュンソク》は、自分の個人史を書き記し、日本での生活体験を痛切に抉《えぐ》り出している。そのなかに、このような一節がある（高　1977：228-229）。

私は、一九二五年に日本に渡ってきて工場労働生活のときに雇主から「政吉」（まさきち）という名をつけられた。これは、私がそう望んだのではなく雇主が勝手につけたもので、苗字なしの名前であった。しかし私は、東京に出てきて苦学をするときには――学生生活の全過程をつうじて――本名を堂々と名のり、朝鮮人の集会では母国語を使った。そしてまた、小島経済研究所にいるときも、高石俊夫というペン・ネームで「モノ」を書いたが、これも雇主からの指示によるものであった。
しかし私は、小島経済研究所を飛び出してからは朝鮮人としては、働き口を見つけることができないので、みずからすすんで日本人に化けることに決めたのであった。

その後彼は、「高石俊夫」として中外商業新報社（日本経済新聞社の前身）に採用され、内閣担当記者に命じられた。しかし、彼の日常生活は針の筵の上にいるようなものだった。自分の「関西弁を交えた標準語」から身元が割れるのではないかとたえず気を遣い、同胞の朝鮮人を警戒して、彼らから孤立した生活を送るようになった。彼の悲哀は増した。彼は、かつて早稲田の学生として、在東京朝鮮人留学生同窓会連合会議の議長をつとめ、共産主義グループの一員として反戦運動を続けていた筋金入りの闘士だったのである。検挙・投獄・釈放ののち、彼が「日本人に化ける」ことを決意したのは、妊娠中の妻を抱えて、飢え死にの困苦から逃れるためだった。

彼のような政治体験を持たなくても、在日朝鮮人のなかでは、第二、第三の「高石俊夫」は一般的によく見られた。海を渡ってやって来た朝鮮人を待ち受けていたのは、日本社会の民族差別の厚い壁である。彼らがこの壁に囲まれてギリギリの生活を送るためにも、「高石俊夫」の類の名をつけて「日本人」になることは、生きるうえでの選択だった。

朝鮮人は、何も好き好んで日本にやって来たわけではない。在日朝鮮人の出現は、日本の韓国併合（一九一〇年）と朝鮮植民地統治の結果である。とりわけ、「土地調査事業」（一九一〇〜一八年）の果たした役割は大きい。ここでの朝鮮統督府と日本人大地主を頂点とした地主制の創出は、朝鮮人所有地の大量収奪を意味した。土地を奪われた朝鮮人農民は、日本資本主義を支える低賃金労働力として、日本社会の一員になった。在日朝鮮人労働者が本格的に形成され始めるのは、一九二〇年代のことである。

日本社会は、彼らに差別と敵対で向かい合った。彼らが祖国回復に思いを馳せるとき、官憲側からは「不逞鮮人」と呼ばれて、日常的な監視の対象になった。日本の朝鮮支配は、朝鮮民族の「後進性」「劣等性」という意識、彼らへの偏見や差別感情を、日本民衆のなかに容易に植えつけた。「チョウセン」や「鮮人」あるいは「鮮コウ」などの蔑称は、そうしたことの端的な表現である。

日本社会に生きる朝鮮人の苦痛は、計り知れない。彼らは、就職・労働条件で差別され、住む家にも事欠いた。ここに、「日本通名」を名乗らざるを得ない根本原因があった。高峻石の例を挙げるまでもないだろう。しかも彼の場合、「不逞鮮人」のほかに、「アカ」「務所帰り」といういわば三重苦を背負う存在だった。「日本通名」によって、民族的誇りを心の奥深く隠して生活しなければならなかった朝鮮人の心情は悲痛である。

朝鮮人の皇民化政策の一環として、悪名高き「創氏改名」が実施されたのは一九四〇年のことである。朝鮮名を剥奪された朝鮮人は、一九四五年の解放とともにふたたび本来の名前を取り戻した。しかし、さまざまな理由で日本に残ることを選択した彼らにおいては、「日本通名」の問題は、一朝一夕にして解決される問題ではなかった。ヘイトスピーチに揺れる現在の日本社会の状況は、「日本通名」を余儀なくする事態をいまだに作り出しているのである。

猪飼野の朝鮮人

高峻石の生まれた済州島を始めとして、朝鮮半島から多くの朝鮮人が働き口を求めて日本に移住した。歴史家の杉原達は、済州島からの渡航者が増えた要因について、以下のようにまとめている。まずは、日本の植民地支配が済州島の漁業に打撃を与え、また安価な機械織綿製品の日本からの流入が手紡ぎの綿織物など現地の家内的手工業を危機に陥れたことである。つぎに、前述した土地調査事業が農民たちの慣習上の耕作権を奪い、共有地の国有化によって彼らの絶対的な貧困を進めたことだった。また、これらに加えて、大阪の工業側からの安い労働力需要の増大、済州島庁による渡航奨励策といった問題も存在した（杉原　1998：88-96）。

以上の諸要因を背景に、済州島と大阪を結びつける現実的条件となったのが、定期航路の開設である。一九二三年に尼崎汽船部によって済州島・大阪間の定期航路が開通して以来、済州島からは、多数の朝鮮人が尼崎汽船部の君が代丸や朝鮮郵船の咸鏡丸（その後これに代えて京城丸）に乗って渡航し、大阪の在日朝鮮人人口は急増した（同上：116-119）。彼らの数は三一年には約八万五五〇〇人にのぼり、そのうち済州島出身者が三万人（三五％）を占めていた。三五年になると、在阪朝鮮人は二〇万二〇〇〇人を超え、済州島出身者は三・六万人（二割弱）をも数えている。済州島こそ、在阪朝鮮人の最大の故郷だった（同上：54-55）。

彼らは同郷人の伝手《つて》を頼り、まずは同胞の経営する下宿屋に宿泊した。高の言う「土方部屋」あるいは「労働者下宿屋」である。それを単位に、いわゆる「朝鮮人部落」が形成されるようになり、大阪市内だけでも「鶴橋部落」「猪飼野部落」「左官町部落」「天六部落」などが現われた。その最大の理由は、朝鮮人を拒否する日本人家主の住居差別だった（高　1977：76）。彼らの多くは家や部屋を借りることができず、河川敷や湿地など住環境の悪い空き地にバラックを立てて住むしかなく、そこが朝鮮人の集住地区、つまり「朝鮮町」「朝鮮部落」になった。この集住地区は、上下水道や電気なども通っておらず、衛生状態もひどかったが、故郷から家族を呼び寄せたり、親類・知り合いを頼って来たりする者も多く、人口は増え続けた（水野／文　2015：32）。

いま述べた下宿屋は、仕事口を探す人びとの私設職業紹介所の役割も兼ねていた。済州島出身朝鮮人の職業は、その多くが土工や炭坑夫、砂利人夫だった朝鮮本土出身者に対して、圧倒的に零細企業の労働者だった（金　1985：93）。つまり、済州島出身者が集まり居住した猪飼野地域（現在の大阪市東部の生野区・東成区をまたぐ朝鮮人集住地区）は、零細家内企業の街、職人の街であった。一九二九年の在日朝鮮人の職業別調査によると、全国的に「土方・人夫」に対して「職工」の比率の高い大阪でも、猪飼野地区は職工の比率がきわめて高い。猪飼野の朝鮮人住民の職業は、ほとんど「職工」「職人」で占められている（同上：165-169）。彼らの多くはガラス工業やゴム工業、金属工業の零細工場で働き、しかも労働条件が劣悪な工場とか、労働環境が非常に悪く日本人労働者が集まらないような職種に限られていた（同上：170-188）。

ところで、猪飼野地域に朝鮮人の街が形成されるに従って、当然朝鮮の風俗や習慣が持ち込まれ、朝鮮式の生活の営みが見られるようになった。その点について、猪飼野の形成の歴史を辿った金贊汀はこう描写している（同上：105）。

それは日本人から見れば異質の文化であったが、長い年月と朝鮮の風土の中で育まれた朝鮮人の生活様式は、日本に渡ってきた当時、ほとんど、そのまま持ち込まれていた。

婦人の衣服にはその色彩が最も色濃く反映していた。渡日した後、男性は洋服を着るようになるが、女性のほとんどはチマ・チョゴリ姿であった。

猪飼野には、通称「朝鮮市場」と呼ばれる商店街がある。その起源は、昭和初期にあるという。当時、日本の商店は朝鮮人を顧客として扱わず、食料品などの買い出しでは、彼らは「朝鮮人に売るものはない」とののしられ、追い返されるのが常だった。こうして、朝鮮市場は日本人による朝鮮人差別をテコにして生まれた。しかし、それだけではない。貧弱な露店がしだいに拡大し、警察の取り締まりにもかかわらず、警察と張り合いながら、露店の市場が猪飼野に出現した背景には、多くの朝鮮人が故郷の食べ物を必要としていたという現実があった。タクアンよりキムチなのである（同上：129-136）。こうした猪飼野のたたずまいは、戦後一九六〇年代まで続いている。

さて、猪飼野では、政治・社会生活でも新しい動きが起こってきた。猪飼野の住民が増えるに従い、さまざまな融和団体が発足した。在日朝鮮人を日本に同化させ、朝鮮人への治安対策をスムーズに進めるためのものであった。一九二一年に大阪府によって作られた「内鮮協和会」のみならず、朝鮮人側からも「相愛会」「内鮮同愛会」など多くの団体が設立され、治安当局に協力した。彼らにも日本の選挙権が与えられるとともに、「選挙が金になる」ことを知って、さまざまな融和団体の動きも活発化した。二五年の普通選挙の実施後には、「朝鮮人団体事件師」(選挙運動のブローカー)が選挙時に「暗躍し、金もうけをする」ようになった(金 1985 : 120-123)。また、「内鮮融和」を推進する団体として二一年に組織された相愛会は、有力政治家・官僚の支援を受けて、「関東大震災の後、労働者合宿所を設けたり就職相談・斡旋を行ったりした」。相愛会は、これらの活動によってそれなりの影響力を持ったが、なかには労働ブローカーとして労働者を搾取する幹部もいた(水野/文 2015 : 40)。

他方で、在日朝鮮人労働者の利益を図る目的で、階級的・民族的な立場を鮮明にした団体も誕生した。一九二二年に結成された大阪朝鮮労働者同盟会である。翌年五月一日の大阪のメーデーには、「日朝労働者団結せよ」のスローガンを掲げておよそ四〇〇〇名の労働者が参加したが、「そのうち朝鮮人労働者はじつに六〇〇余名を数えた」という。このような大阪の朝鮮人運動の発展の中心に、猪飼野地域の労働者がいたことは間違いない。東京・大阪・京都・神戸での朝鮮労働者同盟会の結成を経て、一九二五年二月に在日朝鮮労働総同盟が東京で創立された(金 1985 : 192-196)。

文化・教育活動は、猪飼野朝鮮人の重要な課題であった。朝鮮文字の習得は、彼ら自身の「主体性の確認のシンボル」として、不断に続けられねばならないのである。彼らは、子どもたちの教育のために、まず学校に通わせた。故郷では、貧しさのゆえに、学校に通う余裕はなかったであろう。子どもたち、いわゆる「学童」の多くは、一八歳前後であり、彼らは昼間仕事をし、夜に小学校の夜間部で学んだ。学ぶ機会や場がない朝鮮人青少年には、私設の夜学校が設けられ、朝鮮語と漢字が教えられた。しかし、この夜学校の開設には非常な困難が伴った。警察の目を恐れて、学校になる場所・部屋を貸してくれる人は少なく、また部屋の確保や学校運営のための資金集めも難しかったのである。それでも、夜学は朝鮮人子弟の教育に大きな役割を果たした（同上：147-162）。

しかし、当局にとっては、私設の夜学校が朝鮮語を教えていることは不適切・不穏当極まりなかった。当局は、夜学校を民族運動の文脈で捉えたのである。大阪では三〇年代前半から朝鮮人経営の夜学などが取り締まりを受け始め、三四年の「内鮮融和」の実施を求めた閣議決定後には、各府県の警察は朝鮮人教育機関を閉鎖し、朝鮮人の子どもを日本の学校に通わせる措置をとった。朝鮮語を教える夜学校がすべてなくなったわけではないが、三〇年代半ば以降、在日朝鮮人の子弟は朝鮮語を学ぶ場を奪われてしまった（水野／文　2015：35-36）。

最後に、猪飼野について語る場合、つぎの二つは落とすことができない。一つは、在日朝鮮人のコミュニケーション手段として欠かせない新聞についてである。一九三五年六月、朝鮮語の新聞『民衆時報』が月二回の発行で創刊され、同紙は毎月猪飼野に関する記事を掲載していた。しかし、『民衆時報』は、警察の弾圧によって、翌年九月に廃刊を余儀なくされている（金　1985：16-17）。もう一つは、すでに述べた済州島と大阪を結ぶ定期航路に関わることである。君が代丸はこの定期連絡船だったが、日本の会社による高い運賃は済州島住民やその出身者の大きな不満の種だった。そこで彼らは、自前で船を運航し、運賃の引き下げを実現しようとした。一九三〇年、彼らは東亜通航組合を組織し、「我らは我らの船で」を合言葉に自主運航運動を展開した。これは、船の座礁や日本の海運会社の運賃ダンピングの対抗措置、さらには警察による組合幹部への弾圧によって、三三年には運航停止に追い込まれた（水野／文　2015：42）。だが、この運動は、朝鮮人民衆の創意あるたたかいとして記憶されてよいだろう。

本書の課題

ポーランド人のドイツ姓への改姓と朝鮮人の「日本通名」とは、一見、違うレベルの問題のように見える。しかし、これらの問題の背後には、紛れもなく、ドイツおよび日本の社会における民族差別という問題が存在しており、両者には通底し合うものがある。ポーランド人の改姓問題は、近代ドイツの国家＝社会の意味を問い直すと同時に、日本の国家＝社会の問題性を浮かび上がらせることにもなるだろう。

本書は、叙述の対象をルール地方の移住ポーランド人に限定している。彼らは、プロイセン東部の「故郷」とは異質な西部工業地域の「異郷」に住み、民族差別に直面しながらさまざまな生き方を模索した。ドイツ姓への改姓をとおしてドイツ社会に「同化」する道を選んだポーランド人、あるいはドイツの労働組合のなかにみずからのアイデンティティを見出そうとしたポーランド人がいる一方で、民族運動に結集し、それを発展させようとしたポーランド人もいた。本書では、後者のポーランド人、つまり自前の新聞や労働組合の創設、政治・経済・社会・文化・スポーツなどさまざまな分野での組織化をとおして、民族的アイデンティティを育てようとしたポーランド人に焦点を当てている。彼らは、ドイツ化の圧力のなかで、民族運動に生きる道を求め、ドイツ国民国家の問題性をするどく暴いた。

ドイツ国民国家におけるルール・ポーランド人の存在と彼らの生活・生き方に注目するとき、私たちはすでに述べた近代日本における朝鮮人の深刻な歴史をあらためて思い起こさざるを得ない。一九一〇年の韓国併合による日本の植民地支配は、「内鮮融和」「日鮮同祖論」を押しつけて、朝鮮人の運命を大きく変えた。済州島出身の朝鮮人は、植民地支配によってもたらされた貧苦から逃れるために出稼ぎの道を選び取り、大阪の猪飼野に移り住み、やがて定住した。彼らは、この地で就業し学びながら、「故郷」の肉親に送金した。彼らは、「異郷」の猪飼野で、朝鮮独自の風俗と習慣を守りながら、民族組織や民族新聞をとおして彼らの結びつきを強め、子弟の朝鮮語習得教育に力を尽くした。それは、彼らが戦前日本の国家＝社会の民族差別に直面するなかでのことであった。

本書の対象となる帝国主義期ドイツとポーランド人の関係は、日本＝朝鮮関係と二重写しになって、私たちに迫ってくる。ドイツ近代の意味を、日本に生きる私たちが正面から問おうとするとき、ポーランド人問題は避けて通ることができないのである。

さらに、グローバル化が進む現在にあっては、本書のテーマは、私たちが抱える深刻な問題をも浮かび上がらせるであろう。ルール・ポーランド人は「ドイツ国民」の一員だったとはいえ、彼らが直面した問題は、人の移動や外国人労働者問題、移民・難民問題に関わる今日的問題に通じている。国内および国際レベルでの労働力移動や移民の問題は一九世紀以来顕著になるが、そこで問われたのは、近代国民国家の形成とともに顕在化する国民統合・同化と文化接触・文化摩擦の問題である。ここでは、往々にして民族差別とエスノセントリズム、さらには排外主義の問題が表面化するのであり、私たちを取り巻く二一世紀の世界は、そうした問題をいっそう深刻化させているように思う。私たちは、国民国家の相対化、多民族社会における共同と共生の視点から、これらの問題にどのようにして向き合い、それらを克服すべきなのだろうか。そのさい、歴史を顧みる意味はけっして小さくはない。ドイツ社会におけるルール・ポーランド人の問題を考察することは、この点とも関わっている。

第一章　異郷と故郷

1　亡国の民

ポーランド分割からドイツ統一へ

近代ドイツとポーランドあるいはポーランド人との関係を振り返るときに、私たちはまずポーランド分割の決定的な意味に目を向ける必要があるだろう。プロイセン、ロシア、オーストリアによるポーランド分割（第一次：一七七二、第二次：九三、第三次：九五年。プロイセンは第一次で西プロイセン、第二次でポーゼンを併合）は、周知のように、ポーランド国家をヨーロッパの政治地図から抹殺した。ポーランドにとって悲劇的だったのは、この「分割」がポーランドの国政再建にあたって、「四年国会」（一七八八〜九二年）で新しい改革の第一歩を踏み出したときに強行され、一七九四年のコシチューシコの民族蜂起圧殺のなかで完成されたということだった。プロイセン、ロシア、オーストリアは、ポーランドの自主的発展の芽を力によって摘み取ってしまったのである。この「分割」は、

図１　1773 年のポーランド王国の状態

左からエカテリーナ２世＝ロシア、スタニスワフ・アウグスト・ポニャトフスキ＝ポーランド、ヨーゼフ２世＝オーストリア、フリードリヒ２世＝プロイセン(J.E. ニルソンの銅版画)。

従来のプロイセンとポーランドの関係を大きく変えた。

プロイセンの支配下に置かれた西プロイセンは、さっそくフリードリヒ二世のプロイセン化政策の圧力にさらされた。土地＝植民政策（ポーランド人貴族の土地買い上げ、ドイツ人プロテスタント農民の植民）やドイツ人手工業者・教師の移住奨励である。これまでの事態は変化し、ポーランドに対する偏見は強まった。フリードリヒ二世は、ポーランド分割を「ポトツキ家の人びと、クラシンスキ家の人びと……そして名前が―キに終わる低能なすべての連中の愚かさ」（ヴォルテール宛て手紙）のせいにして、それを正当化しようとした。また、一八世紀ドイツの文学では、「ポーランドは牛追い、狼の国であり、民衆は熊の皮を着ている」とまで表現されているという。こうしたなかで、ポーランド人の「愚かさ」や「文化的に遅れた狂信的カトリシズム」という観念が力を増してくる（Hagen, 1980 : 34-37）。同時に、一九世紀になって強まるのは「ポーランド的経済」という言い回しである。それは「ポーランドの無秩序」、あるいは「ポーランドの野蛮、後進」の代名詞であり、民族的差別＝蔑視意識以外の何ものでもない（Wippermann, 1981 : 31）。

他方で、一八世紀末から一九世紀に入ると、ドイツ社会のなかで、もちろん独立ポーランドを望むものではないにしても、啓蒙主義に支えられて、ポーランド人の愛国心や改革能力を評価する見方も出てきた（Hagen, 1980 : 56）。これは、その後「ヨーロッパの自由」を担うポーランドという考え方につながっていく。

さて、ナポレオン戦争後のウィーン会議もポーランド問題を解決することができず、分割体制は継続された（「第四次分割」）。ナポレオンによって創設されたワルシャワ公国は消滅し、プロイセンは西プロイセンとポーゼンをふたたび手に入れた。こうして、ポーランドの一部は、オーストリアと協調してドイツ連邦を率いたプロイセン、そしてその後のドイツ帝国の領域に組み込まれることになった。ここで注目しておきたいのは、プロイセンがポーランド分割によってはじめて東部国境地域《オストマルケン》に多数のポーランド人やユダヤ人住民を抱え込んだという事実である。問題は、これらのマイノリティ集団を国家にいかに統合するかということだった。プロイセン改革によって近代国家への道を歩み始めたばかりのプロイセンには、そうした課題が突きつけられたのである。

高校世界史の教科書や一般の歴史書は、それなりにポーランド分割を扱っている。しかし、分割以後は、ドイツについて言えば、もっぱらドイツ統一の歴史に焦点を合わせて、分割された側のポーランド人に関してはほとんど触れていない。プロイセンの支配下に入ったポーランド人など存在していないかのようである。教科書や概説書などでは、一般的に大国中心になりがちで、マイノリティについては取り上げられることが少ない。だが、教科書において彼らにスペースを割くのが難しいとしても、彼らを無視していいわけではない。というのも、マイノリティの存在はその時代と社会の抱えた問題を映し出しているのであり、歴史を学ぶうえで彼らに注目するのは不可欠だからである。

反動的なウィーン体制は、ポーランド分割の上に成り立っていた。その体制を揺り動かしたのが一八三〇年のフランス七月革命であり、ワルシャワ蜂起だった。メッテルニヒの主導するドイツ連邦でも、プロイセンそのほか諸邦国のリベラルや民主派のあいだでは、「ポーランド熱狂」とも言うべきものが示され、蜂起への共感が高まった。何よりも、ポーランドの自由がドイツの「自由と統一」の実現には欠かせないと捉えられたからである。しかし、ワルシャワ蜂起は挫折し、ポーランドの解放は失敗した。その後、一八四八年の「諸国民の春」が新しい動きを作り出した。

一八四八年革命において、ドイツが「自由と統一」を掲げて自己の民族的課題を実現しようとしたとき、ポーランド人もそれと重なり合うかたちで、みずからの解放を要求した。ポーゼンでの民族蜂起である。しかし、蜂起がプロイセン軍によって鎮圧されたあと、自由主義者の主導するフランクフルト国民議会はポーランド人の国民的要求に敵対した。「自由と統一」のスローガンは、はっきりと、「統一と自由」に転換した。民主派議員の「健全な民族エゴイズムに目覚めよ」(ヴィルヘルム・ヨルダン)の叫びは、ドイツの統一を何よりも優先させようとするドイツ・ナショナリズム以外の何ものでもなかった。フランクフルト国民議会は、革命の最終段階でドイツ国憲法を採択した。それはポーランド人地域の「自治」をかろうじて暗示していたが、国民議会の崩壊とともに潰え去った(伊藤2002 : 41-58)。

実際の統一を準備したのは、六〇年代から七〇年代にかけてのデンマーク・普墺・普仏の三つの対外戦争であり、とりわけ普仏戦争から生まれたナショナリズムとプロイセンの軍事力であった。この間、ポーランドの解放はもはや考えられなくなっていた。プロイセン支配の側においても、ポーランド人の民族要求を抑えつけようとする点では一貫している。一八六三年二月にプロイセン首相オットー・フォン・ビスマルクがロシア政府と結んだアルフェンスレーベン協定は、ツァリーズムに間接的援助を与えて、ワルシャワ蜂起鎮圧の一翼を担った（阪東　1971）。また、普墺戦争後に成立した北ドイツ連邦議会において、ポーランド人議員が、ドイツ人の民族的要求を引き合いに出し、民族原理は他民族にも認められるべきことを求めたとき、プロイセン政府にとってポーランド人地域の分離は問題外のことだった（Schieder, 1961 : 18-19）。

ドイツ帝国の成立とポーランド人

一八七一年にドイツ統一がなされ、ドイツ帝国が成立した。プロイセン東部に居住していたおよそ二五〇万人のポーランド人も、ドイツ帝国に組み込まれた。一八七一年四月帝国議会における帝国憲法審議のさい、民族原理の問題をめぐる論争のなかで、帝国宰相ビスマルクは、国家国民の原理を擁護してつぎのように即答した。「ポーランド人は、私自身がその一員であるプロイセン以外のいかなる国家および国民《フォルク》にも属するものではない」と（Schieder, 1961 : 19）。しかし、問題は、国民国家としてのドイツ帝国が誕生したという事実だった。ここにおいては、一人のポーランド人議員による「われわれは、プロイセン支配のもとにとどまりたいとは思うが、ドイツ帝国に合併されることは望まない」という意見は、一顧だにされなかった（Schieder, 1961 : 20）。とはいえ、ポーランド人議員の議会発言の意味は大きい。これは、新帝国に対する彼らの率直な答えだったからである。帝国宰相オットー・フォン・ビスマルクは、これにどう対処しようとしたのであろうか。

ドイツ帝国は二二君主国、三自由市と直轄地エルザス・ロートリンゲンからなる連邦国家の形態をとっており、プロイセンが主導した統一戦争のプロセスを反映して、プロイセンの優位性、指導性を担保していた。しかし、それは「市民的な権利の平等」（ドイツ帝国憲法第三条）を建前としており、集会・結社の自由を保障し、普通選挙による帝国議会を有していた。その点では、ドイツ帝国は、国民国家として政治社会の近代化の役割を担ったのである。だが実際には、さまざまな政治的不平等（その象徴がプロイセン三級選挙法＝不平等・間接・公開選挙）とユダヤ人などへの社会的差別は著しかった。しかもドイツ帝国は、先述したように、異民族のポーランド人を多数含み、さらに「北」と「南」の地域的分裂、プロテスタントとカトリックの宗教的分裂、階級的分裂を抱え込み、女性を政治生活から排除していた。そこで、ビスマルクに負わされた課題は、こうしたドイツを一つにまとめ上げ、さまざまな住民集団を「ドイツ国民」に作り上げることだった。そのために、ビスマルクは、労働者階級・社会主義者、カトリック勢力、ポーランド人、ユダヤ人に「帝国の敵」のレッテルを張り、「第二級の市民」（ハンス・ウルリヒ・ヴェーラー）としての彼らに攻撃を集中して国民統合を進めようとした（伊藤　2017：79-80）。

まずその対象になったのが、プロイセンによる小ドイツ主義的国家統一に反発するカトリック教徒・中央党であった。ビスマルクは、公教育の近代化を名目に、学校教育における聖職者、とりわけカトリック教会の監督権を排除するなどカトリック勢力の影響力を弱め、彼らの国民統合をねらって、文化闘争を仕掛けた。もちろん、このカトリックのなかには、ポーランド人もいた。文化闘争に踏み切った動機の一つに、ポーゼンなどプロイセン東部で勢力を強めるポーランド人の存在があったことは疑いない（同上：81）。

一般的に、近代社会において「国民」を作り上げようとするとき、学校教育における国語・言語教育の重要性は言うまでもない。ドイツでも同様である。学校教育の「ドイツ化」は、ポーランド人の「ドイツ国民化」、ポーランド人地域の「ドイツ化」を目指すものだった。最初に、民衆学校の授業語問題がやり玉に挙がった。一八七三年一〇月のポーゼン州知事の通達は、ポーランド人児童をドイツ国民にするうえでの狼煙であった。これは、ポーゼン州のすべての民衆学校児童に対してドイツ語を授業語と定めたのである。ポーランド語は、授業の理解に必要なかぎりという補助的な役割を与えられたにすぎない。宗教の授業ではポーランド人児童に母語が保障されたとはいえ、それも彼らが授業の理解に必要なドイツ語能力を持っている場合には、中・高学年ではドイツ語を授業語とすることができたのである（伊藤　2002：91）。

図2　プロイセンの学校教育の国民化
ポーランド人の子どもにドイツ語を叩き込んでいる教師。

一八八七年九月の言語条令は、民衆学校でのポーランド語読み書き授業を禁止した。それは、「ポーランド語授業は、ポーゼン州のすべての民衆学校で一律に禁止され、その結果空く授業時間はドイツ語による授業・演習に当てられる」と規定した。こうして、ポーランド人児童にとって、学校教育でポーランド語に触れる唯一の機会は宗教授業以外なくなった（同上：148）。

七〇年代から八〇年代は、「ドイツ化」政策の全面展開である。一八七四年の結婚登記法はポーランド人をひどく苦しめた。それは、プロイセンでまず施行され、一年後にドイツ全土に拡大されたが、結婚の登記を政府が管理し、教会での結婚を純粋な宗教的行事にすることだった。この法律も理念的には近代化措置と言えるものだったが、担当職員にはドイツ人しか任命されず、結婚登記簿がドイツ語でしか記録されなかったことが問題を大きくした（たとえば、Jaskółka［ツバメ］姓は Schwalbe［ドイツ語でツバメの意味］姓に変えられた）。また、一八七六年のプロイセン公用語法は、国家行政、すべての公的政治機関においてドイツ語のみを公用語とした。八五年の追放布告は外国籍ポーランド人を追放し、翌年のプロイセン植民法は、ポーゼン・西プロイセン両州のポーランド人農場を買収してドイツ人農民に分譲する目的を持ち、「土地のドイツ化」をねらったのだった。「帝国の敵」ポーランド人に対する国家からの全面的な攻撃である（同上：95-98、136-145）。

こうした抑圧的なポーランド人政策が打ち出されてくるなかで、「スラヴ民族の根絶」を叫ぶドイツ・ナショナリズムの声も高まった。それを代表したのが、当時ジャーナリストで哲学者として名を馳せていたエードゥアルト・フォン・ハルトマンである。彼は、こう断言している。「もしもスラヴ人がその国境地帯のドイツ民族を根絶するのであれば、われわれは報復措置を取らねばならない。つまり、わが国境のスラヴ民族を根絶しなければならない」と（Hartmann, 1886 : 109）。ハルトマンは、ここで、ポーランド人所有地の収用のみならず、ポーランド人農業労働者のドイツ海外植民地への移住、そして空いた東部国境地域へのドイツ人植民者の移入という提案までしている（Hartmann, 1886 : 112-113）。要するに、ポーランドの文化や伝統の痕跡いっさいは取り除かれるべきであって、そのための有効な方策がこれらの提案だった（Murdzek, 1977 : 7）。ドイツ・ナショナリズムによるポーランド人・スラヴ人否定論である。

これに対して、ポーランド人は、「有機的労働」と呼ばれるポーランド・ナショナリズムの路線で対抗した。それは、武力蜂起による独立運動を否定し、ポーランド人の社会的、経済的、文化的水準を高め、自立を目指すものだった。「民族教育」の普及が課題とされて、民衆的な図書館運動が展開され、ポーランド人の民族祭典が各地で開かれた。ポーランド新聞はさまざまな抗議活動を組織した。経済的な協同組合活動の発展も見逃せない（伊藤　2002 : 102-113）。このように、ポーランド人の運動がドイツ・ナショナリズムに対抗し、民族問題がドイツ東部で大きな政治的争点になってくる一方で、九〇年代を迎えると、それは西部でも国内政治の焦点の一つとなった。というのは、ドイツ資本主義の発展に伴って、大規模な人口の東西移動が起こり、ポーランド人も出稼ぎ労働者（炭鉱夫）として大量に西部工業地域のルール地方に移住し、しだいに独自の運動を展開するようになったからである。こうして、ポーランド人問題は、プロイセン＝ドイツの東西を架橋するものとなった。ルール・ポーランド人にとっては、ポーゼンや西プロイセン、シュレージエンなどのエルベ川以東の東部諸州こそが自分たちの「故郷《ハイマート》」であり、西部のルール工業地帯は、ドイツ的な生活・社会環境の支配する「異郷《フレムデ》」にほかならなかった。

2 故郷から異郷へ

ドイツ資本主義の発展と人口の東西移動

資本主義世界においては、国内諸地域、世界諸地域が緊密に結びつけられ、その一体化が実現されてゆくが、それは、商品や資本、情報のみならず人の移動によっても推し進められる。こうした人の移動は一九世紀後半以降のドイツ社会でも顕著に見られ、ドイツ社会に新しい問題を突きつけた。

ドイツ産業革命が鉄道建設と密接に結びついていたことは、指摘するまでもない。鉄道建設は三月革命以後に本格化し、一八七〇年代初めまでには鉄道幹線網は完成していた。この鉄道建設には巨額の資本が投下され、それはドイツ重工業の飛躍的な成長をもたらした。「石炭と鉄の時代」の到来である。一八五〇~七〇年代にかけて、石炭需要・銑鉄生産は著しく増大し、この間一八五〇年代にはドイツ資本主義の心臓部ルール工業地帯が形成され、製鉄業の中心は東部のオーバーシュレージエンから西部のルールに移った。

ルール炭田を基盤に採炭、コークス高炉による製銑、精錬、圧延、鉄加工がこの地帯に集中し、これらの生産工程を一貫して統合する大型製鉄所が成立した。その代表的なものがクルップであり、グーテホフヌング製鉄所であった。鉄鋼生産において、転炉製鋼法（トーマス転炉製鋼法）の導入が果たした役割は大きい。それは、一八七八年にシドニー・ギルクリスト・トーマスとその従弟パー

図3　グーテホフヌング製鉄所（オーバーハウゼン）

シー・カーライル・ギルクリストによって発明されたが、一八七三年恐慌に始まった「大不況」を克服するドイツ鉄鋼業のテコとして急速に普及した。転炉製鋼法は、一八七〇年代から九〇年代初めにかけて、さまざまな分野において錬鉄を排除し、溶鋼への転換を急速に推し進めたのである（大野 1965：144-145）。ルール地方は、たんにドイツのみならず、ヨーロッパの重工業の中心にのし上がった。

以上のようなルール地方の発展のなかで、ルール鉱業そのものも質的に変化した。それをもたらしたのが、一八六五年のプロイセン一般鉱業法であり、一八九二年および一九〇五年の改正鉱業法である。とりわけ、一八六五年鉱業法の持った意味は大きい。というのは、この鉱業法は、ルール鉱業を旧来の社会的条件から解放し、同時に、その後の経済成長の前提条件を作り出したからである。つまり、これは、経済的には、鉱業に対する国家の後見・監視を終わらせ、私的資本としての鉱業の自由化をもたらし、社会的には、特権的な身分意識ある鉱夫を自由な賃金労働者に変えたのだった。こうして、新しい炭田開発に対する国家のブレーキが取り除かれ、鉱夫の特権は掘り崩された。ここにおいて、採炭・運搬などのために大量の労働力が必要とされたことを背景に、八〇年代以来、ドイツ東部諸州の労働力がはじめて大規模に鉱業に流入することが可能になったのである（Kleßmann, 1978 : 32-34）。

一方、このような労働力の移動を引き起こした要因に、東エルベの農村の潜在的過剰人口という問題がある。これは、一つに東エルベにおける農民解放のあり方と関連している。一般的に、ポーゼンなどの東エルベ諸州では、共同地分割は一八二〇年代から開始され、六〇年代に終了したと言われている。その場合特徴的なことは、この共同地分割が農場領主・農民間の共同用益を解消するにあたって、しばしば農民保有地の不毛地への強制移転を伴ったことであった。たしかに、農民は共同体規制から解放されはしたが、この強制的「解放」は伝統的な共同放牧慣行に支えられていた農民経営を混乱におとしいれた。こうした事態は農民所有地の分割・売却を招き、六〇・七〇年代には急激な農民層分解をもたらした。かくして、農村過剰人口としての零細農ホイスラー、土地を持たない日雇いアインリーガー、総じて農村労働者が大量に生み出されたのである。しかも、彼らのなかには、零細地片に執着するポーランド人の姿が相当数認められた（藤田　1973 : 37-62）。

つぎに、東エルベ、とりわけポーゼン、西プロイセンには農村の過剰人口を吸収できるほどの工業は存在していなかったという事情がある。そのうえ、たとえばポーゼンでは、以前の重要な家内工業・手工業は、しだいに西部工業製品に取って代わられつつあった（Blanke, 1981 : 42-43）。また、決定的だったのは、プロイセン東部の農業が、「交通革命」から生じた輸送コストの低落によって、ロシアや海外との競争にさらされたことだった。アメリカやロシアの安価な小麦がヨーロッパやドイツ市場に流入し、ドイツ農業に打撃を与えた（大野　1956 : 143-144）。こうして、農村の過剰人口と貧困という問題が、生活に苦しむ農民にのしかかった。そこで、彼らは海外に移住するか、「ザクセン渡り」と呼ばれた出稼ぎ（農業季節労働）に行くか、それとも西部工業地域への移住である東西移動の道を選び取るか、いずれかしかなかった（Bade, 1980 : 265-275）。

なお海外移住については、以下の点を指摘しておきたい。ドイツの海外移住は一八三〇年代に西南ドイツの諸地域で始まり、五〇年代前半、六〇年代後半に峰を作りながら、八〇年代前半に絶頂に達し、九〇年代半ば以降急速に減少した。この間、四〇年代までほとんど海外移住者を送り出していなかった東部ドイツ出身者はしだいに増加傾向を示し、六〇年代には海外移住の中心を占めるようになった。ちなみに、海外移住が頂点に達した一八八〇～八四年の時期のドイツの海外移住者は総計八六万二三〇五人であり、彼らの出身地別順位は、ポンメルンの九万三八一五人を筆頭に、西プロイセン八万九二六人、ポーゼン七万二七八〇人と続き、三州だけで全体の三割弱を占めている。以上のような東エルベからの海外移住は、ルール地方を中心とする石炭＝鉄鋼業の急速な発展によってその歩みを止め、国内の東西移動に転換した（井村　1984 : 57-68）。

ポーランド人の東西移動

この東西移動は八〇年代には始まっていたが、急増するのは九〇年代以降である。そこには、東エルベのドイツ人のみならず、ポーランド人の姿も多数見られた。この点については、いま述べた一般的な社会経済的要因に加えて、私たちは東西移動と特殊ポーランド人に関わる事柄との関連を見逃すわけにはいかない。つまり、東部居住ポーランド人の東西移動には、プロイセン＝ドイツの民族政策が作用していたという問題である。

すでに指摘したように、ドイツ統一以後、プロイセン＝ドイツの抑圧的な民族政策は、学校教育・言語問題など多岐にわたった。公用語法のようにポーランド人の政治生活や日常生活に影響を及ぼすもののもあれば、言語条令のように民衆学校の児童の「ドイツ国民化」を目指すものもあった。一八八六年のプロイセン植民法は、ポーランド人の経済的基盤を掘り崩し、まさに「土地のドイツ化」を意図していた。ここにおいて、プロイセン政府とポーランド人とのあいだで「土地戦争」とも言うべきものが始まった。

だが、植民分野などにおける民族政策は、ポーランド人の対抗運動によってプロイセン政府の思惑通りには機能しなかった。そこで、二〇世紀に入ると、政府は人為的な人口政策をとり、東部諸州のドイツ化を図ろうとした。政府は、上級・中級の国家官吏からポーランド人を締め出すとともに、郵便・鉄道のような国営企業の公務員、職員、労働者について、ドイツ人を多数東部に配転させた。これはまた、軍隊についても言えることだった（Broszat, 1972 : 169-170）。

以上のような反ポーランド的民族政策が必ずしも十分な成果を上げなかったことは、ドイツの歴史家マルティーン・ブロシャートも指摘している。しかし、こうした民族的圧力が、実際にはポーランド人の生活基盤を脅かすものになっており、それが彼らの東西移動に一定の影響を与えていたことは否定できない。この点について、ルール地方の代表的なポーランド新聞『ヴィアルス・ポルスキ』（ポーランドの古強者）紙は、一九〇九年一二月三〇日の記事のなかでつぎのように述べている（『ヴェストファーレンそのほかのポーランド新聞からの翻訳』による。OD, Nr. 886. その前身は、一九〇七年まで『ヴィアルス・ポルスキ紙からの翻訳』。以下、両者とも『翻訳』と略記）。

ハカティストたち*の陰険さはわれわれをポーランドから追放しようとし、それはすでに一部ではもう達成されている。われわれの故郷の数多くの村々には、あの間抜けども、よそ者の侵入者が住むようになった。ドイツ人の労働者大衆は、われわれの存在可能性を奪うために、都市にさえ押し寄せてきたのだ。

＊ハカティスト　ドイツ語では複数形を用い、ハカティステン Hakatisten という。ポーランド民族運動は、ドイツの保守党や自由保守党のみならず、中央党や自由主義諸党（右派の国民自由党および左派の自由思想連合など）、社会民主党をひとしなみに、ドイツ民族主義者の意を込めて、しばしばこのように呼んだ。もともとは、ドイツ民族の強化とポーランド民族の排除をうたったドイツオストマルク協会の別称である。その創設のさいの中

図4　オストマルク協会の創設者
左からケンネマン、ティーデマン、ハンゼマン。

心的指導者ハンゼマン（F. v. Hansemann）、ケンネマン（H. Kennemann）、ティーデマン（H. v. Tiedemann-Seeheim）の頭文字をとって、協会は反対派からHKT《ハーカーテー》協会と呼ばれ、そのメンバーはハカティステンと称せられた。一般的には、ハカティステンをもっとも代表するものとして、このオストマルク協会のほかに、排外主義的ナショナリズムを掲げる全ドイツ連盟があった。

このように、ポーランド紙は、プロイセン政府の民族政策の圧力を受けたポーランド人が、仕事口を求めて西部工業地域への移住を余儀なくされている状況を厳しく批判したのだった。

最後に、ポーランド人の東西移動を促した具体的な要因として、以下のような点も押さえておく必要があろう。つまり、最初のポーランド人移住者の世代は、普仏戦争のさいに東部ドイツ連隊の一員として西部ドイツに滞在していた経験を持っており、その個人的な体験は西部への吸引力となっていたのである。また、移住第一世代の伝える情報は、一面では、西部へのあこがれと親しみの念を強めたであろうし、エージェントによる組織的な労働者募集と彼らの言葉巧みな勧誘も、東部ポーランド人の気持ちを動かしたのだった（Wehler, 1970 : 221）。

この労働者募集については、ハンボルンの例が興味深い。ハンボルンは、エムシャー地帯（後述）にある新興の工業都市である。ここには、テュッセンの炭鉱や製鉄所があり、巨大な労働力が必要とされていた。テュッセンはそれを調達するために、エージェント、すなわち俗にいうところの「人買い」を東部ドイツ、そしてオーストリアやバルカンにまで送り込んだ。細井和喜蔵の『女工哀史』に出てくる「誘拐業者」のことを想い起こす人もいるかもしれない。こうして、ハンボルンの人口は膨れ上がった（Lucas, 1976 : 40-41）。

東西移動はやがて大衆的性格を帯び始め、ルール・ポーランド人の形成は、西部工業地域にも否応なく民族問題の存在を見せつけていくことになる。

ルール・ポーランド人の形成

プロイセン西部のルール工業地帯は、行政的にはヴェストファーレン州のミュンスター県とアルンスベルク県、ラインラント州のデュッセルドルフ県の三県にまたがり、三〇〇〇平方キロの平野に広がる豊かな石炭産出地帯である。二〇世紀初頭にはすでに、大量のポーランド人がこの地方に移住してきていたことは、西部ドイツ人のつぎのような観察からも容易に読み取ることができる（ピーパー

「ルール地方における炭鉱労働者の状態」一九〇三年一二月二二日付アルンスベルク県知事のプロイセン内相宛て報告より。RM, Abt. VII, Nr. 35 b)。

いくつかの地域、たとえばゲルゼンキルヒェン、ヘルネ、ヴァッテンシャイトの街頭風景は、まったく異国的な相貌を帯びている。いたるところでスラヴ的な顔が見られ、スラヴ的な響きが耳を打つのが聞こえる。髪をきっちりと分けた婦人や乙女は、一部ではいまだに色鮮やかな衣装を身にまとい、他方では少なくとも衣服のうえでの少しばかりの特徴をかたくなに守っている。まったくわれわれと同じような衣服に身を包んだ男たちや若者（後者の特徴は額になでつけられた髪である）は、暇なときにはよく、一人あるいは群れをなして、人通りの多い街頭をぶらつき歩き、店やショーウインドーをじろじろとのぞき込んだり、街角に立ちはだかったりしている。

また、同時代の研究者ルートヴィヒ・ベルンハルトも、ゲルゼンキルヒェン、レックリングハウゼン、ヘルネ、ボーフムの工業街区はほとんどポーランド人都市の印象を与えている、と述べている(Bernhard, ^{3}1920 : 172)。

それでは、この大工業地帯への東部からの移住者の流れはどのように推移し、そのなかで、ポーランド人はどのくらいの割合を占めていたのだろうか。ドイツ帝国《ライヒ》およびプロイセン統計局と州の統計に相違もあり、また、ポーランド人、マズール人*、カシューブ人**を厳密に区別することは困難である。

彼らはすべてポーランド人のもとに一括されることが多く、「マズール語」が公式にセンサスのなかに登場するのは一八九〇年のことである（川手　2017 : 201）。一方、プロイセン統計とは別に、マズール人の人口調査が一九〇二年からヴェストファーレン州で、一九〇八年以降にはラインラント州でも実施されるようになった。しかし、そのマズール人の数値は、プロイセン統計のそれを大幅に上回っている（阪東　1996 : 279）。マズール人はドイツ社会に同化する傾向が強く、彼らの実態を掴むことは難しい。そこで、ここでは全体の傾向を把握しておくことにしよう。

＊マズール人　彼らの話すマズール語は、ポーランド語の一方言と言われるほどにポーランド語に近い。東プロイセン南部に居住していた。中世末にポーランドのマゾフシェ地方から移住し、ドイツ騎士団やプロイセン公国に服属した。一六世紀にはプロテスタントに改宗し、ポーランド・カトリック社会からの分離を進めた。独自の言語と民族文化は維持されていたが、一九世紀初め以来ゆっくりとドイツ化傾向を見せるようになり、ドイツ統一後のドイツ化政策のなかで、ドイツ社会への同化が顕著になる。彼らの東西移動も、こうした傾向を大いに促進した。帝国の統計は、一九〇〇年一二月現在、マズール語を母語とする人びとを一四万二〇四九人と算定している。

＊＊カシューブ人　ポーランド語に近いスラヴ系の言語であるカシューブ語を話す人びとで、西プロイセンのダンツィヒ西方および西北方一帯に居住していた。帝国の統計によれば、一九〇〇年一二月段階で、カシューブ語を母語とする人びとは一〇万二一三人を数えている。彼らはもっぱら漁業に従事しており、その社会は閉鎖的であった。一六世紀、西カシューブ人はルター派に改宗している。

まず表1に見られるように、東プロイセン、西プロイセン、ポーゼン、シュレージエン（オッペルン県）の東部四州出身の移住者は、一八九〇年までは着実な増加傾向を示し、一八九〇～一九〇〇

表1　ラインラント・ヴェストファーレンにおけるプロイセン東部州出身住民数

州	1880 年	1890 年	1900 年	1910 年
東プロイセン	16,522	65,175	166,733	218,269
西プロイセン	9,855	24,286	56,080	94,714
ポーゼン	7,469	21,437	85,616	153,187
シュレージエン，オッペルン県	約 6,000*	約 11,400*	24,617	31,301
計	39,846	122,299	333,046	497,471

＊シュレージエン出身者の約 3 割として算定.
（Kleßmann, 1978 : 260）

年にはそれ以前から二〇万人以上増加し、その後の一〇年間もさらにおよそ一六万人も増えている。つまり、九〇年代半ば以降、東西移動は大衆的性格を帯び始めたのである。こうしたなかで、目を引くのは、一九〇〇年までの時期においては、東プロイセン出身者が約半分を占めていたことであろう。彼らはドイツ人以外には、もっぱら同州南部のマズーレン地方出身者であり、これらマズール人は東西移動の初期段階において優位を占めていた。東プロイセン出身者は一九〇〇年以降増加率を鈍化させ、代わってポーゼン出身移住者が著しく増え始める。ポーゼン出身者の数は、第一次世界大戦前において、東部からの全移住者のほぼ三分の一以上を占めるほどになり（Kleßmann, 1978 : 260）、そのうち七割はポーランド人であった（Murzynowska, 1979 : 27）。

ポーランド人、マズール人、カシューブ人の移住者については、表2のプロイセン公式統計がその実態を示している。母語別のそれによれば、彼らの数は、ヴェストファーレン、ラインラント両州では、一九〇〇年代に急激な増加を見せている。一八九〇年における両州のポーランド人、マズール人、カシューブ人移住者は三万五六八四人にすぎなかったが、一九〇〇年にはその約四倍、一〇年には約八・五倍の三〇万三八七七

表2　ヴェストファーレンおよびラインラントにおけるポーランド人住民数（マズール人およびカシューブ人を含む）

年	州統計			プロイセン公式統計（国勢調査）		
	ヴェストファーレン	ラインラント	計	ヴェストファーレン	ラインラント	計
1890	—	—	—	28,812	6,872	35,684
1900	—	—	—	110,981	31,733	142,714
1902	162,578	—	—	—	—	—
1904	198,701	—	—	—	—	—
1905	—	—	—	150,260	54,427	204,687
1906	229,632	—	—	—	—	—
1908	284,718	85,000	369,718	—	—	—
1910	308,100	98,117	406,217	220,485	83,391	303,876
1912	356,448	100,617	457,065	—	—	—

（Murzynowska, 1979 : 30-31）

六人と膨れ上がっている。すでに指摘したように、このプロイセンの公式統計と比較して、州の統計はマズール人をかなり多く算定している。それは、おそらく、州の統計が二言語使用者（ドイツ語とマズール語）やドイツ語を話す「同化した」マズール人をも細かくフォローした結果であろう。しかし、言語と帰属意識の関係は、母語をどう捉えるかなど調査方法の問題と関連して簡単には決めつけられない。ともあれ、ポーランド人とマズール人を合わせた場合、彼ら移住者の数は一九一二年で四五万七〇六五人にも上る。この数字に基づき、一九一〇年から一二年の増加率をそのまま一二年から一四年に適用したとき、一九一四年末時点では約五〇万七〇〇〇人もの「スラヴ系」（ポーランド人、マズール人）移住者がルール地方に居住していたことになる（Murzynowska, 1979 : 30-32）。

それでは、東部四州出身者のうちポーランド人、マズール人の移住者はどれほどの割合を占めていたのであろうか。プロイセン公式統計による表1と表2を突き合わせると、東西移動に大衆的な性格が見られる直前の一八九〇年には二九・七%、その後の一九〇〇年には四二・九%、〇五年は五一・八%、一〇年には六一・一%を数える。以上を見れば、東西移動の大衆的性格にポーランド人やマズール人の移住者が深く関わっていたことは明らかであろう。彼らは、東部からの移住者の主要部分をなしていたのである。

3　異郷のポーランド人

ポーランド人居住地域

ルール地方は、図5に示されているように、だいたいライン川に注ぐルール川、エムシャー川、リッペ川によって区切られる。すでに一八世紀には、ルール河畔地域に最初の鉱山が開発されていたが、工業地帯の名はこれに由来している。すなわち、第一地帯である。一九世紀の四〇年代には、採掘技術の進歩により、ルール川北方地域が開発された。この新たな第二の鉱山地帯はいわゆるヘルヴェーク地帯にあり、デュースブルク、エッセン、ボーフム、ドルトムントに広がっている。第三地帯はエムシャー峡谷に沿った地域で、普仏戦争後急速に発展した。ここは人口が希薄であったが、最大の鉱山も出現し、旧来のゲルゼンキルヒェン以外に、オーバーハウゼン、ヴァンネ、カストロプ－ラウクセル、ヘルネ、ハンボルンの新都市がぞくぞくと誕生した。ヴェストと呼ばれる第四地帯はエムシャー川北方に位置し、定住農民がいたが、ここでもオスターフェルト、グラトベック、ボトロ

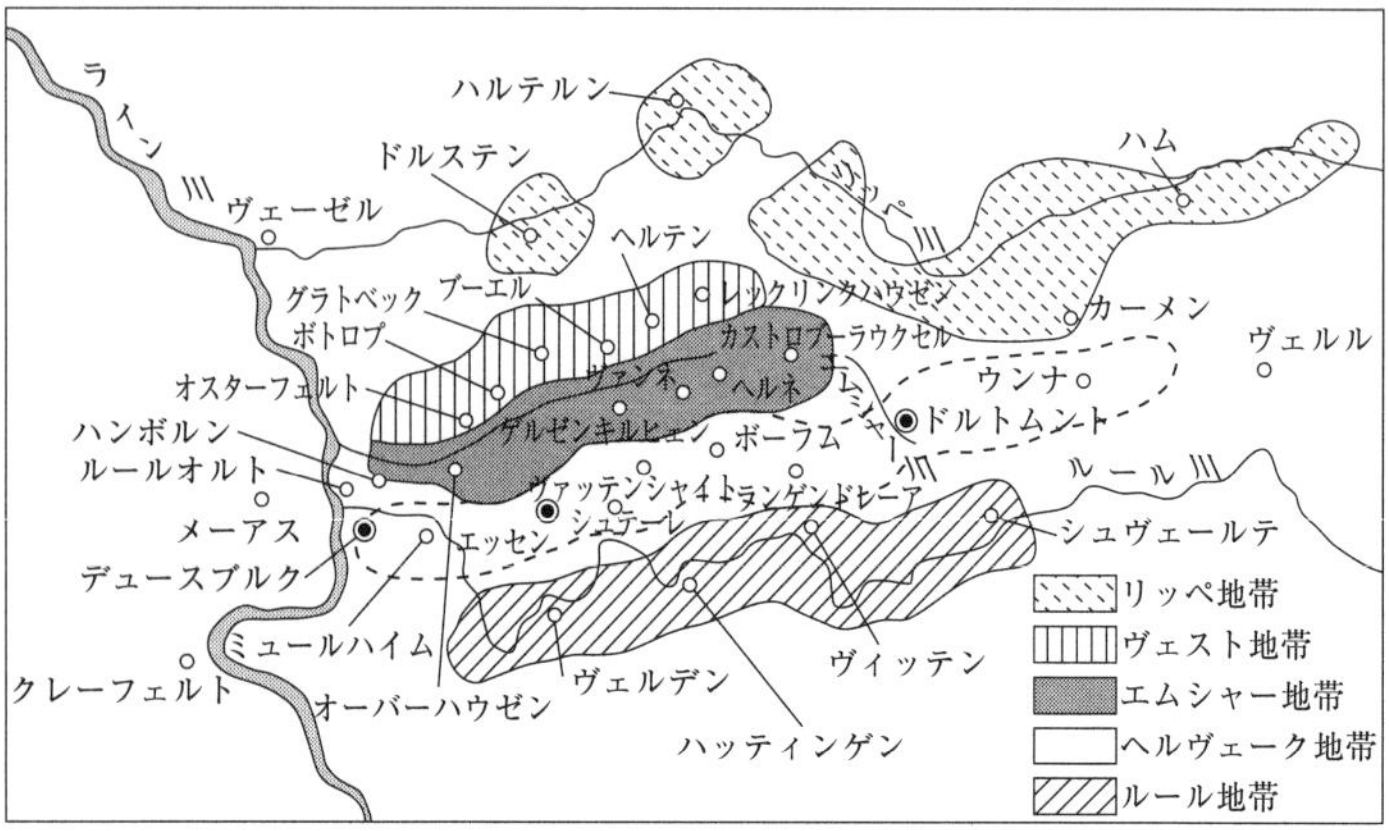

図5　ルール地方の地帯区分
（Tenfelde, 1977 : 35 を補正）

プ、ヘルテン、レックリングハウゼン、ブーエルの都市居住地が成立した。最後の地帯はリッペ河畔に沿っており、ハルテルン、ドルステン、ハムに代表され、そのダイナミックな発展は一九〇〇年以後に始まった(Murzynowska, 1979 : 17-19)。

　ところで、ルール地方を形成していたミュンスター、アルンスベルク、デュッセルドルフ三県での総住民数に占めるポーランド人、マズール人の割合は、州統計の「ライン・ヴェストファーレン工業地域におけるポーランド人に関する統計データ」によれば、一九一〇年の時点で七・六%である（表3参照。RM, Abt. VII, Nr. 37, Bd. 1）。ポーランド人住民、マズール人住民は、もっぱらミュンスター、アルンスベルク両県を抱えるヴェストファーレン州に集まり、とりわけアルンスベルク県に集中していた。

　この州統計によって、郡《クライス》別ポーランド人、マズール人の住民数をもう少し細かく見ると（表4参照）、

表3　ルール地方におけるポーランド人・マズール人住民数（1910年）

県	国勢調査による総人口	ポーランド人		マズール人		計	
ミュンスター	565,121	67,745	11.99%	22,050	3.90%	89,795	15.89%
アルンスベルク	1,730,100	127,252	7.36	91,053	5.26	218,305	12.62
デュッセルドルフ	3,031,726	72,350	2.39	25,767	0.85	98,117	3.24
計	5,326,947	267,347	5.02	138,870	2.61	406,217	7.63

（「ライン・ヴェストファーレン工業地域におけるポーランド人に関する統計データ」より作成．RM, Abt. Ⅶ, Nr. 37, Bd.1）

表4　郡《クライス》別ポーランド人・マズール人住民数（1910年）

郡《クライス》	県	国勢調査人口	ポーランド人		マズール人		計	
Reckilnghausen Land	M	259,372	53,357	20.57%	21,065	8.12%	74,422	28.69%
Gelsenkirchen Land	A	143,399	25,106	17.51	19,337	13.48	44,443	30.99
Gelsenkirchen Stadt	A	169,513	10,147	5.99	29,605	17.46	39,752	23.45
Dortmund Land	A	212,819	28,031	13.17	11,416	5.36	39,447	18.53
Essen Land	D	276,804	18,382	6.64	18,815	6.80	37,197	13.44
Buer Stadt	M	61,510	7,710*	12.53	21,875*	35.56	29,585*	48.09
Bochum Land	A	120,383	13,879	11.53	10,964	9.11	24,843	20.64
Hamborn	D	101,703	17,705*	17.41	2,341*	2.30	20,046*	19.71
Bochum Stadt	A	136,931	8,545	6.24	10,923	7.98	19,468	14.22
Dortmund Stadt	A	214,226	14,796	6.91	1,639	0.76	16,435	7.67
Herne	A	57,147	12,384	21.67	2,394	4.19	14,778	25.86
Reckilnghausen Stadt	M	53,701	13,243	24.66	851	1.58	14,094	26.24
Oberhausen	D	89,900	12,492	13.89	340	0.38	12,832	14.27

＊1912年の数字．M：ミュンスター県，A：アルンスベルク県，D：デュッセルドルフ県．
（「ライン・ヴェストファーレン工業地域におけるポーランド人に関する統計データ」より作成．RM, Abt. Ⅶ, Nr, 37, Bd, 1）

一万人以上のこれら移住者を抱える一三郡（郡《ラントクライス》および市《シュタットクライス》）のうち、アルンスベルク県にはは過半の七郡が属している。また、ポーランド人とマズール人が約半数弱を占めていたブーエル市をはじめとして、彼らが総住民比一割を超えている郡《クライス》は一二ある。ポーランド人が二割以上を占めていたのは、レックリングハウゼン市、ヘルネ、レックリングハウゼン郡であり、マズール人はブーエル市で三五％を超えていた（ブーエル市については、一九一二年の数字）。ポーランド人とマズール人の移住者がとくに多く居住していた地域は、レックリングハウゼン郡の七万四四二二人を筆頭として、ルール川北方からエムシャー川をはさんでリッペ川に至るまでの一九世紀半ば以降急速に発展した鉱山地域であった（RM, Abt. VII, Nr. 37, Bd. 1)。

移住ポーランド人の性格

表4でうかがわれるように、ポーランド人の多くは、郡部、つまり農村部に移住した。これは、彼らの職場であるルール北部の大炭鉱がもっぱら農村部にあったことによる。しかし、彼ら自身もできるかぎり職場に近接している場所に住むことを望んだのであり、多くの者はコロニーと呼ばれた炭鉱集団住宅で生活した。ポーランド人が農村に住むことを好み、コロニーという居住形態を選んだのは、彼らの生活を考えれば自然だったであろう。彼らのこの半農村的移住形態は、小さいときから彼らが慣れ親しんできた生活環境に通じており、また、生計を維持し、何がしかの貯えを可能にするためには必要な生活形態でもあった。労働力の確保を目的として建設された炭鉱住宅は、炭鉱主によって

図6　ボトロプのプロスパー炭鉱のコロニー（1926年）
電柱は、ほんの少し前に設置されたばかりであろう。

自由を拘束され彼らの監督を受けやすかったとはいえ、庭があり家畜飼育ができて家賃の安い点で、ポーランド人にとっては何ものにも代え難い魅力であった。ポーランド人居住村落では、豚の飼育がかなり広がり、「鉱夫の乳牛」として山羊の飼育も盛んに行われた（Murzynowska, 1979 : 40-41）。

ルール北部の大炭鉱では、新たな労働力を切実に必要としていただけに、鉱夫募集のさいにも、ポーランド人ないしはマズール人の以上のような生活意識に直接訴えかける方法がとられている。つぎに示すマズール人に対する鉱夫募集の呼びかけ（抜粋）は、その点で非常に興味深い（Brüggemeier, 1983 : 25-26）。

マズール人へ！
ラウクセル近傍のヴィクトール炭鉱のコ

ロニーは魅力的で、最近建てられたばかりである。それは、畑、牧場、森に囲まれた農村地帯にあり、空気は新鮮で、マズーレンの村と同じである。ヴェストファーレン工業地域の喧騒からは離れている。

コロニーの住宅には広々とした家畜小屋がついており、豚や山羊、鶏を飼うことができる。だから労働者は、一ポンドの肉も一リットルのミルクも買う必要はない。

また、各住宅には、約二三〜二四平方ルーテ*の庭園もある。野菜、キャベツ、ジャガイモの栽培が可能である。

＊一ルーテは約一四平方メートル。

プロイセン東部からのルール地方への移住者の男女比率を見ると、移動の初期段階において東プロイセン、西プロイセンではポーゼンに比べて女性がかなりの割合を示している（表5参照）。東プロイセンからの移住者はもっぱらドイツ人やマズール人で、彼らはルール地方ではもっとも早くに定住したグループであった。それと比較すると、ポーゼン州出身者における女性の割合はかなり低く、ポーランド人移住者の出稼ぎ的性格を指摘できる。言葉を換えれば、ポーランド人は「労働力の巨大な貯水池」（Bredt, 1909 : 99）として、「好況時には労働者不足を解消するのみならず、不況時には労働者過剰をも解消する」（Bredt, 1909 : 101）存在であった。その点からすると、ポーランド人移住者は、西部のルールと東部をたえず流動する状況にあったと言えようか。

表5　プロイセン東部4州出身移住者の男女比率

年	ルール地方への移住男性100に対する女性の割合				
	東プロイセン	西プロイセン	ポーゼン	オーバーシュレージエン	平均
1880-1885	71.5	75.4	31.5	—	62.2
1885-1890	69.8	76.8	26.8	—	61.6
1890-1900	85.2	67.6	49.5	—	67.3
1900-1905	137.9	83.1	86.7	74.4	98.7

（Murzynowska, 1979 : 35）

しかし、一九〇〇～〇五年にかけて、彼らにおける男女比率は急接近してくる。これは、彼らが家族ぐるみで移住してきたものと考えられ、したがってポーランド人移住者の定住化傾向を物語っているものでもあろう。ここでは、あきらかに、ポーランド人が一九〇四年の新植民法によって「故郷」での土地購入の可能性を制限されたことが影響している。

また、依然として出稼ぎ的性格が残っているとはいえ、ポーランド人移住者のなかに定住者が増えつつあったことは、ルール地方生まれの者の増加によっても示されている。ルール地方のポーランド人住民全体に対して、東部四州生まれの占める割合が年を経るごとに著しく減少する一方で、ルール地方生まれがかなり増えてくるのである。ルール・ポーランド人全体における彼らの割合は、一八九〇年でわずかに六・七％であったにすぎないが、一九〇五年には二二・四％、一〇年には三二・四％へと上昇している（Murzynowska, 1979 : 33）。

しかし、移住ポーランド人が定住化傾向を示したからといって、彼らが「故郷」との絆を断ったわけではない。彼らと「故郷」との結びつきは強かった。彼らのほとんどは、通例年に一回は「故郷」に帰ったと言われる。ドイツ人は、ベルリンへ向かうポーランド人を乗せた汽車を「ポーランド人列車《ポーレンツーク》」と呼んだ（『グウォス・グルニカ』〔鉱夫の声〕一九一四年七月一〇日。OD, Nr. 889）。これはまた、移住ポーランド人の重要な側面を示しているものでもあった。

黒いダイヤを産む人びと

「ポーランド人炭鉱《ポーレンツェヒェン》」とは、プロイセン東部出身者が労働者の過半数を占めていた炭鉱のことであり、一九〇五年には三五も存在していた。この事実は、ポーランド人の相当な部分が炭鉱労働者であったことを端的に物語っている。その点を、数字によってまず確認しておこう。

最初に、東部移住者全体の傾向について言えば、東部三州（東プロイセン、西プロイセン、ポーゼン）出身者の大半は鉱工業に従事していた。つまり、一九〇七年の統計によれば、総就業者二一万九八五人に対して、農業八八八一人（四・二％）、鉱工業一八万五八三七人（八八％）、商業一万六二六七人（七・七％）である。このうち、男性鉱工業従事者の内訳をヴェストファーレンについて見ると、鉱業七一・六％、以下金属加工業八・八％、建築業六・六％、機械工業二・九％、採石業三・八％、その他六・三％になっている。就業者の社会構成では、彼らの圧倒的部分は労働者であり、他の工業部門と比較して労働者比率がもっとも高かったのは鉱業部門（労働者九九・三％、職員〇・七％）だった(Murzynowska, 1979 : 50-54)。

東部からの移住者全体と大雑把な比較をすると、ルール地方におけるポーランド人とマズール人の就業者の傾向は、鉱工業従事者の割合が非常に高く、商業・手工業がきわめて低率だったことである（表6参照）。ドイツの歴史家クリストフ・クレスマンによれば、一九一二年において、鉱業に従事しているポーランド人、マズール人（ほぼ炭鉱労働者）は九万四九九八人を数え、ポーランド人とマズール人の工業就業者のおよそ六三％を占めていた（表7参照。Kleßmann, 1978 : 276）。また、東部四州出身鉱夫は、同年では一三万八五四四人であったから、ポーランド人・マズール人鉱夫はその六八・五％を占める存在であり、彼らはルール全域の鉱夫三七万六七一〇人の約四分の一にあたっている（Kleßmann, 1978 : 265）。コークス製造だけについて言えば、三割を超えている。それに引き換え、ポーランド人とマズール人の商業・手工業従事者は、ルール全体で二・三％にすぎなかった。彼らのなかでは、仕立て屋、食料品雑貨商、靴屋、肉屋、床屋が目立っている（Murzynowska, 1979 : 59-60）。

表6　ルール地方におけるポーランド人商工業従事者（1912年）

職業	人数	%
工業		
鉱業	94,998	61.74
コークス・練炭製造業	11,655	7.57
鉄工業	24,726	16.08
土木建築業	3,059	1.98
その他	16,450	10.69
商業・手工業	2,991	1.95
計	153,879	100.01

＊マズール人を含む.
（Murzynowska, 1979 : 58 より作成）

以上見たように、ポーランド人移住者の大半は、炭鉱労働者としてルール北部の新炭鉱地帯で働いた。それは、ルール炭鉱業が機械採炭よりはむしろ「つちとたがね」による手労働の採炭に依存していたという事情にもよっていた。技術を持たないポーランド人移住者には、何よりもふさわしい環境だったのである。しかも、彼らにとっては、二年間ほどの期間を経れば、一人前の鉱夫

表7　ルール地方におけるポーランド人およびマズール人の工業従事者

年	工業従事者	内訳			
		鉱業		その他の工業部門	
		人数	%	人数	%
a）ポーランド人					
1908	90,678	63,029	69.5	27,649	30.5
1910	92,624	61,000	65.9	31,624	34.1
1912	104,267	61,751	59.2	42,516	40.8
b）マズール人					
1908	34,598	27,414	79.2	7,184	20.8
1910	40,582	30,996	76.4	9,586	23.6
1912	46,612	33,247	71.3	13,365	28.7

（Kleßmann, 1978：276）

になれるという可能性は魅力的だっただろう。このことは、彼らが努力次第でより高い賃金グループに上昇できることを意味していた。その点は、炭鉱業がそのほかの工業部門ほど賃金格差がひどくなかったことも含めて、出稼ぎ労働者としての彼らを引き付けたのである。

しかし、そのようなことから、彼らの炭鉱労働が快適なものであったということにはけっしてならない。「黒いダイヤ」を刻むために毎日地中深く降りていかねばならない彼らは、つねに危険と隣り合わせであった。鉱夫の日常的な挨拶として、「グリュックアウフ」（「ご無事で」の意味）という言葉が用いられたのも、そうした状況を物語っている。後述するポーランド人職業組合の場合も、組合員相互の挨拶は「グリュックアウフ」と決められている。ともあれ、東部諸州からの移住労働者が急激に増加するにつれて、採炭労働や掘進労働に従事する完全鉱夫までの諸段階が短縮され、彼らは、しばしば、長期の訓練を経ないで坑内労働に配置された。その結果、経営自身の責任による災害が増えるなかで、炭鉱災害は、ポーランド人など

図７　坑内の切羽
坑内での崩落の危険を防いでいる。

の東部出身労働者の身により大きな割合で降りかかった（大野　1965：296, 320-321）。

また、労働強化も著しかった。週平均五八～七〇時間以上に及ぶ労働時間は、その最たるものである。採炭夫は炭鉱労働者の根幹をなしているが、彼らは、採掘技術の進歩（竪坑）によって深部炭層が掘れることになった結果、入＝出坑にかかる時間は作業方《シヒト》時間から切り離され、一九〇〇年頃には、労働時間は九時間以上に延長されていた。こうした長時間労働問題は、一九〇五年ルール炭鉱ストライキの最大の争点になった（大野　1965：296-297）。

さらに、生計を補うために鉱夫が自発的に選んだ場合があったとはいえ、しばしば炭鉱経営者の強制によって、残業作業方が正規の作業方時間に直接つなげられ、労働時間はいっそう延長されさえした。好況期には、こうした残業作業方がとくに強制され、非協力的な鉱夫は請負賃金を切り下げられたり、劣悪な職場へ配置転換されたり、罰金処分を受けたりした（大野　1965：297-298）。

逆に不況期には、労働日の短縮を意味する休業方が経営者から強制されることが多かった。しかし、そうした状況のなかでも、新規労働者が受け入れられ、ポーランド人鉱夫が休業方や解雇を通告される事態も起こっている（「ホーホラルマルクにおけるポーランド人」『ヴィアルス・ポルスキ』一九〇九年八月一三日、「ホルストハウゼンにおけるポーランド人」同紙九月一六日。OD, Nr. 886）。ドイツ鉱業の繁栄に貢献しているという自負を持っていた彼らにとって（たとえば、『グウォス・グルニカ』一九一四年七月一〇日の記事）、これはあきらかに不当なことであっただろう。

ポーランド人鉱夫は、「故郷」の土地に愛着を持つ出稼ぎ労働者の性格を基本的に保持していたが、定住する者はしだいに増えつつあり、それとともに異郷社会とのつながりも強まっていった。彼らはだいたい閉鎖的なコロニーに居住し、お互いの結びつきを強めたが、比較的都市に近い生活環境、炭鉱労働者の流動性、子供たちの学校教育などは、彼らの旧来の意識にさまざまな影響を与えることになった。なかでも、彼らが「異郷」で受けた差別と偏見は、ポーランド人移住者のあいだに溝を拡げ、異郷社会に同化して生きようとする部分と民族運動に結集する部分とを作り出していくのである。

「ポラック」と「コロニスト」

ルール・ポーランド人は、「ポラック」あるいは「ポラッケン」として、西部工業地域において差別と蔑視の対象になった。西部のドイツ人にとって、言語・文化・生活習慣などすべての点でポーランド人は異質だった。彼ら移住者は、「よそ者」として胡散臭い存在でもあった。ドイツ人の抱いた違和感は、ポーランド人が国家を失ってドイツの支配下に入っているだけに、たやすくポーランド人への蔑視意識に転化されたのである。

この蔑視意識の形成には、ドイツとポーランドとの歴史的な関係が大きな影を落としていた。既述したように、第一次ポーランド分割以後のプロイセンにはすでに、そうした意識ははっきりと生まれている。それは、一九世紀になると、「ポーランド的経済」(「後進」「無秩序」などの意味)という表現をもたらした。しかも、このようなドイツ側からの意識は、一九世紀ヨーロッパで蓄積されてくるスラヴ観とも連動しているように思う。たしかに、マルクスやエンゲルスは、ポーランド人とほかのスラヴ系民族とを区別した。だが、歴史家の良知力が鋭く批判したように、スラヴを主とする従属民族を切り捨てたエンゲルスの「歴史なき民族」論や、四八年ウィーン革命において革命側からも排除された非ドイツ的スラヴ人プロレタリアートに対する偏見は、当時のリベラルも含めた支配的な見解だった(良知 1978)。くわえて、こうした見方は、ロシア、すなわち「アジア的野蛮」という伝統的観念ともつながっている。ドイツ帝国創設以来の反ポーランド的ドイツ化政策も、いわば一九世紀ヨーロッパの反ロシア、反スラヴの一般的風潮に後押しされて、国民に浸透していったと言えるだろう。プロイセン＝ドイツの支配者が「ポーランドの脅威」を持ち出し、国民国家論を振りかざしてドイツ化政策を強行すればするほど、それはスラヴ人蔑視と重なり合って、ドイツ人民衆のあいだにポーランド人への蔑視と偏見とを強めたのである。

こうしたドイツ人の民族的偏見と差別を象徴し、ルール・ポーランド人を直撃したのが「ポラック」あるいは「ポラッケン」という蔑称である。ポーランド人の一部にとって、ポーランド姓は、背負うにはあまりにも重い負担となった。そこで彼らは、生きる展望をポーランド姓からドイツ姓への改姓に求めた。もちろん、ドイツ人の差別意識から解放されたいという願いを込めてのことである。

この点についてはすでにプロローグの冒頭でも触れたが、改姓申請書を手掛かりに、異郷社会の圧迫に苦しむポーランド人の姿をもう一度垣間見てみよう（RA, I Sta. Nr. 491）。ゲルゼンキルヒェン在住の炭鉱事務所職員カール・ゴジンスキは、一八七四年六月一日東プロイセン州ケーニヒスベルク県に生まれ、一八歳のときに、母と一緒にゲルゼンキルヒェンに移住してきた。彼は、「ドイツの学校に通い、ドイツ人の下で生活し、ドイツ的なものの考え方をしてきた」にもかかわらず、その名前のために、幾度も悲しい経験をしなければならなかった。彼は、改姓申請書のなかでこう述べている。「たとえ意図的ではないにせよ、思いやりのない言葉がどれほどひんぱんに聞かれたことでしょう―何だポーランド人か、ポーランド人だとさ」と。

こうした軽蔑は彼を傷つけ、ポーランド姓は大きな重しとなって、世に出たいという彼の頭の上にのしかかった。それでも彼は、炭鉱職員の地位を得た。これは、東部からの移住者にとってよくあることではなかった。その彼が、個人生活のうえでも大きなチャンスを掴もうとしていた。ゲルゼンキルヒェンの中産市民の娘との婚約である。最大のネックは、許嫁の親戚がポーランド姓に難色を示していることだった。彼女との結婚は、ひとえに彼の改姓にかかっていた。彼は、この絶好の機会を逃すわけにはいかなかった。結婚はまた、彼の出世の障害を取り除き、明るい将来を彼に約束するように思えたであろう。彼は、一九〇五年二月八日、晴れてナーゲルというドイツ姓を名乗ることになった。

ちなみに、彼は改姓申請において、当時それに必要であった印紙代三〇マルクを支払ったが、これは、ポーランド人改姓申請者にとって普通のことではなかった。彼らの大半は低所得者であり、五マルクへの減額措置を求めることが一般的だったからである。

ゴジンスキは、その出身地と生活経験からすると、マズール人であったようだ。彼らは、ポーランド語に近いマズール語を話していたが、プロテスタントであることによって、ポーランド人社会とは異なる歴史を形成してきた。一般的に、彼らはポーランド人と接触することも少なく、彼らとカトリックのポーランド人との関係は疎遠だった。とすれば、彼らがドイツ人からひとしなみにポーランド人と見なされることは、それだけいっそう受け入れがたいことであったに違いない。ゴジンスキの場合もそうであろう。彼は、プロイセン＝ドイツ社会の差別をそのまま受け入れ、向こう側に渡ることによって自分の問題を乗り越えようとした。

ドイツ人のルール・ポーランド人に対する偏見の形成には、彼らの居住形態も大きく関係している。

ここに紹介したゴジンスキは、おそらくドイツ人の地域社会に交じり合って生活していたと思われるが、本節ですでに指摘したように、ルール・ポーランド人の多くは、コロニーと呼ばれる炭鉱集団住宅に住んでいた。家賃が安く、菜園つきで、「故郷」の生活形態を満たしてくれるコロニーは、彼らを炭鉱に引き寄せる一つの要因でもあった。ポーランド人鉱夫の多くは、ルール北部の大炭鉱で働いており、それはもっぱら農村部に位置していた。問題は、こうした住環境から生まれてくることになる。

エムシャー川北部の炭鉱都市では、とりわけ、コロニーは都市の中心から離れていた。その点は、たとえば買い物などのような場合、実際に生活するうえでさまざまな支障をもたらし、コロニー住民のポーランド人と都市のドイツ人との日常的な接触を弱める方向に働いた。くわえて、コロニーという閉鎖的な居住形態は、概して、移住ポーランド人鉱夫と土地の者やコロニー居住者以外の労働者とのギャップを深めていた。こうした状況では、都市のドイツ人住民のあいだには、ポーランド人移住者に対する偏見も生まれやすい。ドイツ人住民からすると、移住者のマナーは粗雑で、彼らの家はむさ苦しかった。

ポーランド人の住宅は居心地が悪く、汚い。ポーランド人自身も、庭造りなどできもしないし、しようともしない。これは、そのほかのコロニー住民のあいだで一般的に見られる健全な習慣ではないか。

「コロニスト」という呼び名は、「ポラック」と同じ蔑称であった。都市では、一九一四年にもなお、コロニー住民もやはり人間なのだという鉱夫の声に、年とった土地の者は驚きの念を隠そうともしなかったのである（Murphy, 1982 : 125-126）。

コロニー住民は、ひろく「下司《げす》」とも呼ばれていた。また、圧倒的にポーランド人で占められているコロニーは、「ポーランド野郎のコロニー」として知られている。ダッテルン出身のあるドイツ人のつぎの言葉は、ポーランド人に対する感情をむき出しにしている（Hickey, 1985 : 67）。

炭坑《やま》には人間が必要だった。ほかでは仕事を見つけることのできないありとあらゆる屑がやって来た。やつらは、新しい家が乾くまでそこに住むだけの「乾燥機」さ。イタリア人、クロアティア人、ポーランド人のやつらだ。ポーランド人がやって来ると、やつらは奴隷根性丸出しで、人の靴にキスしやがる。だけど、やつらは給料を三回もらったらそれで終わりさ。そうなると、やつらは騒ぎ出した。

ここに示されている蔑視意識は、ドイツ人にとって例外だったとは思われない。多かれ少なかれ、多くのドイツ人が共有する観念だったであろう。ポーランド人を取り巻く生活環境がこのようなものであったとすれば、彼らがドイツ西部をますます「異郷」と感じたとしても無理はない。この「異郷」

で、ポーランド人は、自分たちの存在を再確認させられることになる。彼らは、ポーランド人としてのアイデンティティをどのように主張し、強めていくのか。それは、民族運動に結集したポーランド人に突きつけられた課題であった。

第二章　ルール・ポーランド人とポーランド・ナショナリズム

ポーランド人移住者が仕事を求めてやってきた「異郷」は、彼らにはあまりにも厳しい環境だった。彼らがさしあたり、同郷人の先輩移住者を頼りにして、お互いの結びつきを強めていくのも自然の成り行きだった。彼らは、教会協会を中心に民族組織を広げ、新聞を発行し、社交生活の集まりをとおして、ルール・ポーランド人の運動を作り上げていった。

一八九四年は、ルール・ポーランド人の運動にとっては重要な画期となっている。その点を示す一つが、同年の六月三日ボーフムで開かれたポーランド・カトリック会議である。非常に多くの参加者を集めたこの会議では、運動プログラムをめぐって論議が交わされ、八項目にわたる決議が採択された。その基調は、全体としては穏健な調子で貫かれていたが、そこにはすでに、ルール・ポーランド人の運動の方向性が示されていた。とくに、第七項と第八項は注目に値する。少し長いが引用しよう(Altkemper, 1910 : 231)。

7　団結こそが力をもたらすという前提から出発して、われわれは、共同の力によってわれわれのもっとも高価な財産、つまり聖なるカトリック信仰、母語およびポーランドの風習を守るために、われわれのあいだで起こり得る争いやいさかいすべてを避けることを決議する。われわれは、出身地がどこであろうとも、われわれすべてを兄弟と考えており、共通の協会で活動することを望んでいる。ポーランド語の著作を読むことによって、われわれは道義を養い、宗教と民族への忠誠心を強め、教養を広めることができる。それゆえにわれわれは、ポーランド語の本や新聞を読むように、相互に励まし合いたいと思う。少なくともポーランド紙一紙を取ることは、すべてのポーランド人の義務である。ポーランド人の親の子どもたちすべてがポーランド語を話し読むことを学ぶように、われわれは努力を払いたいと思う。われわれは、ポーランド語の讃美歌や歌を大いに奨励したい。

8　……われわれにとっていっそう近い関係にあるのは、異郷人よりも同胞である。したがってわれわれは、必要なものはポーランド人の商人や手工業者のところで満たすことを望んでいる。彼らが提供できないものは、ポーランド人の店員を雇い、ポーランド紙に広告を出している商人のところで、手に入れるであろう（傍点は、原文隔字体）。

この決議で示された方向がいかに実践され、ポーランド人のドイツ社会からの分離をもたらし、ドイツ社会の矛盾を深めるものであったのかについては、以下に考察したい。

1　ルール・ポーランド人の協会活動

あらゆる分野に組織を

ルール・ポーランド人は、出稼ぎ労働者としての性格を失うことはなかった。多くの男たちは、妻や子どもたちを「故郷」に残し、鉱夫として懸命に働いて貯金した。仕事以外の彼らの社交生活は、だいたい集会で行われる。もちろん、彼らの属する協会の集会である。彼らは、同胞との結びつきを求めて集会を持った。彼らは、この集会で「故郷」のニュースを聞き、新しい運動の試みや政府による抑圧行為を耳にする。あるいは、そこで煙草を吸い、酒を飲み、議論した。また、人騒がせもしたであろう。集会こそは、ルール地方のポーランド人の生活を象徴する場であった（Bernhard, [3]1920 : 172-173）。

同時代人のルートヴィヒ・ベルンハルトによれば、ドイツ東部のポーゼン、西プロイセン、シュレージエンのどこも、ルール地方ほどポーランド人が合唱団や体操協会、労働者協会、教育協会のなかで生き生きと活動しているところはない。集会は、彼らにあっては、家族同士の付き合いとか快適な社交生活の不足の代わりを果たしているのである。「このような意味において、ライン・ヴェストファーレンのポーランド人は、たしかによく組織されている。それにしても、彼らが異郷において民族的統一体として存在している事実そのものが、一つの組織なのだ」（Bernhard, [3]1920 : 173）。

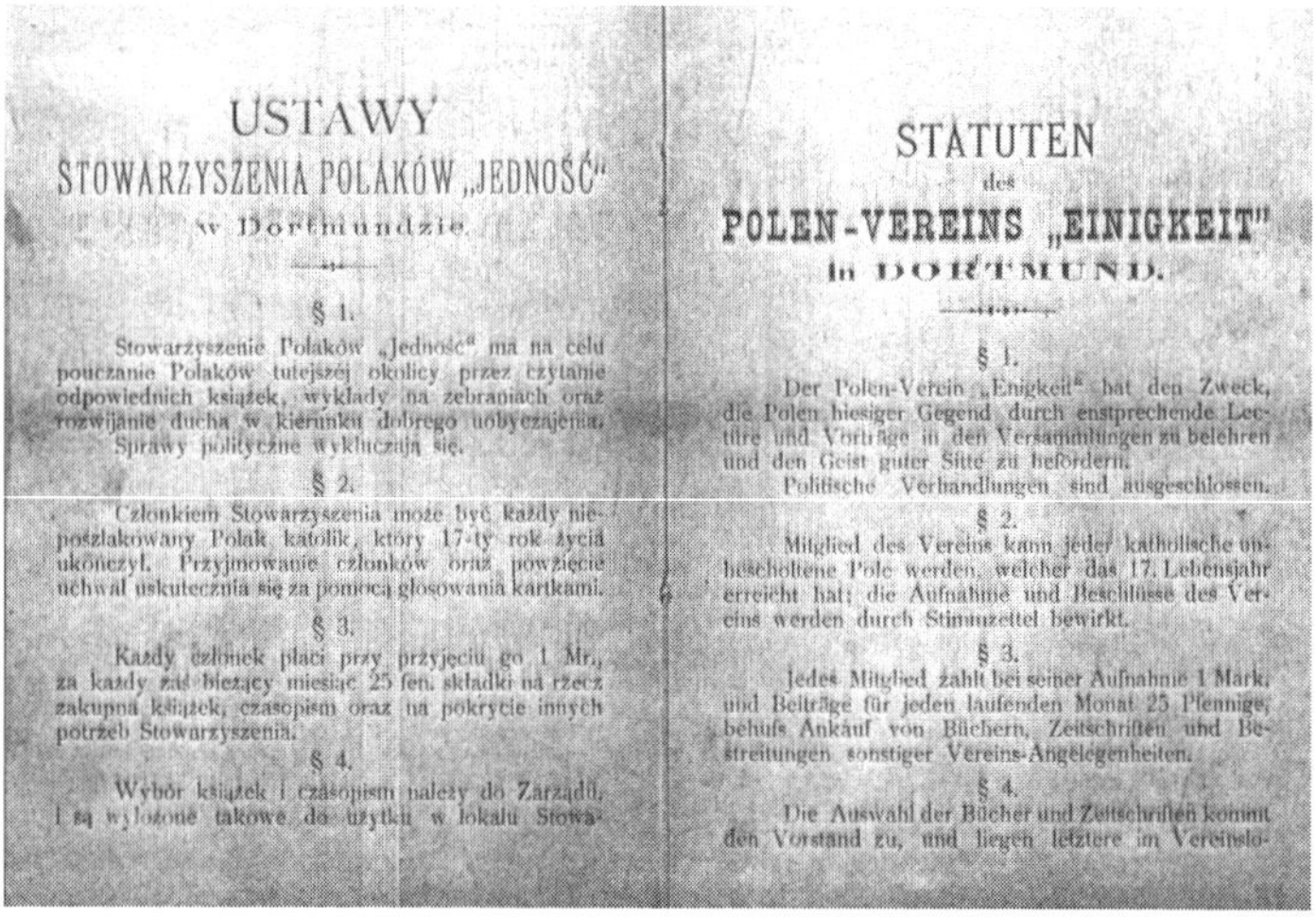

USTAWY
STOWARZYSZENIA POLAKÓW „JEDNOŚĆ“
w Dortmundzie.

§ 1.

Stowarzyszenie Polaków „Jedność“ ma na celu pouczanie Polaków tutejszéj okolicy przez czytanie odpowiednich książek, wykłady na zebraniach oraz rozwijanie ducha w kierunku dobrego uobyczajenia.

Sprawy polityczne wykluczają się.

§ 2.

Członkiem Stowarzyszenia może być każdy nieposzlakowany Polak katolik, który 17-ty rok życia ukończył. Przyjmowanie członków oraz powzięcie uchwał uskutecznia się za pomocą głosowania kartkami.

§ 3.

Każdy członek płaci przy przyjęciu go 1 Mr., za każdy zaś bieżący miesiąc 25 fen. składki na rzecz zakupna książek, czasopism oraz na pokrycie innych potrzeb Stowarzyszenia.

§ 4.

Wybór książek i czasopism należy do Zarządu, i są wyłożone takowe do użytku w lokalu Stowa-

STATUTEN
des
POLEN-VEREINS „EINIGKEIT"
in DORTMUND.

§ 1.

Der Polen-Verein „Enigkeit“ hat den Zweck, die Polen hiesiger Gegend durch enstprechende Lectüre und Vorträge in den Versammlungen zu belehren und den Geist guter Sitte zu befördern.

Politische Verhandlungen sind ausgeschlossen.

§ 2.

Mitglied des Vereins kann jeder katholische unbescholtene Pole werden, welcher das 17. Lebensjahr erreicht hat; die Aufnahme und Beschlüsse des Vereins werden durch Stimmzettel bewirkt.

§ 3.

Jedes Mitglied zahlt bei seiner Aufnahme 1 Mark, und Beiträge für jeden laufenden Monat 25 Pfennige, behufs Ankauf von Büchern, Zeitschriften und Bestreitungen sonstiger Vereins-Angelegenheiten.

§ 4.

Die Auswahl der Bücher und Zeitschriften kommt den Vorstand zu, und liegen letztere im Vereinslo-

図８　ポーランド協会「イェドノシチ」の規約
ポーランド語とドイツ語の双方で書かれている。

　このように観察されたルール・ポーランド人の民族組織は、政治・経済・社会・文化・スポーツ・娯楽等のあらゆる生活分野、または青少年や女性運動の領域にまで広がっている。このポーランド人の民族的結集こそ、民族新聞をとおした宣伝とともに、プロイセン＝ドイツの支配者が「ポーランドの脅威」と呼んだものだった。それは、ふつう、東部のポーランド人地域について指摘されるけれども、ここルール地方でも、東部以上と言われるほどにそうした事態が生まれたのである。このようなルール・ポーランド人の生活形態は、まさに彼らが厳しい異郷社会を生きるなかで形成されたものにほかならない。

　ルール・ポーランド人の民族組織の歴史は、新聞のそれよりもずっと古い。ルール地方でもっとも古いポーランド協会は、一八七六年にドルトムントで結成されたカトリック協会「イェドノシチ」（団結）である（Murzynowska, 1979：91）。最初の協会がポーランド人移住者のカトリック信仰の擁護のために創設され、それに「団結」の名がつけられたことは、当時のポーランド人の意識を何よりも示しているだろう。二番目のポーランド協会は聖バルバラ協会（一八八三年、ゲルゼンキルヒェン）、ついで、聖ヨーゼフ協会（一八八四年、ヴァッテンシャイト）である。その名称から分かるように、いずれもカトリック協会である。ルール地方におけるポーランド人の運動は、まず、こうした宗教的性格のカトリック協会に担われて発展した。

一八九〇年代以降、ポーランド人移住者の数が著しく増大するとともに、ポーランド協会の数も激増する。これは、ルール・ポーランド人の運動の発展をこの上なく証明している。その点を、まず数字によって押さえておこう。ボーフム警察本部長のポーランド人運動に関する状況報告によれば（一九一三年と一四年の報告を参照。RM, Abt. VII, Nr. 31; OP, Nr. 5758）、ルール地方におけるポーランド協会数はつぎのとおりである。一八九一年―約二〇、九六年―七七、一九〇三年―一二四、一〇年―六六〇、一二年―一〇三八、一四年―一三七五。見られるように、驚くべき増え方である。しかも、これらの協会に加入しているポーランド人の数は、一九〇三年の九五三〇人から一九一二年の一一万一四四四人へと、わずか一〇年足らずで一一倍強に急上昇している。もちろん、一人が複数の協会に加入していることもあり、実質的な人数は割り引いて考えられねばならないとしても、ポーランド人の協会活動は第一次世界大戦前に目覚ましい発展を遂げていたのである。

表8　ルール地方におけるポーランド協会（1912年11月1日現在）

協会名	団体数	会員数
ストラシュ協会（ポーランド同盟）	17	1,750人
選挙協会	100	8,412
ソークウ協会（体操協会）	117	6,909
教育協会（オシフィヤタ）	16	3,488
労働者協会（いわゆる教会協会）	244	30,929
ロザリオ信心会	68	16,297
民衆読書協会	1	18
合唱団	95	5,225
演劇－音楽協会	37	889
婦人協会	9	474
青年協会	19	1,345
営業－工業協会	13	609
青年商人協会	3	115
協同組合，消費組合	4	890
禁酒協会	25	695
自転車協会	5	139
富くじ協会	70	1,563
射撃協会	2	32
ポーランド人職業組合		
鉱夫部門	142	27,272
製錬工部門	14	2,180
手工業者部門	7	460
ポーランド社会党（PPS）地区支部	9	408
その他	21	1,345
計	1,038	111,444

（Zahlenmäßige Angaben, S. 38-39 を修正：RM, Abt. Ⅶ, Nr. 37, Bd.1）

表8は、ルール地方におけるポーランド協会の一覧である。一見しただけでも、ルール・ポーランド人がいかに多様な協会活動を展開していたかが分かるであろう。彼らは、ドイツ人からいささか侮蔑的に「会狂い」と呼ばれることになる（Wehler, 1970：226）。

ルール・ポーランド人の協会活動

ここでは、ルール・ポーランド人の協会活動の諸分野について概観しておこう。

ルール地方のポーランド民族運動において中心的位置を占めていたのは、ポーランド人職業組合である。ルール・ポーランド人の多数が鉱夫であったため、彼らを組織していた職業組合、とりわけその鉱夫部門は、ルール・ポーランド人の運動を代表する存在だった。職業組合は、一九〇五年と一二年のルール炭鉱ストライキにも無視できない役割を果たし、その存在をドイツ社会に強烈にアピールしている。この職業組合については、第三章1で詳しく検討する。

そのほかに、経済活動の分野では、営業－工業協会（工業協会）、青年商人協会、協同組合、消費組合がそれぞれ活動していた。ルール地方では、ポーランド人の商人・手工業者は少なかったが、ポーランド人の経済的実力を引き上げるためにも、彼らの数の増大と活動強化が民族運動の側から要請されていた。こうした経済の場におけるポーランド人の民族的結集は、プロイセン当局者によって、「ドイツ商品ボイコット運動」として把握されることになる。

ルール地方においてもっとも多数のポーランド人を組織していたのは、先に触れた労働者協会ないしは教会協会と呼ばれたカトリック協会である。ポーランド人コロニーのいずれにおいても、最初に創設されたのはこの種の協会であり、数も多かった。ポーランド人移住者は、「故郷」の農村では、日常生活や習俗が宗教と深く結びついているような環境の下で暮らしていた。そうした彼らにとって、カトリックの絆を媒介にした宗教的な協会に集まることはきわめて自然だった。また、カトリック協会がポーランド人のあいだに広がった事情には、鉱夫と宗教との伝統的な結びつきも作用している。

鉱夫たちは、「闇と恐怖」の支配する坑内で一日中働かなければならない。水がチョロチョロ流れ、岩盤がゆるみ、絶えず小石が落ちてくる。「つちとたがね」をふるいながら、ときに耳をそばだてる彼らには、それは神秘的な音と聞こえたであろう。また、言うまでもなく、坑内労働においては、生と死とがつねに隣り合わせになっていた。そうした彼らの労働環境は、宗教心を高めずにはおかないのである。社会民主党の炭鉱労働運動指導者だったオットー・フエは、中世の鉱夫の精神状態をこのように描きながら、それは二〇世紀初めにおいても変わっていないという（Hue, Bd.1, 1981 : 178）。

初期におけるカトリック協会の普及には、助任司祭フランチーシェク・リス博士の活動が与っていた。リスは、前任者の仕事を引き継ぎ、ポーランド人の司牧*を引き受けるために、一八九〇年西プロイセンのブリーゼンからヴェストファーレンに派遣されたのである。彼は、「ポーランド・カトリック労働者協会のパトロン」（Bernhard, ^{3}1920 : 175）としての役割を果たした。当時はまだ、カトリック協会はドイツ人聖職者の指導の下に活動しており、会長にはほとんど彼らを戴いていた。民族運動の発展とともに、彼らの排除をめぐる問題が表面化してくることになる。

＊司牧（しぼく）　一般に、信者の魂や内心に関わる問題において、信者に宗教上の世話をし、助言・援助を与えることを言う。カトリックでは、聖堂区に所属する信者の魂の世話にあたるのが主任司祭である。その司祭の任務は、洗礼・公教要理（教義問答）・説教・サクラメント・ミサなどを授け、また婚姻や葬儀の式に立ち会って、信者に必要な世話をすることである。

ロザリオ信心会も、同じく宗教的性格を持ち、会員はもっぱら女性だった。諸地区の幹部は主婦が多く、規約を持たないところもあり、ゆるやかな結合体であった。月一回の集まりという場合もあったが、ゲルゼンキルヒェン－シャルケの信心会では、年一回の巡礼を主な活動内容にしていた。

活動が政治の領域に踏み込んでいたのが、ポーランド同盟ないしは「ストラシュ」（見張り）協会と選挙協会である。それだけに、両者に対するプロイセン官憲の目も光っていたが、ルール地方では、とりわけプロイセン三級選挙法（プロイセン下院議会の不平等・間接・公開選挙制）と帝国結社法（第三章2を参照）の重圧がポーランド人の上にのしかかっていた。圧倒的に民族的マイノリティであり、労働者であった彼らには、政治活動の舞台は閉ざされていたのであり、十分な活動は難しかった。しかし、彼らの独自な戦いは、普通選挙による帝国議会選挙のさいなどに見られたように、ポーランド人の結集と民族意識の高揚を求める運動のなかで発揮された。

教育協会「オシフィャタ」（啓蒙）も、政治団体の枠組みで理解してよいだろう。既存の「ストラシュ」（あるいはポーランド同盟）と選挙協会、そして新設の「オシフィャタ」の競合は、一方で民族運動の活性化の努力を示すとともに、他方では運動内の分裂をも物語っている。ともあれ、「オシフィャタ」の創設は、政治活動が十分保障されていない状況で現状を何とか打開しようとする試みであった。

「ソークウ」（ハヤブサ、タカ）協会は体操協会であり、けっして政治目的を追求するものではなかった。しかし、その活発な活動のために、プロイセン当局の監視は厳しく、協会はしばしば政治団体として結社法の下に置かれた。場合によっては、体操の練習とその祭典がポーランド人の蜂起の歴史の文脈で捉えられたのである。体操協会は、職業組合と並んで、ポーランド協会のうちではもっとも重要な位置を占めている。具体的な活動については、のちに検討しよう。

婦人協会、青年協会についても後述するが、「異郷」という社会環境において、とりわけ青少年に対する民族教育が重視され、それとの関連で女性の役割に注意が払われたことが、これらの独自組織結成の要因になっている。文化の分野では、民衆読書協会、合唱団、演劇・音楽協会があったが、合唱団は祭典のさいなどには欠かせないものであり、もとより教会との結びつきも深い。同時代人のスタニスラウス・ヴァフォヴィヤクは、合唱団がとりわけ青少年のあいだで熱狂的な支持を獲得し、その普及が重要な意味を持ったことに注意を促している（Wachowiak, 1916 : 62）。毎年開かれる歌唱コンクールは盛況であった。

自転車協会や射撃協会は、スポーツ・体育と娯楽を兼ねた民族サークルとでも言えようか。禁酒協会は、鉱夫としてのポーランド人の生活の反映でもある。ときにポーランド紙は、都市の悪習に染まった移住者の姿を描いているが、身分不相応な衣装、浪費、悪しき習慣、とくにアルコール中毒は、民族運動からすれば、ポーランドの伝統的な良き風習を台無しにし、失わせることを意味したのである（『ヴィアルス・ポルスキ』一九一二年七月二六日。RM, Abt. VII, Nr. 36 c）。禁酒協会は、折にふれて反アルコール・キャンペーンに努めた。

なお、表8では「その他」の項目に入っている教育援助協会、通称聖ヨザファト協会についても一言しておきたい。協会は、「ポーランド人の青少年のうち中・高等学校に通い、とくに聖職に捧げようとしているものへの援助」を目的としていた（『ヴィアルス・ポルスキ』一九〇七年一一月。RA, I, Nr. 154）。つまり、母語による司牧の不足がつねに歎かれていた西部において、会員子弟の成績優秀者に奨学金を支給し、母語による司牧者の養成に努めようとしたのである。一九〇七年一〇月に奨学金制度が誕生し、第一次大戦前には、二五~三〇名の奨学生を数えている(一九一七年一二月八日付アルンスベルク県知事報告。OP, Nr. 2748, Bd. 12)。

十戒

ポーランド民族運動では、しばしば「十戒」というかたちで運動の指針が示されたが、そのなかでもっともスローガン化されていたのが、体操協会「ソークウ」の「十戒」である(『翻訳』一九〇六年二月二五日。RA, I, Nr. 154)。

1 唯一不可分のポーランド以外の祖国を持つことなかれ。
2 退歩・隷従・専制を隠蔽するために、汝の祖国の名を不必要に使うことなかれ。
3 汝は、すべての民族的記念日を覚えていなければならない。それを汝のねぐらで祝い、ほかの者たちを祝祭に駆り立てねばならない。
4 汝の祖国を敬い愛せ。そうすれば、汝自身が愛と名誉に値するのだ。
5 汝の民族的精神を枯らすことなかれ。
6 外国語を愛することなかれ。ポーランド語よりもそれを好むことなかれ。
7 汝の民族から名誉を奪うことなかれ。

8　祖国の歴史をゆがめ、鼻であしらうことなかれ。
9　汝の祖国の敵の恩恵を求めることなかれ。
10　位階も、勲章も、称号も、この敵の恩寵ではない。

以上の「十戒」は、体操協会のメンバーが民族的精神によって満たされるべきことを率直に表現していた。それは、まさに、ポーランド・ナショナリズムの方向性を示していた。ドイツ国民国家に対抗して、ポーランド人自身がみずからの「祖国」を持つ国民になろうとする志向である。しかし、そうした志向は、あくまでも個人の心構えのレベルにとどめられている。ここには、政治活動に触れるような項目はない。それでは、体操協会の組織とその活動とはいったいどのようなものであったのか。

西部工業地域における最初の体操協会は、一八九九年にオーバーハウゼンで創設されている。それ以来、西部での体操協会の発展は著しく、ポーゼンに本部を置くポーランド体操協会中央連盟の下で五つの地区《ガウ》を抱えるまでになっている。西部の体操協会は、その発足以来一〇年間で、協会数・会員数いずれにおいても、元来の発祥地である東部を抜くに至った。一〇年後、西部では、一一一協会と四三〇〇人の会員を数え（この場合西部にはハンブルク、ブレーメン、キールなどが含まれている）、そのほかのプロイセン地域の八四協会、三二〇〇名を凌駕している（一九一〇年五月六日付ボーフム警察本部長のアルンスベルク県知事宛て報告。OP. Nr. 6396）。

このように、体操協会が西部各地に根を下ろし始めるとともに、その活動の多様化はさっそく警察の注意を引くようになった。まず、協会の目的を規約によって確認しておきたい。以下に示すのは、レックリングハウゼン郡オスターフェルトに本部を置く体操協会の規約第四条である（R M, Abt. VII, Nr. 155)。

協会の目的はつぎのとおりである。

1 体操の奨励、および体操練習、公開の催し、冬期・夏期の娯楽、ハイキング、図書館を通じた社会的精神の喚起。体操練習には、フェンシング、自転車、射撃も含まれる。そのほかに協会は、歌および音楽を奨励する。

2 適切な講演、重要な政治問題の討議、公共問題への取り組みをとおした民族的意識の喚起。

どの地域の体操協会も、同じような目的を掲げて活動の方向を定めているが、オスターフェルトの場合のように、結社法の「政治的問題に影響を及ぼすことを目的とする結社」に直接引っかかるような第二項を明記しているところは珍しい。多くは、上記の第一項に類した内容のみにとどめられている。というのも、「政治的結社」の活動には厳しい規制が加えられていたからである。ただし、一九〇九年三月に創立されたオスターフェルトの体操協会については、「政治活動」の理由で警察の干渉を受けた形跡はない。実質的に、政治的問題に取り組むようなことはなかったのであろう。

体操協会の日常活動では、もちろん体操練習が中心を占めている。すべての協会が鉄棒・平行棒・

図9　労働者の体操家による平行棒の体操練習
ホールが使えないときは、裏庭で練習した。「ソークウ」の練習風景も同様だったに違いない。

あん馬の器具をそろえていたわけではなく、とくにあん馬の設備は不十分だったが、それらの器具を使った器械体操、そして徒手体操が練習の一般的な内容である。そのほかに、規約にあるハイキング、射撃、フェンシングなどに加えて、ボートや徒歩行進も取り入れられていた。

体操協会のスポーツ祭典については後述するが、たいていの地区《ガウ》には「教育委員会」が設けられて、意識的に民族教育を追求し、憲法記念祭、一一月祭、コシチューシコ祭に精力的に取り組んだ。ここでは、一九〇九年のスウォヴァツキ生誕一〇〇年祭を紹介しよう。ガーメンの体操協会のそれにはイグナツィ・ジュニンスキが招待され、彼は、愛国的抒情詩で有名なユリウシ・スウォヴァツキの言葉、「生ける者は希望を失ってはならぬ。そうすれば、啓蒙の松明がわが民族を前に進めてくれよう！」を強調して、聴衆の心を捉えた。会長のクラフチクは、オスマン朝のウィーン包囲を撃破したポーランド王ソビエスキの偉業をたたえて、その記念日一六八三年九月一二日のポーランド史上における意義を説いた。この祭典における参会者の熱狂は、何回となく繰り返された「祖国万歳」の声によって伝わってくる。最後の締めくくりは、体操協会の合言葉であった「チョウェム！」（「やあ今日は」「さようなら」の意味）による会長の結びだった（『ポステンプ』一九〇九年九月二二日。OD, Nr. 886）。前述した「十戒」の端的な実践例と言えようか。

体操協会と警察

以上のような体操協会のさまざまな活動のなかで、警察当局がもっとも神経を尖らせていたのは、狭義の体操の領域を越える部分であった。一般的に警察は、体操協会の活動が「本来の体操」から離れ、軍事的色彩の濃いものになりつつあると観察していた（一九一〇年五月六日付、一九一一年四月一日付、一九一四年五月四日付ボーフム警察本部長のアルンスベルク県知事宛て報告。OP, Nr. 6396, Nr. 5758）。つまり、警察によれば、徒歩行進は「行軍演習」にほかならず、射撃や槍体操、槍を使ったフェンシングは、「軍事教練」を意味していた。器械体操・徒手体操に取って代わり、軍事的意味合いの活動が比重を増している、これが警察の判断であった。しかも憂慮すべきは、従来の銃剣・槍による練習に加えて、斧・大鎌・小銃を使った練習が導入されてきていることだった。警察の見るところ、体操協会「ソークウ」の「体操」はスポーツの一般概念をはるかに超えていた。これらは、「武器」以外の何ものでもないのである。

警察のこのような判断は、体操協会の活動に直接影響を与えるものとなっている。当時、槍は練習器具として一般的に採用されていたが、それがもし「武器」として認定されたならば、それを使う公開の催しは結社法に触れてしまうからである。帝国結社法第一一条は、公務によって武器携行の権限を持つ者以外、公開の集会もしくはパレードで武器を帯びることを禁じていた。

一九一二年に開かれた第一〇地区《ガウ》（ボーフム、ヘルネ、ヴァンネ、ゲルゼンキルヒェン、レックリングハウゼンなど）の公開の体操祭典に対し、ボーフム警察本部は基本的に許可を与えたが、槍体操は許されないことを通告した。もちろん、槍を「武器」と見なす判断からである。第一〇地区《ガウ》幹部会議長アンドレアス・スコルプカは、結局行政訴訟に持ち込み、法廷で決着をつけようとした。一九一三年五月一五日、プロイセン上級行政裁判所はスコルプカの訴えを認め、警察の通告を無効とした。つまり、槍は警察の述べる「武器」ではないとされたのである。裁判には証拠物件として槍の現物が提出されたが、それは通常の槍とは違っている。すべて木製で刃はついていず、厚さ三・五センチ、長さ二・七五メートル、上部は一五センチの円錐形をしており、直径一センチの先端がついていた。上級行政裁判所の判決では、形態からしても、槍は結社法第一一条の意味における武器とは認められず、たんに体操の練習器具と見なされるべきであった（一九一三年六月一七日付ボーフム警察本部長のミュンスター県知事宛て報告、同年八月二六日付ミュンスター県知事の各郡長・市長宛て通達。RM, Abt. VII, Nr. 34 p, Bd. 1)。ここでは、プロローグで紹介したベレシンスキ裁判と同様に、体操協会側の主張が認められたのである。

体操協会の体操競技、模範体操、あるいはグレーの色調の「ソークウ」のユニフォームや白赤の飾り帯（白と赤はポーランド国旗の色としてしばしば規制の対象となった）をまとったパレードなどは人目を引くものだっただけに、警察はつねに警戒の念を怠っていない。また、集会の動向や集会に使われる居酒屋のホールに掛けられている民族的な絵などにも、鋭い監視の目を光らせている。こうした絵は、「ソークウ」の民族衣装を着た体操選手を描いていた。警察・行政当局と体操協会との緊張関係は、しばしば裁判沙汰になっている。体操協会にとっては、裁判闘争そのものが民族運動の重要な場であった。

体操協会と警察・行政当局とのトラブルは、協会の性格をめぐる問題からも生まれている。体操協会は、みずからを政治的結社であるとは頑として認めようとはしなかったが、司法判断（たとえば、一九一一年一一月三〇日のボーフム地方裁判所判決や一九一二年一月一六日のハム高等裁判所判決）によっても政治的結社と認定される現実は、協会の活動を規制した。ここで一番問題になったのは、体操を通じて組織化を図ろうとしていた青少年の問題である。帝国結社法第一七条は、満一八歳に達していないものは政治結社に入ることはできず、公開の政治集会には出席できない旨を規定していた。協会側は、一八歳未満の青少年を非会員とし、ハイキング・ダンスパーティー・観劇などの社交的行事以外の集会への参加を許さず、また純粋の体操練習のみに限ることで対応しようとした（『ソークウ』一九一〇年一〇月一五日。RM, Abt. VII, Nr. 34 p, Bd. 1）。しかし、実際には、青少年の体操練習への参加に対しては、幹部会がその責任を問われている（帝国結社法第一七条違反。第一八条第五項の処罰規定）。たとえば、一九一一年一一月三〇日のボーフム地方裁判所刑事二部の判決がそれである。ここでは、あきらかに、体操練習は政治結社の集会であると解釈されていた（『ヴィアルス・ポルスキ』一九一二年一月八日。OD, Nr. 887）。これは、第一審のレックリングハウゼン陪審裁判所の判決（一九一一年九月二一日）をひっくり返し、体操協会側を勝訴から一転して敗訴に追い込んだだけに、その衝撃は大きかった。

体操協会の活動に青少年をいかに引き入れるかについては、慎重な配慮を加えねばならなくなった。しかし、体操協会の活動と青少年の民族的育成とは一体不可分のものである。そこで、体操協会の新しい活動分野としていっそう注目されてきたのが、スポーツだった。第一次世界大戦前のドイツでは、自転車やサッカーなどのスポーツが、人びとの関心を集めるようになった。当然、スポーツ・体操の分野も、青少年を獲得するための主要な舞台として登場してきた。ポーランド民族運動も、ドイツの運動に対抗しないことには、ポーランド人青少年の組織化を果たせないのである。この問題は、後述する一九一三年のポーランド人会議で集中的に取り上げられることになる。

青少年に母語への愛を

「異郷」におけるポーランド紙の紙面には、ポーランド人青少年の「非民族化」についての嘆きの声が数限りなく載っている。彼らはポーランド語の読み書きを忘れ、あまつさえポーランド語を話す

表9　ルール地方における公立民衆学校児童の家庭使用言語

年	児童総数	ドイツ語	ポーランド語		ポーランド語および ドイツ語		マズール語	マズール語および ドイツ語	その他の外国語
			人数	%	人数	%			
1891	693,309	690,309	622	0.09	2,301	0.33	—	—	552
1896	767,000	758,075	1,790	0.23	5,010	0.65	—	—	2,015
1901	894,787	872,510	5,364	0.60	10,429	1.17	145	1,572	4,767
1906	1,043,427	1,002,221	13,627	1.31	15,372	1.47	244	2,428	9,535
1912	1,230,119	1,157,180	26,168	2.13	26,022	2.12	149	4,785	15,815

(Kleßmann, 1978 : 274)

ことも難しくなっているというのである。ポーランド民族運動にとって、「異郷」の子どもたちがドイツ化しつつあるという現実は、大きな脅威であった。子どもの教育における両親、家庭の責任が繰り返し強調された。子どもはポーランド民族の将来であり、それゆえに、彼らをドイツ化から守るための努力を怠ってはならない、そのことこそ親の義務である、と。

ポーランド民族運動の発展にもかかわらず、青少年のドイツ的環境への順応は確実に進んでいった。一つの例を挙げよう。表9は、ルール地方（ルール三県）の公立民衆学校児童の家庭使用言語を示している。家庭でポーランド語しか使わない児童数の増加が目を引くかもしれない。一つには、ポーランド民族運動の影響力を考えてよいだろう。しかし、増大する新規移住者の子弟を考慮に入れると、彼らの増加傾向の意味はいささか割り引いて考えねばならないのではないか。それに比べて、ポーランド語とドイツ語の二か国語使用児童数とポーランド語使用児童数がほぼ伯仲していることに注目したい。このことは、ポーランド人家庭・児童のドイツ化を示す一つの表れでもあろう。とはいえ、彼らのドイツ化が順調に進んだわけではない。学校教育においては、独自な対策が取られている。ポーランド人児童の特設クラスにベテランのドイツ人教師が配属されて、子どもたちをドイツ化する仕事を担ったのである。しかし、クラス増設が思うようにいかなかったことは、所期の目的の達成を困難にした。ドイツ人児童との分離も、一面では、かえってポーランド人児童のドイツ化に逆効果をもたらしたと言えるかもしれない。そうしたなかで、国家に従順な外国語住民には、ドイツ諸協会への門戸を開くことが勧められ、民族的対立の軽減を目指して、官吏や教師の行動には宥和的精神が求められた（Kleßmann, 1978 : 66-68）。

　こうした状況は、民族運動においてポーランド人青少年の民族教育を緊急の課題とした。ここでも、「ポーランド人児童・青少年のための民族的な十戒」が強く打ち出されている（『ポスワニェツ・カトリツキ』［カトリックの使者］一九〇八年七月一九日。OD, Nr. 885）。祖国への献身、ポーランド語読み書きの学習、ポーランド語による祈り、民族史・民族文学の習得、同胞への支援、飲酒とばくちの忌避、読書などの戒律が述べられたあとに、第一〇番目の戒律としてつぎの言葉が見える。

> われわれポーランド人が、偉大なるスラヴ民族の一員であることを忘れてはならない。スラヴ民族には以下の諸民族が属している。すなわち、ポーランド人、チェコ人、ラウジッツ*の住民、スロヴァキア人、ロシア人、ルテニア人、スロヴェニア人、セルビア人、ブルガリア人である。
> 　全地球上のポーランド人の数はほぼ二〇〇〇万人に達し、スラヴ民族は一億一〇〇〇万人を超える。われわれは、スラヴ民族をわが兄弟として愛さねばならない。

スラヴ民族万歳！

＊エルベ川とオーダー川のあいだ、シュレージエン、ブランデンブルク、ザクセンにまたがる地域がラウジッツ地方である。そこには、ヴェンデ語（ソルブ語）を母語とするヴェンデ人（ソルブ人）が居住していた。その言語は、ポーランド語などの西スラヴ語派に属するが、ドイツ語圏のなかで孤立していたため、ドイツ語の影響を強く受けている。

この戒律は、若いうちからスラヴ民族としての連帯感を植えつけようとする教育意図から出たものだろう。それは、そのほかの「十戒」には見られない独自な項目である。当時、ロシアは「野蛮で専制」を象徴し、ポーランド人は「後進性」を示すものとして蔑視され、スラヴ人憎悪はドイツ人のあいだに広がっていた。このように、ドイツ社会では反ロシア、反スラヴの空気が一般的だったことを考えると、ポーランド人がこの項目に込めた強い思いは見逃せないだろう。

青少年の民族教育には、さまざまな手が打たれている。『ヴィアルス・ポルスキ』紙は少年少女向け新聞『シュコウカ・ナロードヴァ』（民族学校）紙を発行し、ポーランド語の入門書を配布している。入門書を子どもたちに与えて、ポーランド語読み書きの補習教育に尽くそうとしたのは、もう一つの有力紙『ナロードヴィェツ』（民族主義者）紙も同様であり、多くのポーランド協会についても言える。また東部の新聞は、この点で、通信教育を行っている。

ポーランド民族運動による青少年組織化の試みは、一九〇九年六月二〇日のポーランド青年協会連盟の成立をもって本格化する。それは、『ヴィアルス・ポルスキ』紙の植字工ミェチスワフ・クビャクの提案で結成されたが、ルール地方のすべての青少年を一つの組織にまとめ上げようとしたのである。本部をボーフムに置いた連盟には、従来から活動していた青年協会の一つを除き五協会が加入した。それぞれの青年協会のために定められた規約は、このようにうたっている（一九〇九年七月八日付ボーフム警察本部長のアルンスベルク県知事宛て報告。RA, I Pa, Nr. 95）。

協会の目的は、会員およびそのほかのポーランド人、とりわけ青少年の下に、朗読や講演、図書館の保持をとおして母語への愛および社会的精神を喚起することである。

青年協会の影響力そのものは、けっして大きくはない。活動も、体操協会や「ストラシュ」協会の青少年への働きかけに比べて、それほど目立っているわけでもない。しかし、ルール・ポーランド人の運動において、青少年の分野にも彼らを組織化するための独自組織が成立したことに注目しておきたいと思う。

女性運動の誕生

女性運動分野での民族組織は婦人協会である。協会の目的はつぎの四点にまとめられる（一九一四年二月一九日付ボーフム警察本部長のアルンスベルク県知事宛て報告。RM, Abt. VII, Nr. 29）。

1　カトリック的、民族的基盤に立った相互の啓発。
2　母語と故郷の風習の保護奨励。
3　病気・死亡のさいの相互援助。
4　児童教育における相互援助。

もちろん、個々の協会を見れば多少の相違はある。講演・朗読・祭典などの活動を明記しているところもある。しかし、そこに明確な差があるわけではない。

見られるように、ポーランド人女性運動は、当時ドイツで女性の性的自立や参政権をめぐって展開されていた運動とはいささか性格を異にしている。婦人協会の活動のなかでとくに目を引くのは、前掲の第四項目である。ポーランド人においては、一般的に、児童や青少年にポーランド語の読み書きなどを日常的に施すのは、家庭、とりわけ母親の役割であると考えられていた。その意味で、女性には絶大な期待がかけられていた。こうして、民族運動における青少年教育の重視は、女性運動を押し上げずにはおかなかったのである。

しかし、民族運動が女性の組織化に乗り出していくのは、比較的新しいことである。一九〇七年二月のヘルネの婦人協会「ヴァンダ」の成立が、おそらくその最初であろう。ヘルネ警察はさっそく婦人協会と結社法の関係を問題にし始めるが（一九〇七年四月一〇日付アルンスベルク県知事宛て報告。RA, I Pa, Nr. 239)、当初の活動が当局のそれほどの注目を浴びたようには思われない。

転機は、一九一三年一一月のポーランド人会議（詳しくは第五章1を参照）であった。ここでは、民族運動における女性の役割が議題に取り上げられ、女性を組織することの重要性が全体で確認された。それは単なる空言ではなかった。女性運動への実際的なテコ入れは、ポーランド人会議以降の婦人協会の急速な増加となって現われた。一九一三年一一月から翌年の二月にかけて、西部工業地域の各地には、二五の婦人協会が新設されている（一九一四年二月一九日付ボーフム警察本部長のアルンスベルク県知事宛て報告。RM, Abt. VII, Nr. 29)。ここにおいて、あらためて、警察は、婦人協会の活動にこれまでにない注意を払わざるを得なくなった。

この時期の女性運動の活性化に重要な役割を果たしたのは、プロイセン籍を持つクラクフの女教師マリア・ルシチンスカである。警察も彼女の行動に注目している。ルシチンスカは、ポーランド人会議での熱弁で一躍脚光を浴び、工業地域で活動することになる。彼女はボーフムに居を構え、一九一四年二月女性事務局の開設とともに、その事務局長として女性運動に専念した。彼女は、平日の午後三時から五時までつねに事務局に詰め、相談と助言によって協会活動の発展に尽くしたのである（『翻訳』一九一四年二月二〇日。RM, Abt. VII, Nr. 29)。

ルシチンスカのそのほかの活動では、講演活動が重要だった。彼女の雄弁家ぶりは警察にも鳴り響いていた。各地の婦人協会からの講演依頼も少なくなかったであろう。彼女の演説は警察から警戒された。一九一四年二月一七日、ルシチンスカは、ヘルテンの婦人協会の特別集会に招待された。この協会は二日前に創立されたばかりであり、その集会は実質的なオープニング・セレモニーとも言うべきものだった。会場にあたる居酒屋の前には、数多くの制服姿の警官が詰めかけていた。ルシチンスカが会場に到着するや、一人の警部がホールに入り込んだ。参加者から退去を求められたとき、警部は集会の解散を宣告した（『翻訳』一九一四年二月二七日。RM, Abt. VII, Nr. 23, Bd. 2）。この集会が非公開であっただけに、警察の処置はあきらかに不当だった。これは、婦人協会とルシチンスカの活動に対する警察の過剰とも思える反応であった。警察としては、婦人協会の活動に歯止めをかけるために、こうした圧力をかけたのであろう。しかし、実際には逆効果になる場合が多い。このケースでも、ただ、民族運動を刺激したにすぎなかったようだ。

婦人協会の活動についても、やはり、その「民族的児童教育」が警察の特別の関心を呼んでいる。ヘルネでは、婦人協会の提案で幼稚園が設立された。また、同じくヘルネで婦人自助協会が創設され、それは、学校を卒業した少女たちにポーランド語の初等科目の授業を行った。ヴァンネでも同様であり、婦人協会の勧めでポーランド語の私設授業が設けられている。そしてここでは、授業に使われている本が押収されるという事件が起こっている。おそらく、教科書が反ドイツ的と見なされたためであろう。練習用のポーランド語の歌集には、このような表題がつけられていた。「ポーランドのすぐれた息子たち娘たちのための新民族歌集。プロイセン領・ロシア領で禁止されているすべての歌を含む」と（一九一四年五月二三日付ボーフム警察本部長のアルンスベルク県知事宛て報告。RM, Abt. VII, Nr. 31）。たしかに、警察にとっては、見逃すことのできない歌集であった。こうしたなかで、警察は、新たに創設された婦人協会を「政治的結社」として捉えようとする姿勢をはっきりと見せていくのである。

2　ルール・ポーランド人のジャーナリズムの形成

『ヴィアルス・ポルスキ』の創刊

ルール・ポーランド人運動の発展において、新聞の果たした役割は大きい。彼らは、移住ポーランド人の結集を図り、運動を広げるために、まずポーランド語の新聞の発行に努めた。ポーランド紙の使命は、プロイセン＝ドイツの民族政策やルール地方での民族的事態に関する情報を収集し、「故郷」のポーランド人の動向を伝え、さまざまな集会や祭典を宣伝・告知してルール・ポーランド人を民族運動に引き寄せることだった。

一八九〇年四月、西プロイセンの助任司祭フランチーシェク・リスは、ユーゼフ・ショトフスキがクルム司教区に戻るのを受けて、ポーランド人労働者の司牧を引き受けるために、ヴェストファーレンに派遣された。リスは、パーダーボルン司教区によって任用され、前任者がかなり整えていた仕事を引き継いで、ドイツ語のできないポーランド人カトリックの司牧を行うことになった。

リスの着任は、はやくもヴェストファーレン州のアルンスベルク県当局やボーフム市当局の注目するところとなった。というのも、彼は、一八九〇年二月の帝国議会選挙のさいには、トルン－ブリーゼン－クルム選挙区でポーランド人候補者のために積極的な宣伝活動を行っていたからである。彼は、ポーランド語とカトリック信仰を保持することの重要性を強調し、ポーランド人候補者に投票しない者は「臆病者か裏切り者のどちらかである」と熱烈に訴えていた（一八九〇年四月二日付マリーエンヴェルダー県当局のアルンスベルク県知事宛て報告。RA, I, Nr. 126）。リスのなかに「扇動的性格」を読み取ったアルンスベルク県当局は、彼が西部工業地域の「興奮しやすいポーランド人労働者」に悪影響を及ぼすことを恐れ、穏健な司牧者の派遣を望んでいたほどである（一八九〇年五月五日付プロイセン文相宛て報告。RA, I, Nr. 126）。しかし、これが神経過敏な反応であったことは、すぐ明らかになる。

西部でのリスの活動にはつねに監視の目が光っていた。彼は、ポーランド語の説教やミサを行いながら、最初はポーランド人の諸協会での活動には注意深かったようだ。そういうなかで、彼によって、移住ポーランド人のための新聞発行の準備が慎重に進められた。穏健保守的路線に批判的だった『クリイェル・ポズナンスキ』（ポーゼン日刊新聞）紙の前編集者ガイツラーの協力を得て体制が整えられ、「異郷」での最初のポーランド語新聞は、『ヴィアルス・ポルスキ』（ポーランドの古強者）という名前で、一八九一年一月から週三回、ボーフムで発行されることになった。リスは、この新聞発行をもって、「ポーランド人運動」の「本来的創始者、最初の明白な指導者」としての名声を不動なものとした（Kleßmann, 1978 : 58）。

リスの活動

『ヴィアルス・ポルスキ』第一号の試し刷りは、はやくも一八九〇年一二月末に発行されている。同紙の論調は当局の懸念を吹き飛ばし、彼らをひとまず安堵させた。その序論的論説においては、まず、「故郷」でのポーランド人の土地所有の後退や民衆学校からのポーランド語読み書き授業の排除、手工業の不振など、つまり「故郷」での「悲惨、窮状、涙、絶望」について触れられていたが、同時に「異郷」のポーランド人労働者の「故郷への思慕」が強く押し出されている。ここでは、「異郷」と「故郷」という表現から理解されるように、ルール・ポーランド人のドイツ社会への距離感が示されている。しかし、『ヴィアルス・ポルスキ』紙は、『ヴェストフェーリシャー・フォルクスツァイトゥング』（ヴェストファーレン民衆新聞）紙が「まったくカトリック的性格を帯びている」（一八九〇年一二月三一日。RA, I, Nr. 126）と評したように、「ドイツ社会におけるポーランド人」といった問題を強調していたわけではない。このドイツ紙の内容紹介によれば、『ヴィアルス・ポルスキ』紙の第一の目的は、「異郷」のポーランド人労働者を「社会主義の脅威」から守ることであった。同紙は、リスの指導の下に、何よりもカトリック的基盤に立とうとし、ポーランド人労働者に「敬虔」「美徳」「根気」「労働」を訴え、政治的には親中央党路線を追求した。第一号のなかの選挙記事は、ドイツのカトリック政党である中央党*の功績を力強く賛美していた（RA, I, Nr. 126）。

*ドイツ第二帝政期（一八七一～一九一八年）の主要な政党について簡単にまとめておこう。政党地図を図示すればつぎのようになる。

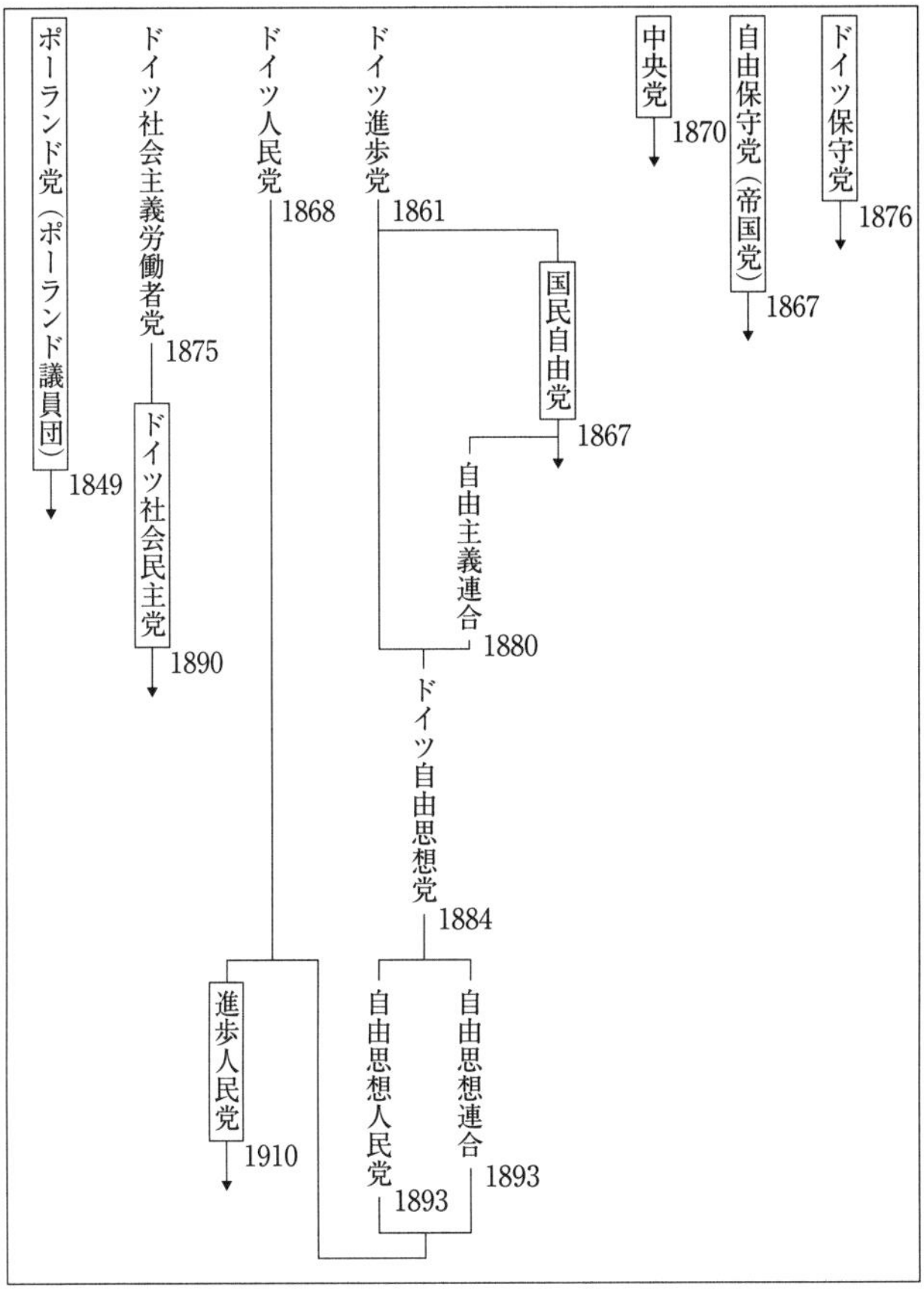

一八七八年の社会主義者鎮圧法と七九年の保護関税法によって、ドイツの支配体制は再編された。保護関税法による「農工同盟」、つまりドイツの二大支配階級であるユンカーと大工業（石炭＝鉄鋼）の同盟である。それ

は、農工間の矛盾をはらみながらも、世紀転換期の「結集政策」として現れた。これを担ったのは、保守派のドイツ保守党と自由保守党、および自由主義右派の国民自由党、すなわち「カルテル政党」である。これら三政党は、プロイセン＝ドイツの民族政策の推進母体でもあった。

自由主義左派の自由思想連合と自由思想人民党（両党は、一九一〇年にドイツ人民党とともに進歩人民党を結成）は、一九〇七年の「ビューロー・ブロック」（保守＝自由連合）において、ドイツ帝国主義支配の一翼を担うようになった。文化闘争時に「帝国の敵《ライヒスファイント》」と見なされたカトリック政党の中央党も、議会でキャスティング・ボートを握りながら、一九〇九年にはついに、「黒青ブロック」（保守＝中央党連合）の一員として、政府与党を形成するに至った。

自由主義左派諸政党と中央党、および社会民主党は、プロイセン＝ドイツの民族政策においては、ポーランド人の民族的権利を主張して、しばしばポーランド人の側に立った。しかし、ドイツのこれらの諸政党とポーランド民族運動とのあいだには対立と緊張が存在し、一九〇八年の帝国結社法問題（第3章2を参照）で示されるように、ドイツの政党に対するポーランド人側の不信は根強かった。中央党は、カトリックの絆を媒介にしてポーランド民族運動との結びつきを深め、自己の影響力を彼らに広げようとした。しかし、世紀転換期にはルール・ポーランド人はしだいに中央党批判を強め、自立的な運動を展開していくことになる。

ポーランド党（ポーランド議員団）は、プロイセン邦議会および帝国議会に選出されたポーランド人議員の議会内党派である。東エルベ諸州を基盤としており、プロイセン＝ドイツの民族政策に抵抗した。最初、土地所有貴族や聖職者などの保守派が主導権を握っていた。ビスマルク退陣後のカプリーヴィ期（一八九〇〜九四年）のポーランド人に対する「宥和政策」のなかで、彼らが軍事法案を支持して政府側に組み込まれるとともに、議員団内部では、ブルジョワジーや知識人などの国民民主主義的反対派の勢力が台頭し、その影響力を強めていく。ルール・ポーランド人の運動は、もっぱらこの反対派の路線に連なっている。

こうした方向性は、西プロイセンでのリスの行動からすれば、当局にとっては予想外だったかもしれない。この時期の『ヴィアルス・ポルスキ』紙は、中央党とのつながりによって、「統合主義的」方向を追求した（Kleßmann, 1978 : 59）。このことは、社会民主党の影響力の強い西部工業地域にあって、移住ポーランド人の結集を図るためには、まず社会主義と対決することが必要だったことを示している。何よりも「宗教と民族性」を守り抜こうとしたポーランド人聖職者にとって、中央党に身を寄せることは当然の選択であっただろう。

リスは、『ヴィアルス・ポルスキ』紙の普及に全力を挙げた。彼は、自分の指導的地位を利用し、ポーランド諸協会のメンバーに同紙のみの購読を強制して、ポーゼンや西プロイセンで発行されているポーランド紙をルール・ポーランド人から排除しようとさえした。これは、もちろん、東部からの批判と反発を呼んだが、ルールでもリス批判の声を強めた。リス批判派の多くはポーランド議員団の宥和主義的態度を激しく批判していたポーランド人民党*の立場に立っており、なかから「ポーランド協会はカトリック的のみならず、民族的目的をも果たさねばならない」という声が上がったのである（傍点は、原文隔字体。Altkemper, 1910 : 227）。リスの運動路線に対するこうした公然たる批判は、ポーランド人運動内部の分裂を顕在化させた。

他方で、新聞を中心とするリスの精力的な活動は、当局の警戒心を強めた。ヴェストファーレン州知事ハインリヒ・コンラート・フォン・シュトゥットは、パーダーボルン司教ジマールを動かし、リスの活動を司牧に制限するように仕向けた。司教は、リスに『ヴィアルス・ポルスキ』紙から手を引くことを要求した。だが、リスの影響力が残る状況は避けられず、司教は最終的には、またもや政府の圧迫を受けて、同紙を廃刊しようとした。リスはそれに従うことを拒絶し、同紙を西プロイセン出身の新聞編集者ヤン・ブレイスキに売却した。一八九四年、リスは西プロイセンのクルム司教区に召還された（Koch, 1954 : 70）。この出来事によって、『ヴィアルス・ポルスキ』紙に重要な転機が訪れたのである。

＊いわゆるポピュリストのことである。人民党の運動は一八七〇年代に興隆した。九〇年代半ばまで、その指導者はローマン・シマンスキであった。彼は『オレンドヴニク』（スポークスマン）紙の編集を引き受け、中産階級の役割に目を向けた。ポーランド人中産階級に支持を広げるとともに、都市民衆の組織化にも意を用いていた。それでもなお、七〇年代から八〇年代には、彼は、貴族や聖職者の保守的な政治路線との決定的な対立を回避していた。シマンスキの転換点となったのは、一八八七年の帝国議会選挙におけるポーランド党の議席後退である。それをきっかけとして、彼はこれまでポーランド・ナショナリズムの指導的役割を担ってきた貴族の状態を問題にし始め、批判の矛先をポーランド党に向けた。

一八八〇年代になると、ロシア領ポーランドおよびポーランド人亡命者のあいだから、ブルジョワジー、とりわけ若い世代の教養知識層を基盤とする新しい運動が起こってきた。一八八七年の秘密結社ポーランド同盟の創設である。それは、九三年に国民同盟として再編され、国民民主主義運動の先駆となった。ローマン・ドモフスキを指導者とする国民同盟は、蜂起による独立路線を廃棄し、民衆のなかに急進的なナショナリズム思想を注ぎ込むことに努力した。ここでは、分割諸国民への敵対意識が強調され、ポーランド・ユダヤ人が排斥の対象とされている。

一八九七年、ロシア領ポーランドにおいて、国民同盟のもとに国民民主党が結成され、ドモフスキらはこの運動を分割諸地域にも広げようとした。彼らは、九六年すでにポーゼンを訪れ、同盟の影響力拡大に努めている。世紀転換期には、国民同盟のメンバーがプロイセン領ポーランドでも公式に登録された。実質的な国民民主党の成立だった。彼らは、民衆の支持を獲得するために、人民党の運動と政治的に連携する道を求めた。一九〇六年には、シマンスキの『オレンドヴニク』紙と新たに創刊された国民民主党の機関紙『クリイェル・ポズナンスキ』（ポーゼンの急使）紙との協力関係が生まれている。こうして、一九〇九年、進歩的な土地貴族、ブルジョワジー、知識人を中核として、名実ともに国民民主党が成立した。国民民主党の結成は、急進的なポーランド・ナショナリズムの発展を示していた（伊藤　2002：203-205）。

『ヴィアルス・ポルスキ』の方向転換

『ヴィアルス・ポルスキ』紙を引き継いだのは、前述したように、新聞編集者でのちのブロンベルク（西プロイセン）選出の帝国議会議員ヤン・ブレイスキであった。彼もまた人民党の支持者だったが、同紙が彼の所有になると、新聞の性格は著しく民族主義的傾向を帯び始めた。これは、ビスマルクの後任として帝国宰相に就いたレオ・フォン・カプリーヴィの「宥和政策」に対応していたリス路線との決別を意味していた（Kleßmann, 1978：59）。おりしも、「故郷」の東部では、ポーランド議員団主流の宥和的姿勢に対して、民族主義的な新しい潮流が台頭してきていた。ここで注目すべきなのは、一八九〇年代半ばにはポーランド人の東西移動も大規模化し、東部の雰囲気を身に着けた移住ポーランド人が多数西部工業地域に滞留し始めていたことであった。『ヴィアルス・ポルスキ』紙は、彼らの支持を頼みにして、ルール・ポーランド人の民族運動の新たな方向を切り開いていくのである。

しかし、だからといって、『ヴィアルス・ポルスキ』紙がカトリックの旗を降ろしたわけではない。ポーランド人社会に根を張っていたカトリック信仰に立って活動することは、いわば自明のことだった。その上で、同紙は、移住ポーランド人の民族的アイデンティティを守り発展させるために、とりわけ言語問題を重視した。ポーランド人移住者第一世代にとって、民族の将来を担うべき子どもたちが母語を失いかねない事態への危機感は相当なものだった。一八九八年年頭にあたっての『ヴィアルス・ポルスキ』紙の一面冒頭には、つぎのスローガンが掲げられていた（『翻訳』一八九八年一月四日。RA, I, Nr. 149）。

ポーランド人の両親よ！ きみたちの子どもたちに、ポーランド語で話し、読み書きすることを教えよう！

あとから来る者たちにドイツ人になることを許すような者は、断じてポーランド人とは言えないのだ。

ここには、あきらかに、言語によってポーランド人の民族的自覚を促そうとする強烈な姿勢がある。ヤン・ブレイスキ指導下の『ヴィアルス・ポルスキ』紙が中央党批判を強めていったことは、たとえば、一八九八年の帝国議会選挙をめぐる問題のなかにはっきり示された。ここでは、同紙はリスの親中央党路線をきっぱりと否定している。「ドイツ語を学ぶ」ことを要求し、ポーゼンの教会当局を介して西部の選挙問題に介入しようとする中央党の態度に、『ヴィアルス・ポルスキ』紙は不信を強めた（『翻訳』一八九八年二月五日。RA, I, Nr. 149）。同紙が独自候補者の擁立に失敗し、結局は「信

Uebersetzungen aus dem Wiarus Polski.

Redakteur Anton Brejski, Bochum.

Nr. 33. Bochum, 16. März 1901.

Essen. Der Vorsitzende des „Polenbundes" Waclaw Juntowicz wirft der „Praca" Lügenhaftigkeit und Verleumdung vor, weil sie in Nr. 10 behauptete, der Polenbund lasse seine Mitglieder über die ihnen zustehenden Rechte im Unklaren.

Nr. 34. 19. März 1901.

Wir wollen nicht deutsch werden.

In diesem zwei Spalten langen Artikel, in welchem der Autor auf Vorgänge aus der Kastroper Polen-Versammlung hindeutet und Sätze aus der Rede des Dekans Keweloh zitirt, wenngleich der Name nicht genannt wird, wird gegen die deutsch-katholische Geistlichkeit und die Kirchenbehörde hergezogen, welche den Wünschen der Polen nach ausreichender Seelsorge in polnischer Sprache nicht nachkommt.

Folgende Stellen sind daraus bemerkenswert. Dekan Keweloh riet den Polen in jener Versammlung, sie möchten nicht am starren Polonismus festhalten, sondern weil sie hier unter Deutschen leben, deutsch lernen und auch ihre Kinder deutsch lehren, dann werden sie auch deutsche Predigten verstehen. Hierauf „Wiarus":

... auch ein Feind der katholischen Sache, denn er schwächt im polnischen Volke den Glauben.

Fort mit der Germanisirung, denn wir wollen nicht deutsch werden.

Schonnebeck, Bruch. Der Jahresbericht des Wojciech-(Adalbert-) Vereins für 1900 weist 107 (Vorjahr 92) Mitglieder nach. Es fanden 25 gewöhnliche, 4 Generalversammlungen statt, an denen durchschnittlich 50 Mitglieder teilnahmen. Zwei Theatervorstellungen wurden gegeben, das Oster- und Weihnachtsfest gemeinsam gefeiert. Die Fahne wurde viermal öffentlich benutzt; polnischer Gottesdienst fand dreimal statt.

Die Einnahmen betrugen . 915 Mark
Ausgaben waren 697

Bleiben 218 Mark

図 10 『ヴィアルス・ポルスキ紙からの翻訳』

仰に熱心で、ポーランド人の意を迎えるのに忠実な男」（『翻訳』一八九八年六月二一日。RA, I, Nr. 149）である中央党候補者の選出を呼びかけたが、中央党批判の論調が弱まることはなかった。

例を挙げれば、その点は、『ヴィアルス・ポルスキ』紙の「われわれはドイツ人になりたくない」という興味ある記事からもうかがわれる（『翻訳』一九〇一年三月一九日。RA, I, Nr. 150）。それは、ポーランド人に「ドイツ語を覚え」「ドイツ語の説教を理解する」ことを要求する一ドイツ人聖職者に対する徹底的な批判である。そこでは、そうした要求をする人びとは「カトリックの問題には有害無益であり」、「ルター主義を支持しているのだ」と捉えられている。その点で、ドイツ・カトリックは「ドイツ民族主義《ハカティスムス》」に侵されていると言うべきであり、ポーランド人の敵であった。ポーランド人にとっては、カトリック信仰は、母語に支えられてこそ真に意味を持ちうるのであった。記事の最後は、ドイツ・カトリックに対するこのような呼びかけで終わっている。「ドイツ化をやめたまえ。というのは、われわれは、ドイツ人になりたいとは思わないからだ」（傍点は、原文隔字体）。

以上のような『ヴィアルス・ポルスキ』紙の態度は、この時期のルール・ポーランド人の置かれていた状況の反映でもある。詳しくは第三章*1*に譲るけれども、当時ポーランド人移住労働者の数は増大し、彼らは鉱夫としてドイツ資本主義にとって不可欠な労働力となっていた。しかし、このことは、逆に、プロイセン当局の民族政策を刺激することにもなり、ポーランド人鉱夫を炭鉱から排除しようとする動きが強まった。中央党系や社会民主党系のそれぞれの組合がこれに連動すると、ポーランド人鉱夫は激しく反発し、独自の労働組合を結成して対抗した。これが、一九〇二年に創設されたポーランド人職業組合である。

ルール・ポーランド人の運動が発展するなかで、『ヴィアルス・ポルスキ』紙の体制も強化された。彼らを結集して、強固な運動体を作り上げていくためには、週三回の発行体制はいかにも不十分であった。一九〇二年七月一日から、それは日刊体制に移行した。こうしてこそはじめて、「ポーランド人食いの新聞」（ポーランド人はドイツの新聞をしばしばこう呼んだ）の追放を叫ぶ『ヴィアルス・ポルスキ』紙の要求も、現実味を帯びてくるのであった。『ヴィアルス・ポルスキ』紙は、新規読者の獲得を目指し、ポーランド人すべてが同紙のまわりに集まるべきことを訴えた。そして、あらためて、「民族－ポーランド的意味において」「カトリック的原理に支えられて」「ドイツ民族主義者《ハカティステン》」

の破壊活動と闘うことを宣言した（「異郷のポーランド人への声明」『翻訳』一九〇二年五月三一日。RA, I, Nr. 151）。同紙そのものは、みずからを民族運動の最高の武器と位置づけた。それは、「敵の背後で輝き、しばしば移住者の心のなかに忍び込む絶望を切り取る武器である」（「武器を取れ」『翻訳』一九〇三年三月一八日。RA, I, Nr. 152）。

『ヴィアルス・ポルスキ』紙は、ルール地方で発行されているそのほかのポーランド語新聞、あるいは東部や外国発行のポーランド語新聞と競合しながら、しだいに影響力を拡大していった。同紙は、日刊化に踏み切ったときすでに七〇〇〇人の予約購読者を数えていたが、一〇年後には予約購読者は八六〇〇人（発行部数九〇〇〇部）に漸増し、一九一四年には予約購読者を一万人（発行部数一万二〇〇〇部）の大台に乗せた。『ヴィアルス・ポルスキ』紙は、つぎに述べる『ナロードヴィェツ』紙とともに、ルール・ポーランド人の運動には欠かせないものとなったのである。

『ナロードヴィェツ』の台頭

西部工業地域において、『ヴィアルス・ポルスキ』紙の地位は確実に高まっていった。前述した職業組合の創設にも、ヤン・ブレイスキとその弟アントニは決定的な役割を果たしている。ルール・ポーランド人の運動に及ぼすブレイスキ兄弟の影響力には、絶大なものがあった。彼らは中央党批判を強め、西部の運動の独自性を確保しようとした。こうした状況のなかで、親中央党路線によって運動の再構築を図ろうとするグループは、当然ブレイスキ批判を強めた。また東部の運動からすれば、自己の影響力を保つためにも、ブレイスキの動きには危惧の念を抱かざるを得なかった。二つのポーランド語新聞の創刊は、これらの点を象徴的に示す出来事であった。

『プシェヴォドニク・ナ・オプチズニェ』（異郷の指導者）紙は、中央党系の『トレモニア』紙の発行者ラムベルト・レンジングの下で、一九〇三年七月一日ドルトムントで創刊された。週三回発行の同紙の発行部数は数千部を数えた。同紙は、『ヴィアルス・ポルスキ』紙に対抗して、親中央党路線を追求した（一九〇三年七月一七日付アルンスベルク県知事報告。OP, Nr. 2748, Bd. 5）。この新聞創刊のきっかけは、一九〇三年六月の帝国議会選挙において、ルール・ポーランド人がはじめてポーランド人候補者に投票したことにあった。中央党は、ポーランド人票を失ったこともあって、工業地域の三つの選挙区で落選の憂き目を見た。この選挙結果が、当の中央党やルール・ポーランド人の穏健派に与えた衝撃は大きかった。新しいポーランド紙の創刊は、中央党とポーランド人との関係を修復するために打たれた手だったのである。責任編集者のミハウ・ルコフスキは、「中央党は、帝国議会では誠実にポーランド人の問題を擁護して」（同上報告付録。OP, Nr. 2748, Bd. 5）おり、したがって「われわれの唯一の友だちと縁を切るのは賢明ではない」と力説した。「分離を追求し、手にしうるあらゆる手段でそれを促進した」『ヴィアルス・ポルスキ』紙は、中央党の選挙敗北の責任を負うべきである。中央党の後退は、「ドイツ民族主義者《ハカティステン》」の優位を意味しているのだ。「今や悪しきことを終わらせるときである」（傍点は、原文隔字体）。しかし、ルコフスキの『ヴィアルス・ポルスキ』紙に対する反撃は失敗した。『プシェヴォドニク』紙は、一九〇四年七月一日をもって発行停止となった。

わずか一年の短命であった。結局、「悪しきこと」、つまり中央党との断絶は埋められなかった。ルール・ポーランド人の自立化は、中央党からの分離、中央党批判を強めていたのである。

一九〇四年四月一日、『ジェンニク・ポルスキ』（ポーランド日刊新聞）紙がドルトムントで創刊された。その「創刊の辞」によれば、同紙の課題は、「諸君が、諸君や諸君の子どもたちのためにパンを求めて、ある期間離れねばならなかった祖国と諸君の結びつきを保つこと」（OP, Nr. 2748, Bd. 6）に求められている。つまり、「異郷」のポーランド人がつねにドイツ化の脅威にさらされ、彼らの多くが「ドイツ化に堕し」ているとき、また「宗教に無関心になってしまった」状況において、ポーランド人の民族的・宗教的利害を守り抜くためには、いまこそ「故郷」との絆の回復が必要だということである。これは、微妙な言い方ながら、「異郷」の運動が「故郷」の運動から離れつつあることに対する批判を意味している。そのことはまた、具体的に名指しはされないものの、「異郷」の運動指導者への批判に連なっていく。要するに、新しい新聞の発行は、「異郷」の運動の主導権を東部の側が取り戻そうとする試みであった。しかし、同紙の経営悪化と『ヴィアルス・ポルスキ』紙側の激しい抵抗によって、西部の運動の主導権をめぐる争いは、『ヴィアルス・ポルスキ』紙の方に軍配が上がった。ここでは、こうした結果を後押しした背景として、つぎのような問題を指摘してもよいだろう。つまり、「故郷」の地主階級やカトリック教会の聖職者、知識人が移住労働者たちに示す「偏見と蔑視」（阪東 1996：254-255）に対する反発である。ともあれ、『ヴィアルス・ポルスキ』紙の勝利は、西部の運動が一個の運動体として自立してきていることを示したのである。

こうした西部の運動をいっそう発展させるうえで、『ナロードヴィェツ』紙の存在も大きく貢献している。同紙は、最初、一九〇三年一月一日にベルリンで、急進的な国民民主主義的傾向の新聞として創刊された。それはドルトムントでも若干普及したが、財政的理由によって一〇か月足らずで廃刊された。その『ナロードヴィェツ』紙が、一九〇九年秋に装いも新たに再刊されたのである。それは、紛れもなく、一九〇八年帝国結社法の成立やポーランド人運動監視体制の確立によって、ルール・ポーランド人の運動への抑圧がいっそう強まってきたことに対応している。こうした事態を克服するために、『ヴィアルス・ポルスキ』紙も新しい新聞の誕生を歓迎した。そのことは、「異郷のポーランド民族へ」という創刊の辞に類する呼びかけが『ヴィアルス・ポルスキ』紙上(一九〇九年九月一九日。OD, Nr. 886)に載ったことのなかに示されている。

呼びかけは、事態の緊急性をよく表していた。それは、結社法によって集会参加者が少なくなり、従来ポーランド人の民族意識を呼び起こし、かつ組織拡大に役立っていた集会という場が奪われたことへの危機感である。新聞発行の意義は、「ポーランド語の集会を禁止されたことによりわれわれが奪われたものを補充する」ことにある。

呼びかけに示された『ナロードヴィェツ』紙の目指すべき方向は、ほぼ以下の三点にまとめられよう。第一は、「異郷」におけるポーランド人の民族的諸組織、民族的新聞との連帯とその支援。この点で、呼びかけは、「異郷におけるポーランド民族の繁栄と発展……のための共同行動」を『ヴィアルス・ポルスキ』紙に強く訴えている。

第二は、ドイツの諸政党との妥協あるいは協定の否定。ここでは、ハカティストたち、キリスト教労働組合、社会民主党が想定されている。すべてのポーランド人がポーランド協会に加入し、すべての選挙においてポーランド人候補者にのみ投票すべきであると、呼びかけは宣言している。

第三は、ポーランド民族運動内の「内戦」の停止への努力。これは、第一点と重なり合っているが、これまでの新しい新聞の発行がルール・ポーランド人の運動の内部矛盾を表していただけに、その克服が切実に求められたのである。ドイツ化の圧力をいっそう受けて、運動の側は、「ポーランド人の敵を喜ばせるような内戦」の終結を緊急の課題にした。

『ナロードヴィェツ』紙は、一九一一年一〇月一日以来日刊体制に入った。八月初めにはオーバーハウゼンにも事務局を置き、それは、広告集めと読者拡大の機能を併せ持った。体制も整備され、同紙の躍進には著しいものがあった。一九一一年四月の時点では、「前年に比しかなりの上昇」を示して発行部数三五〇〇部を数え（一九一一年四月一日付ボーフム警察本部長のアルンスベルク県知事宛て報告。OP, Nr. 6396）、その一年後には三七〇〇部に上っている（一九一二年四月二二日付同上報告。RM, Abt. VII, Nr. 31）。そして一九一四年になると、『ナロードヴィェツ』紙の予約購読者は約一万一〇〇〇人に達し、『ヴィアルス・ポルスキ』紙のそれを一〇〇〇人ほど上回ることになる（一九一四年五月四日付同上報告。OP, Nr. 5758）。こうした状況は、『ヴィアルス・ポルスキ』紙を刺激しないわけにはいかなかった。

『ナロードヴィェツ』と『ヴィアルス・ポルスキ』の競合

一九一二年四月二二日のボーフム警察本部長の報告は、ブレイスキと『ナロードヴィェツ』紙の発行・編集者であるミハウ・クフィャトコフスキとの反目について注目している。クフィャトコフスキは、『ヴィアルス・ポルスキ』紙の前編集者であった。報告によれば、両者の紛争の原因は、一方における『ナロードヴィェツ』紙の意義の増大、他方での競争相手に対する嫉妬に求められるという(RM, Abt. VII, Nr. 31)。また、社会民主党系の旧組合のポーランド語版新聞である『ガゼータ・グルニチャ』(鉱夫新聞)紙は、両紙を反社会主義と一括りにしたうえで、両紙が影響力や収入源の確保をめぐって必ずや不和におちいらざるを得ないと断言し、クフィャトコフスキの『ヴィアルス・ポルスキ』からの「追放」問題によってもその平和的共存は難しいことを示唆していた(『ガゼータ・グルニチャ』一九〇九年九月一八日。OD, Nr. 886)。

両者の反目は、ルール・ポーランド人の運動の主導権をどちらの側が握るかという点をめぐって、断続的にエスカレートしていった。それは、ボーフム警察本部長の目には、「どちらがより急進的であるかについての争い」と映った(一九一四年五月四日付報告)。たしかに、ルール・ポーランド人の民族的利益への奉仕という点で、両者がそれぞれの正当性を主張しようとすれば、こうした側面が強まるのも当然だった。たとえば、『ナロードヴィェツ』紙のなかの『ヴィアルス・ポルスキ』紙批判の一記事は、自分たちこそがドイツ人にとってはもっとも危険な新聞であり、もっとも急進的だという論調で終始貫かれている(「自己を擁護するための最後の発言」一九一四年三月一八日。OD, Nr. 889)。

しかし、『ナロードヴィェツ』紙と『ヴィアルス・ポルスキ』紙との反目・競合は、ルール・ポーランド人の運動に亀裂をもたらしたとはいえ、それが彼らの運動の障害にばかりなったとは必ずしも言えない。全体としては、ポーランド議員団や東部に根強く存在していた一部の保守穏健的＝宥和的方向に対して、民族主義的潮流を活性化させたのである。『ナロードヴィェツ』紙の創刊時、その発行部数はどんなに大きく見積もっても三〇〇〇部には届かず、『ヴィアルス・ポルスキ』紙の発行部数もほぼ八〇〇〇部ほどであった。しかし、その四年後の一九一三〜一四年には、両紙合わせて二万数千部にも達している。両者の反目と競合は、このように、新規読者層の開拓に貢献して、運動を広げている。

最後に、ルール地方でのポーランド紙の普及状況について一言しておこう。ルール地方で発行されていた主要なポーランド紙は、表10に掲げている通りである。社会民主党系の旧組合が発行していた『ガゼータ・グルニチャ』紙を除けば、すべてルール・ポーランド人の運動のなかから生み出されたものである。この表によると、ルール地方では、民族主義的な傾向の新聞が主流であったことが分かる。しかし各紙とも、付録ではとくに宗教問題が配慮され、また娯楽的趣向で一般読者の関心を引く努力を怠っていない。

ルール地方には、そのほかに、東部や外国で発行されているポーランド紙が多数普及していた。その概要は、表11が示している。ここで興味深いのは、西プロイセンのグラウデンツで発行されていた『ガゼータ・グルジオンスカ』(グラウデンツ新聞)紙が、西部工業地域で一万三三四一人の予約購読

回数	編集長	発行部数	予約部数	備考
日刊	J. ブレイスキ	9,000	8,500	
週刊	〃	〃	〃	
月刊	〃	〃	〃	
週3回	〃	600	560	
週刊	〃	〃	〃	
〃	〃	5,000	4,500	
月2回	J. ヤクボーヴィチ（ボーフム）	30,000		ポーランド人職業組合鉱夫部門のメンバーに無料配布
月刊	〃	3,000		職業組合のマズール人に無料配布，ポーランド語，ゴチック活字
週刊	F. ボリス（ボーフム）	3,000		組合員に無料配布
週3回	A. ブレイスキ			1912年1月1日から発行開始
週刊	〃			
日刊	M. クフィャトコフスキ（ヘルネ）	3,500	2,700	
週刊	〃	〃	〃	
週3回	J. スラニナ	600	500	
週刊	〃	〃	〃	
〃	〃	〃	〃	

表 10　アルンスベルク県で発行されているポーランド語新聞リスト（1911 年 12 月）

新聞名	傾向・内容	創刊年	発行者	発行地
ヴィアルス・ポルスキ（Wiarus Polski, ポーランドの古強者）〈付録〉	民族主義的	1891	帝国議会議員 J. ブレイスキ（ボーフム）	ボーフム
ポスワニェツ・カトリツキ（カトリックの使者）	宗教的	1891	〃	〃
シュコウカ・ナロードヴァ（民族学校）	児童向	1891	〃	〃
オイチーズナ（Ojezyzna, 祖国）〈付録〉	民族主義的	1908	〃	〃
ヂェイン・ボージイ（神の日）	宗教的	1908	〃	〃
ティゴードニク・マリアンスキ（Tygodnik Maryanski, 聖母マリア週刊新聞）	宗教的	1910	〃	〃
グウォス・グルニカ（Głos Górnika, 鉱夫の声）〈付録〉	労働組合的，民族主義的	1904	ポーランド人職業組合鉱夫部門	ボーフム
グウォス・グルニクフ・イ・フトニクフ（鉱夫・製錬工の声）	〃	1911	〃	〃
ガゼータ・グルニチャ（Gazeta Górnicza, 鉱夫新聞）	労働組合的，社会民主主義的	1905	ドイツ鉱夫組合（旧組合）（ボーフム）	〃
ガゼータ・リプスカ（Gazeta Lipska, ライプツィヒ新聞）〈付録〉	民族主義的	1911	A. ブレイスキ（ライプツィヒ）	〃
スカルブ・ヴィャルィ（信仰の宝）	宗教的	1911	〃	〃
ナロードヴィェツ（Narodowiec, 民族主義者）〈付録〉	民族主義的	1909	M. クフィヤトコフスキ, J. パンコフスキ（ヘルネ）	ヘルネ
ドデテク・ニェヂェルヌィ（日曜版）	宗教的・娯楽的	1909	〃	〃
グウォス・ヴィホチツィ（Głos Wychodźcy, 移住者の声）〈付録〉	民族主義的	1909	J. スラニナ（ヘルネ）	〃
オブラスキ（絵）	さし絵入りユーモア風刺新聞	1909	〃	〃
ポルスキ・デクラマートル（ポーランドの雄弁家）	娯楽的	1909	〃	〃

（一部修正．OP, Nr. 6019）

表 11　東部および外国発行のポーランド紙の普及状況（1913 年末現在）

新聞発行地（州別）	新聞数	普及部数	対 1912 年比の増減
ポーゼン	45	8,728	＋2,145
東プロイセン	3	117	−22
西プロイセン	12	14,923	＋2,263
シュレージエン	19	1,206	＋107
ブランデンブルク	4	59	＋5
外国	5	5	＋1
計	88	25,038	＋4,499

（RM, Abt. Ⅶ, Nr. 31）

者を抱えて、『ヴィアルス・ポルスキ』紙や『ナロードヴィェツ』紙のそれを凌駕していることである。同紙は、西部へのポーランド人移住者向けの特別版を編集していたが、それが東部の諸新聞のうち圧倒的な支持を得た理由であろう。そのことはまた、ポーランド人移住者の「故郷」との結びつきを示すものでもあろう。ちなみに、同紙は民族主義的傾向の新聞である。ともあれ、東部および外国発行のポーランド紙は、一九一三年末には西部工業地域で八八紙を数えており、西部発行のものを合わせれば、ルール地方にはほぼ一〇〇紙にも上るポーランド紙が読者を獲得していた。ボーフム警察本部長は、ポーランド人職業組合鉱夫部門の機関紙などの労働組合新聞を除き、工業地域ではおよそ六万人のポーランド人がポーランド紙を購読していたと報告している（一九一四年五月四日付報告）。

3　ポーランド・ナショナリズムの広がり

民族の祭典

既述のように、ルール・ポーランド人は、政治・経済・文化などさまざまな分野に民族組織を張りめぐらし、独自のポーランド語新聞を発行して、活発な民族運動を展開した。ここでは、ポーランド協会によって担われた祭典や集会を取り上げ、ルール地方におけるポーランド・ナショナリズムの広がりを見ていきたい。

ルール・ポーランド人の運動は、移住ポーランド人の民族意識を育てるために、ポーランド史に残る歴史的事件や記念日、民族的英雄や偉人への追憶を前面に押し出した。これが記念祭典であり、国民形成に大きな役割を果たしたと言われる「伝統の創出」（ホブズボーム）の具体化である。主なものとして以下が挙げられる。

①ポーランド史上重要な戦闘・蜂起・歴史的出来事に関する祭典

グルンヴァルト祭、一一月祭、一月蜂起記念祭、憲法記念祭（五月祭）

②民族的英雄・作家・音楽家に関する祭典

コシチューシコ祭、ショパン生誕一〇〇年祭、スウォヴァツキ生誕一〇〇年祭、ミツキェヴィチ祭、クラシンスキ祭、ポニャトフスキ没後一〇〇年記念祭

③宗教祭典

ローマ教皇在位二五周年記念祭典、守護聖徒祭、フランチェスコ修道会七〇〇周年記念祭

以上のいくつかについて、まず簡単に説明しておこう。

グルンヴァルト祭*とは、中世ヨーロッパにおける最大の戦闘の一つで、一四一〇年七月一五日ポーランド・リトアニア連合軍がドイツ騎士団に圧勝した「グルンヴァルトの戦い」を記念した祭典であ

る。この戦いは、ドイツ騎士団の衰退と中世ポーランドの隆盛をもたらしただけに、ポーランド民族運動にとってはとりわけ意義深いものだった。逆に、ドイツ側からすれば、それは民族的屈辱を意味する。第一次世界大戦中に、前帝国宰相ベルンハルト・フォン・ビューローは書いている。「もっとも影響力の大きかった民族的な不運は、ロマンス人の政治の陰謀によるホーエンシュタウフェン家の痛ましい没落ではなく、タンネンベルクの日であった。それこそが、何世紀にもわたるドイツの植民活動の大部分の喪失、つまりは西プロイセンやダンツィヒのポーランドへの民族的喪失をもたらしたのであり、ドイツ騎士団国家の誇り高い独立にピリオドを打ったのである」（Bülow, 1916 : 264-265）。

＊ドイツではふつうタンネンベルクの戦いと言われ、警察資料でもタンネンベルク祭と記されているが、ポーランド民族運動の側からはもっぱらグルンヴァルト祭と呼ばれていた。

一九一〇年は、ポーランド人にあっては、グルンヴァルト戦勝記念五〇〇周年であった。この年を迎えて、ルール・ポーランド人の態度はまだ決まっていなかった。彼らが大々的な公開の記念祭典を開くには、帝国結社法の存在が障害になっていたからである。一方、西部工業地域のポーランド民族運動の監視の責任を負っていたボーフム警察本部長も、民族運動の動向に神経を尖らせていた。五月には、内相通達が、プロイセンにおける記念祭開催に関する情報取集を州知事に命じていた。こうした状況で、警察は、記念祭典を公開せず、それをドイツ人民衆の目から遮断することに努めている。ボーフム警察本部のフリッツ・ゲールケは、ボーフムの「ストラシュ」協会の会長に圧力をかけた。ドイツ西部の民族運動の中心地ボーフムでは、計画されたグルンヴァルト祭は中止された（一九一〇年七月二二日付ボーフム警察本部長のアルンスベルク県知事宛て報告。RM, Abt. VII, Nr. 35 a, Bd. 1)。結局、ルール工業地域では、ドルトムントの「ストラシュ」協会が七月一七日に、オスターフェルトの「ストラシュ」協会が七月三一日に記念祭典を非公開で行い、七月一七日カストロプの選挙協会の集会、ヴァッテンシャイトの宗教協会の総会が記念行事に振り替えられたにすぎないようだ。ドイツ民族主義的なオストマルク協会などの側から、「タンネンベルクの戦い」が逆宣伝されるなかで、ルール・ポーランド人の運動は組織内集会に沈潜したとも考えられる。こうしたささやかな記念集会では、ポーランド民族にとっての「グルンヴァルトの戦い」の意義がポーランド語で講演され、またオスターフェルトではポーランド語の劇も上演された（同上報告、および一九一〇年九月一四日付ミュンスター県知事のヴェストファーレン州知事宛て報告。OP, Nr. 2748, Bd. 11）。

ドイツ西部でグルンヴァルト祭を公然と祝うことができないために、ルール・ポーランド人は、クラクフでのグルンヴァルト祭に強い関心を示した。前述のボーフム警察本部長の報告によれば、各地域の体操協会はクラクフに代表を派遣し、ドイツ西部からの参加者は、一九〇〇人に上ったという（一九一〇年七月二二日付アルンスベルク県知事宛て報告）。しかし、ゲールケの作成したこの報告自体、国境警部メドラーから上がってきた一九〇〇人という数字を「過大評価」だと疑問視している。

宗教祭典も、たんに宗教祭典にとどまってはいない。ポーランド民族運動は、ポーランド語とともに、カトリシズムの擁護をつねに旗印にしていたが、宗教の場はポーランドを意識させる貴重な場でもあった。一九〇九年一〇月三日から五日にかけて、シュトゥッケンブッシュで開かれたフランチェスコ修道会七〇〇周年祝典も、そうした場の一つだった。これはポーランド協会が主催したものでもなく、レックリングハウゼン郡長も、ボーフム警察本部の報告を否定して、公開パレードを含むその祝典に民族ポーランド的性格は認めがたいと述べていた（一九〇九年一〇月二二日付報告。RM, Abt. VII, Nr. 23, Bd. 2）。しかし、この祝典はあきらかにポーランド人住民を対象としており、一〇月三日の居酒屋での祭典集会の届け出は、ポーランド宗教協会聖アダルベルト協会の会長が行っていた。しかもそこでは、招待されたそのほかの宗教協会の会長はすべて、ポーランド語による挨拶を行い、ポーランド人亡命者の運命に触れながら、ポーランド語およびポーランドの風俗や習慣を維持する必要を説いたのであった（一九〇九年一〇月四日付ボーフム警察本部の報告。RM, Abt. VII, Nr. 23, Bd. 2）。

ポーランドの自由を求めて

憲法記念日（五月祭）、一一月祭は毎年開かれていた。周知のように、ポーランドでは、「四年国会」がフランス革命の刺激を受けて、一七九一年五月三日新憲法を採択した。この新憲法は、自由・安全・繁栄をうたい、農奴制を廃棄はしなかったけれども、シュラフタ（土地所有貴族）の国政独占を否定し、市民を国会に参加させて新しい時代を目指す第一歩を記した。地方でも、全国の町村はシュラフタの干渉を排して、自治を行うことになった。翌年の憲法施行一周年記念日には、熱狂的な祝典も挙行されている。しかし、この五月三日体制は、第二次ポーランド分割に向かうヨーロッパ情勢のなかで短命に終わった。ポーランドがヨーロッパの政治地図から抹殺されるのは、一七九五年の第三次分割によってである。それだけに、五月三日憲法は、ポーランドの自立を示す証しとして、その後の民族史に記憶されねばならないものとなった。

毎年五月三日になると、民族主義的なポーランド紙は憲法に関する論説を載せ、その意義を論じた。そこで第一に確認されたのは、五月三日憲法を作り上げたポーランド民族がけっして「力の弱い民族」ではなく、「生命力ある民族」であるということだった。しかも、憲法制定当時、ヨーロッパのほかの国々はなお「奴隷状態」にあったではないか、ポーランド紙が強調した点である。そして、以下のような議論が展開された。フランスにおいては、民衆がその権利を獲得するまでには多くの血が流され、国王は斬首された。ポーランドでは激しい民族抑圧も見られず、それゆえにドイツ人農民は大挙してポーランドに流入し、定住した。五月憲法を作った貴族は、血を流すことなく、民族の福祉のためにみずからの権利を断念した。こうして、ポーランドの愛国者は祖国を救うために、無条件に自分を一般的な福祉に従属させ、諸権利を民族と分け合うことによって広範な民族大衆を国民的労働に呼び寄せたのである。ここに、ポーランド人総体の再生が始まった（『ヴィアルス・ポルスキ』一九〇六年五月三日、一九〇七年五月三日、『ナロードヴィェツ』一九一〇年五月三日を参照。RA, I, Nr. 154. OD, Nr. 886）。

五月三日憲法がこのように把握されたとすれば、それはまさにポーランドの知性を代表し、民族の自由の権利を証明する以外の何ものでもない。しかも、ここで注意したいのは、この誇るべき憲法が流血の革命ではなく、ポーランド人の「みずからの意思」によって獲得されたのだという点を強調していることである。こうした捉え方は、じつは、一一月祭にも共通している。

一一月祭とは、言うまでもなく、一八三〇年のポーランド蜂起を記念する祭典を指している。この年パリでは七月革命が起こり、ベルギーでは独立が宣言された。ポーランド王国のワルシャワでも、ロシアに対して一一月蜂起が勃発した。二〇世紀のルール・ポーランド人は、蜂起に立ち上がった人びとを、ポーランド国家独立のためにみずからの生命を犠牲にした「獅子のように戦った英雄たち」として描いた。つまり、彼らが後世のポーランド人に残した最大の貢献は、彼らが祖国愛の典型例を示してくれたことにあった。『ナロードヴィェッツ』紙は、つぎのように述べている。「民族性は、人が好きなように変えることのできる外套ではない」。民族性を支えているのは、「愛国心、祖国愛、母語への愛、自己の文化・先祖の業績への敬愛」という民族に深く根づいた感情である。蜂起とは、こうした民族性が現れ出ることだ。蜂起の意味はこの点にある。しかし、時代は変化した。ポーランド人は、「例の英雄たちが信じたように、われわれの救済が剣のなかに求められるべきでないことを知っている。否、われわれは、もはやこぶしのなかに剣を握ることはしない。……われわれの剣は教育であり、教育こそがわれわれを救済するのだ」(「一一月記念日について」一九〇九年一一月二七日。OD, Nr. 886)。まさに、「有機的労働」路線に立つルール・ポーランド人運動の方向性を象徴する言葉である。

歴史に刻まれた人びと

「別れの曲」や「幻想即興曲」、「英雄ポロネーズ」あるいはマズルカの作曲でお馴染みのフリデリク・ショパン、一七九四年の軍事蜂起を指導し、「ポーランド独立運動の父」と呼ばれるタデウシ・コシチューシコについては、多くの説明を要しないだろう。とくにコシチューシコは、その名をつけた協会も存在し、ルール・ポーランド人においても、ひときわ輝かしい民族的英雄であった。

アダム・ミツキェヴィチ、ユリウシ・スウォヴァツキ、ズィグムント・クラシンスキがポーランド民族運動のなかで高く評価されたのも、彼らがポーランド・ロマン派の三大詩人として、それぞれ亡命を余儀なくされながら、ポーランド解放のための創造活動を展開したからである。ミツキェヴィチの「ポーランドの巡礼者の書」は、以下の言葉で結ばれている（ジョベール 1971 : 79）。

エジプトで奴隷生活をしていた人々を救い出し、彼らを聖地へ導いてゆかれた、わたしたちの父よ、どうかわたしたちを祖国へお導きください……

迫害され、十字架にかけられ、そして、よみがえって、栄光のうちに君臨したもう神のみ子、わたしたちの救い主よ、死者たちのなかにいるわたしたちの祖国を目ざめさせてください……

信仰と自由のための戦いで……死んだすべての兵士たちの血潮にかけて、主よ、わたしたちを解放してください。諸国民の自由のために世界戦争をお与えください。主よ、どうかお願いいたします。

この「信仰と自由のための戦い」こそ、ポーランド民族運動が求めたものであった。

図 11　1794 年の蜂起（ラツワヴィツェの戦い）**でのコシチューシコ**（1746－1817 年）。
農民の大鎌部隊はロシア軍と英雄的に戦い、それは伝説化された。

図 13　ミツキェヴィチ（1798－1855 年）

図 12　ショパン（1810－49 年）

図14　スウォヴァツキ（1809－49年）

図15　ポニャトフスキ（1763－1813年）

ところで、興味深いことに、ドイツにおいて諸国民戦争一〇〇周年のキャンペーンが進められるなか、ルール・ポーランド人がポニャトフスキ記念祭を開いている。ワルシャワ公国の軍司令官ユーゼフ・ポニャトフスキは、一八一三年のライプツィヒの戦い（ドイツでは「諸国民戦争」あるいは「解放戦争」と呼ばれた）でもナポレオン軍側に立ち、最後までナポレオンに忠誠を尽くして戦死した「最大の民族的英雄の一人」であった。その経歴からすれば、彼はプロイセン＝ドイツの不倶戴天の敵であり、したがって、彼の没後一〇〇周年記念祭典は、プロイセン＝ドイツに対する全面的批判にほかならなかった。ポーランド民族運動は、ポニャトフスキ記念祭を通じて、ナポレオン敗北の意味についてポーランド人に問いかけた。ナポレオンの敗北は、フランス自身にとってよりも、ポーランド民族にとって致命的なものではなかったのか。「フランスはその独立と国土を保持したのに対し、ポーランドは再度分割されたのである」（「痛ましい記念祭」『ヴィアルス・ポルスキ』

一九一三年一〇月一九日。OD, Nr. 889)。とすれば、プロイセンの「解放一〇〇年」は、ポーランド人にとっては何であったのか。『ナロードヴィェツ』紙は、ポニャトフスキの英雄的な死を追憶しながらこう述べた（「プロイセンの一〇〇周年記念祭に対するポーランド人共同社会」一九一三年三月九日。RM, Abt. VII, Nr. 36 a, Bd. 2)。

プロイセンの一〇〇年祭は、ポーランド抑圧の始まりの歴史と深く結びついて、われわれにとっては悲しみの記念祭を意味する。プロイセン人にとって、一八一三年は解放の年であったが、われわれポーランド人にとっては、奴隷化と迫害の始まりの年であった。それゆえポーランド民族は、祭典に参加するいかなる理由もない。この痛ましい追憶の年、強制土地収用の年には、われわれにとっては悲しみのみが似つかわしい。

スポーツ祭典

年に一回開かれる体操協会の「ズロト」（地区大会《ガウ》）は、当時青少年のあいだで広がりつつあったスポーツの奨励を目指したスポーツ祭典であると同時に、ポーランド人の民族的団結を固める場でもあった。最初、「ズロト」は、警察の規制を逃れるためにしばしばオランダの小都市ウィンタースウェイクで開かれていた。しかし、一九一〇年ごろからはドイツ国内で行われることが多くなった。その最大の理由は、オランダではポーランド人観客の数も少なく、スポーツを通じた彼らとの交流が十分にできないということだった。そこで、当局の開催条件に従ってでも、多数のポーランド人を集めて、民族祭典の実を上げるほうが得策だと考えられたのである。

「ズロト」については、ポーランド紙の報道や警察の報告から大体の姿を掴むことができる。一つの例として、一九一一年八月二〇日、ブーアーレッセで開かれた体操協会第一三地区《ガウ》（エッセン、ボトロプ、ゲルゼンキルヒェン、グラトベック、ヴァッテンシャイトなど）の「ズロト」を紹介しよう。大会の幕開けは、朝七時の一〇〇メートル競走である。その後一一時まで体操の演技が続けられ、のちに教会までのパレード、そして午後一時に地区《ガウ》大会の正式な開会が宣言された。午後二時からは、模範体操およびパレードのリハーサルである。体操会場まで行進し、四時に槍を使った体操が始まった。槍には青白の小旗がつけられ、前列の五人の演技者の小旗だけは白赤だった。この体操のあいだ、ときおり、プロイセンで禁止されているポーランドの歌「ポーランドはいまだ滅びず」のメロディーが奏でられた。五時からは全体パレードである。プログラムには、六時からの競技として、徒競走、綱引き、体操演技が記されている（警察の報告では、それが行われたかどうかは分からない）。賞品授与式の後、参加者のダンスパーティーで大会の幕は閉じられた（一九一一年八月二二日付ボーフム中央本部報告。RM, Abt. VII, Nr. 34 p, Bd.1）。

七人の成績優秀者には賞品が授与されたが、それらはすべて公けの場では禁止されている絵であった。そのうちの一枚は、発禁処置を受けた図23（第四章*2*を参照）とまったく同じ図柄である。このような賞品の絵、または槍につけられた白赤の小旗やパレード参加者の被っていた民族帽が当局を刺激したことは、言うまでもないだろう。だが、この「ズロト」の最中には直接干渉の手は伸びていない。ただ、協会の事前の届け出の名目—非公開の創立記念祭典およびパレード—について、当日質《ただ》されただけである。プログラムからしても、祭典が正規のガウ大会であったことは間違いない。問題は、後日になって、それが単なる祭典ではなく、屋外集会・ダンスパーティーをも含む公開の性格を持つ大会であると判断されたことだった。大会でポーランド語を使用したことがとくに取り上げられ、協会幹部は、帝国結社法違反の廉で裁判にかけられた（一九一一年一〇月一五日付レックリングハウゼン郡長の報告。RM, Abt. VII, Nr. 34 p, Bd. 1）。

「誰しもが同胞のもとへ」

ルール・ポーランド人の多くは鉱夫であり、商業・手工業者、あるいは企業家の数は少なかった。しかし、彼らがしだいに定住するようになるにつれて、ポーランド人営業者も増え始めた。ポーランド民族運動の側からは、ライン・ヴェストファーレン工業地域におけるポーランド人の経済闘争の意義が説かれるようになった。これに対して、プロイセン行政当局は「経済的諸関係における大ポーランドの運動」と捉えて、警戒した（一九〇四年七月二八日付アルンスベルク県知事のヴェストファーレン州知事宛て報告。OP, Nr. 2748, Bd. 6）。そうした見方からすれば、工業地域のドイツ人の一部は、当地の民族的事態を理解していないのだった。彼らには、厳しい批判の言葉が投げつけられている。曰く、ポーランド人仕立屋に洋服を注文するドイツ人、ポーランド新聞に公告を出すドイツ商人等々は、「民族の裏切り者」である（『ライニシュ＝ヴェストフェーリシェ・ツァイトゥング』〔ライン・ヴェストファーレン新聞〕一九〇四年六月二四日。OP, Nr. 2748, Bd. 6）。

たしかに、ポーランド民族運動が、ドイツ西部においても、民族教育と並んで、ポーランド商工業の育成をスローガンに掲げ始めたことは、当局を大いに刺激した。二〇世紀に入って、工業地域のところどころで、「ポーランドワイン、ポーランドリキュール、ポーランドシガレット、ポーランドソーセージ、ポーランドパン」なるものが普及し、それらは祭典のさいなどにも販売された。また、『ヴィアルス・ポルスキ』紙には、「われわれは可能なかぎり、ポーランド人の商人・手工業者のところだけで買い物しよう」という文句が躍った（アルンスベルク県知事報告。OP, Nr. 2748, Bd. 6）。

このように、当時の運動のあらゆる場で前面に押し出された「誰しもが同胞のもとへ《スフィ・ド・スフェゴ》」というスローガンは、何よりも経済の場におけるポーランド人の民族的結集を意味していた。しかし、これを可能とするためには、ポーランド商工業の育成が急務であり、ポーランド人の経済活動を強化する必要があった。こうして、ポーランド銀行の創設が要請され、一九一一年に、ポーゼンの勧業銀行がゲルゼンキルヒェンに預金銀行を設立した。これは、西部ポーランド人の貯金を集めて、発展した。

「誰しもが同胞のもとへ」のスローガンは、ポーランド人の道徳的・市民的義務と把握された。同時に、これは、民族運動からすれば、防衛的対抗策でもあった。彼らの言い分によると、プロイセン政府はドイツの役人がポーランド人商人のもとで買い物しないように目を光らせているのであり、逆に、ポーランド商人には信用供与がなされず、ポーランド人手工業者はたいていドイツの専門養成コースから排除されたのだった。また、ポーランド人にしてみれば、東部のポーランド人地域で、ドイツ商人・営業者が国家補助金を受けている事態はいったい何なのだ、ということになる。プロイセン当局は、「誰しもが同胞のもとへ」のスローガンを、ポーランド人の「ドイツ商品ボイコット運動」の証しと見なしたが、ルール・ポーランド人の運動からすると、「ボイコット」のレッテルは、反対に、プロイセン当局あるいは「ドイツ民族主義者《ハカティステン》」に返されるべきものであった（『ヴィアルス・ポルスキ』一九一一年九月九日。OD, Nr. 887）。

ポーランド産業博覧会

経済活動におけるポーランド人運動を主として担ったのは、工業協会である。一八九九年ドルトムントに創設されたのがその最初であり、翌年にはボーフムでも結成されて諸地域に拡大していった。一九〇八年七月諸協会は西部地区《ガウ》として一つにまとまり、エッセンを本部とする連合体に発展し、全国ポーランド工業協会ポーゼン中央連盟に所属することになった。工業協会のメンバーは大半が手工業者であり、そのほかに小商人を抱え込んでいた。協会の目的は、規約によれば、商工業の促進を掲げていたにすぎなかったが、ドルトムントやエッセンの組織が一一月祭を行うなど、その活動は監視本部の注目を浴び始めていた（一九一一年四月一日付ボーフム警察本部長のアルンスベルク県知事宛て報告。OP, Nr. 6396）。

一九一〇年一二月、西部地区工業協会の代議員集会で、ポーランド産業博覧会開催準備のための委員会が選出された。これは、もちろん東部における産業博覧会から刺激を受けている。西部においても、ポーランド人の営業意欲をかき立て、ポーランド商工業を促進することによって、民族の「物質的基盤」を作り出そうとしたのである（同上報告）。しかし、たとえ産業博覧会が民族的観点から重視されたとはいえ、その開催への抵抗は大きかった。ここドイツ資本主義の心臓部では、言うまでもなく、ポーランド人の産業はあまりにも弱体だった。多くの反対意見が出され、やっと開催にこぎつけたのは、一九一三年七月（一九～二七日）のことである。

それでは、博覧会の様子はどのようなものであったのか。また、西部工業地域で初めての博覧会に、ポーランド人は何を期待したのか。ポーランド紙（『ナロードヴィェツ』一九一三年七月二〇日、二二日、二七日、三〇日。『ヴィアルス・ポルスキ』七月二二日。OD, Nr. 889）によって再現してみよう。

この年の七月は天候不順で、毎日雨が降り続いていた。開会式の当日、七月一九日の土曜日も荒天で、開会式の数時間前に激しい雨が降り始め、実行委員会の人びとは、見学者の出足に気をもまねばならなかった。展示ホールの正面玄関に工業協会の幹部会と博覧会実行委員会のメンバーが集まり、工業協会会長ヤン・キェルチンスキが「神の名において産業博覧会が開幕される」と宣言し、ゲルゼンキルヒェンのピェホツカ夫人がテープを切った。結社法のために、ポーランド語による開会式挨拶は省略された。

夕方六時に、レストランホールで共同晩餐会が行われた。幹部会、実行委員会の各メンバー、出品者、ポーランド諸協会・産業界の代表、そして東部からポーランド新聞や聖職者の代表が参加した。ワルシャワの新聞編集者も顔を見せていた。そこでも、結社法がポーランド人の口を塞ぎ、乾杯の辞、歓迎の辞などは自重された。

翌二〇日の日曜日、主催者の心配は見事に吹き飛ばされた。西部の各地から、ポーランド人の一団がつぎつぎと開催地のボーフムに早朝から集まり始めた。この日の参加者は一万人を数え、彼らは多くのパビリオンをのぞき、美しいデコレーションに感嘆し、期待以上の同胞の作品に満足した。そして、博覧会一色に塗りつぶされた日曜日の最後を飾ったのは、コンサートであった。ここで演奏されたのは、もちろんショパンであり、彼と並び立つポーランドの国民的作曲家スタニスワフ・モニューシコ、ピアニストとして有名で、のちに共和国初代首相となったイグナツィ・ヤン・パデレフスキなどのポーランド人音楽家の作品であった。演奏のあいだには合唱もはさまり、「故郷」の人びとを驚嘆させた。ちなみに、このコンサートは、優秀なポーランド人学生に奨学金を貸与する聖ヨザファト協会への資金援助も兼ねていた。こうして、博覧会は、「ポーランド人移住者のなかに、一枚の美しい絵を描き込んだ」(『ナロードヴィェツ』一九一三年七月二二日)。

博覧会では、「異郷」のポーランド人の商工業の現状がそのまま示されている。パビリオンは、食料品・被服・住宅設備・印刷の諸部門に大別されていたが、それは、「異郷」でのポーランド産業が、印刷業・仕立業・パン製造業・家具製造業・額縁製造業、さらには靴製造業、商業としては食料雑貨商・小間物屋・薬屋・キャラコ製品専門店等に代表されていることにほぼ対応していた。「故郷」の東部からは、たばこ製造業が葉巻および紙巻きたばこを展示したが、そのほかの工業部門の参加は、出版企業も含めてそれほど多いとは言えなかった。こうしたなかで、ポーランド紙の特別の注目を浴びたのは、女性労働による手工業製品、つまり刺繡、レースの展示、あるいは麦芽コーヒーである。前者は、女性労働の意義、女性の役割という点から評価され、後者は、ポーランド人労働者の飲酒癖への警告から、非アルコール飲料として取り上げられた。

生産品の出品・展示・販売がポーランド商工業の発展を意図したことはもちろん、博覧会はポーランド民族運動をアピールする場でもあった。麦芽コーヒーの推奨に見られたように、ポーランド禁酒協会連盟は、反アルコール・キャンペーンに努め、アルコールの有害性を数多くの表を使ってアピールした。それは何よりも、ポーランド人労働者のなかにアルコールにおぼれる傾向が見られたからである。民族運動の指導者は、アルコールがポーランド人の道徳的腐敗を招き、運動を阻害していると考えていた。また、ポーゼンの勧業銀行とゲルゼンキルヒェンにおけるその預金銀行は、図表と絵を駆使して、「異郷」における銀行の発展、ポーランド人の貯蓄高の伸びを示そうとした。そうした銀行の発展こそが、ポーランド人の経済能力を証明していると捉えられたからである。さらに、ポーランド人職業組合の協力は、博覧会がルール・ポーランド人の運動の総力のもとに開かれたことを内外に示すものでもあった。現金出納帳などが展示され、炭坑発掘の

図16　パデレフスキ（1860－1941年）

状況が分かりやすいかたちで説明されて、ポーランド人鉱夫の「労働の果実」の意義が強くアピールされた。職業組合の鉱夫部門は、博覧会の動員の面でも貢献していた。

ルール・ポーランド人の運動から言わせるならば、異郷社会はポーランド人の「労働の果実」に負っていた。というのは、炭鉱・工場・鉄道・運河、さまざまな施設において、「ポーランド人の手をかけていないものは何もない」（『ナロードヴィェツ』一九一三年七月二〇日）からである。しかし、「異郷で支配的な独自の状況」のせいで、ポーランド人自身は、この「労働の果実」から何の利益も得ていない。こうした状況を、ポーランド人に有利になるように一歩でも推し進めるために企画されたのが、産業博覧会だった。それには、まず、「異郷」におけるポーランド人の産業の現状を掴む必要があった。そして、その概容をポーランド人同胞に提示することによって、商工業分野で彼らの力を結集し、「異郷」のポーランド人の経済生活をいっそう活性化させねばならなかった。要するに、博覧会は、単なる経済論理の枠をはるかに超えて、商工業レベルにおける民族運動と認識されたのである。だからこそ、それは、ポーランド人の全階級・階層によって支えられるべきだった。ルール・ポーランド人の多数を占める鉱夫を組織していた職業組合が、博覧会への支援を惜しまなかったのも、そのことをよく示している。ルール工業地域のポーランド商工業の担い手は、圧倒的に小商人・手工業者だったから、彼らと労働者の連帯も容易だったのである。

博覧会は、ポーランド人商人・手工業者にポーランド人住民と新たな顧客関係を結ぶ機会をも与えた。それはまた、「故郷」の商会と「異郷」のポーランド人商人についても言えることだった。その意味では、博覧会は、ささやかながらも、「異郷」と「故郷」を結ぶ絆ともなったのである。

警察の調べによると、博覧会の剰余金は四〇〇〇マルクに達し、警察の予想を上回るものであった。そのうち三〇〇〇マルクは次回博覧会の基金にあてられ、一〇〇〇マルクはポーランド図書館制度の拡充のために提供された。これは、ポーランド民族運動が教育を重視していた表れであろう。ともあれ、ここで確認しておきたいのは、民族運動が博覧会というかたちで、ポーランド人の経済的自立を図ろうとし、これをステップに「異郷」のポーランド人の結集が追求され、東部との結びつきがあらためて強調されたことである。博覧会がこうした民族的性格を持っていたからこそ、これはボーフム警察本部の注目するところとなり、一三〇人の出品者のなかに四人のドイツ人が含まれていたことが問題にされたのであった（一九一四年五月四日付ボーフム警察本部長報告。OP Nr. 5758）。そしてまた、このような博覧会だからこそ、それは終始警察の監視の対象であり続けた。一九一三年七月二二日の『ナロードヴィェツ』紙は、博覧会開催中すでに、ボトロプの女性の作品、二枚の刺繍および一枚の絵が警察によって押収されたことを報道している。

4　ルール・ポーランド人と宗教

宗教と民族

一九〇四年三月六日、ポーランド・カトリック協会相互援助連盟（本部はボーフム、のちにゲルゼンキルヒェン）がエッセンで創設された。それは各地域の協会の上部組織であり、加盟協会の相互援助や適当な講演者の派遣、協会および会員の権利保護に力を尽くそうとした（一九〇四年八月一六日付アルンスベルク県知事のヴェストファーレン州知事宛て報告。OP, Nr. 2748, Bd. 7）。一般的に、カトリック協会は、「カトリック教会と一致し、その教義に立って、メンバーの道徳的・物質的向上を図ることである。政治的問題に影響を及ぼすことは排除される」旨を目的としている。その具体的な活動は、共同の告解・聖餐、啓発的な講演（政治的講演の排除）、宗教的・道徳的・歴史的・学問的内容の図書を所蔵する文庫（教会の教義に違反したり、法によって禁じられている図書はすべて除かれる）に求められ、勤勉・禁酒・節倹が奨励された（一九一〇年現在の規約による。RM, Abt. VII, Nr. 289）。こうした協会の活動は一様ではなく、地域の実情に応じてさまざまであったが、しだいに連盟に加入する協会が増え、一九一二年一一月の時点では、二四四団体、三万人を超えるポーランド人を擁するまでになった。このとき、労働組合を除くと、ルール地方にはポーランド人の協会が八七五団体存在し、そこには延べ八万一五三二人が組織されていたことを考えると（表8を参照）、カトリック協会の占めている位置の大きさは歴然としていた。

ここで興味深いのは、連盟加入協会数が増大するなかで、民族的祭典を開くカトリック協会が多くなってきたことである。これが連盟のイニシアティヴによるものかどうかは分からないが、一九一〇年には、訴訟・裁判費用による連盟金庫の圧迫を理由に、連盟会長が民族的祭典の自粛を呼びかけねばならなかったほどである（一九一一年四月一日付ボーフム警察本部長のアルンスベルク県知事宛て報告。OP, Nr. 6396)。このことは、民族的祭典を開くことによってカトリック協会の活動が警察からチェックされ、このトラブルをめぐる訴訟事件がかなり増えていたことを推測させる。

ドイツ人聖職者がポーランド人のドイツ化のために働いているという批判は、年とともに強まっている。ポーランド人のあいだでは、人生の重要な儀式、たとえば洗礼や結婚、葬式において、ポーランド語が保障されないことへの不満は根強かった。それはときにポーランド語で行われることはあっても、圧倒的にドイツ人聖職者の手によってであり、ポーランド人は、「故郷」のしきたりとの微妙な相違を感じ取ったに違いない。彼らからすれば、ドイツ人聖職者は「ドイツの民族性を宗教より上位に置いている」のであった(『ナロードヴィェツ』一九一一年九月九日。OD, Nr. 887)。こうしたなかで、ドイツ人カトリック聖職者に対する敵意も広がっていく。ポーランド語を話す彼らが、ある場合には、ポーランド人によって「羊の皮を着た狼」とか「偽装したゲルマン主義者」とまで呼ばれるのである。ポーランド人のこのような反ドイツ人聖職者意識の強まりには、連盟の果たした役割が大きいと、ボーフム警察本部長は指摘している(一九一二年四月二二日付アルンスベルク県知事宛て報告。RM, Abt. VII, Nr. 31)。

一九一〇年二月一一日、連盟はフルダの司教会議に、ポーランド語の司牧の改善を求める請願を送っている(一九一一年四月一日付ボーフム警察本部長のアルンスベルク県知事宛て報告。OP, Nr. 6396)。司牧の改善要求は、連盟の新たな活動領域になった。宗教が日常生活の細部にまで行き渡っているとすれば、宗教生活における母語の重みはこの上ないだろう。しかし、先の『ナロードヴィェツ』紙の記事から推測されるように、ポーランド人においては、たんにポーランド語による司牧にとどまってはいない。ポーランド人司祭への要求には切実なものがあった。この点は、一九一三年一一月のポーランド人会議で集中的に議論されることになる。

以上のように、連盟の活動が活発になるとともに、従来多くの協会で会長職をつとめていたドイツ人聖職者は、しだいに指導部から排除されていった。一九〇六年一〇月にはすでに、教会協会は、ドイツ人聖職者を会長として認めることを求めるミュンスター司教の要求を撥ねつけている（Koch, 1954 : 74)。ドイツ人聖職者排除運動が連盟の創設以後に始まったことは明らかであった（一九一三年五月三日付ボーフム警察本部長のアルンスベルク県知事宛て報告。RM, Abt. VII, Nr. 31)。

こうしたポーランド人のドイツ社会からの分離志向は、もちろん、プロイセン官憲を大いに刺激した。また、当局にしてみれば、連盟や協会の現金資産がポーゼンを本拠とするゲルゼンキルヒェンの銀行に預金され、個々の協会の会員たちの貯金が協会の会計係を通じて同銀行に流れ込むことも、気に障ることであった（一九一二年四月二二日付ボーフム警察本部長のアルンスベルク県知事宛て報告。RM, Abt. VII, Nr. 31)。

さらに、警察当局にとって、ポーランド・カトリック諸協会の共同聖餐式という場が、往々にして、ポーランド人の民族意識を高める場になっていることは許し難かったであろう。一九一一年五月二八日、カトリック協会の共同主催でヘルテンにおいて聖餐式が行われた。礼拝と説教のあと、約四〇〇人の参会者は居酒屋「駅亭館《ツーア・ポスト》」のホールに集まった。最後の一席までもが埋め尽くされた。ここでは、カトリック信仰と、信仰による団結とが、ポーランド民族の力であることを強調した司祭ディキェルの演説以上に、ヤン・クフィャトコフスキのつぎのような趣旨の演説が注目される（『ポスワニェツ・カトリツキ』［カトリックの使者］一九一一年五月二八日。RM, Abt. VII, Nr. 28）。

ポーランド人は、異教徒のタタールの攻撃に対して、数百年前から教会を守ってきた。全西方世界は、彼らが今日でもなおカトリック信仰を続けていられるという点で、トルコをウィーンで撃退したポーランド国王ヤン・ソビエスキのおかげを被っているのだ。

西方でも、ポーランド人はカトリック教会に忠実であり、社会民主主義的な、自由思想的な、すなわち神なき宣伝に強く抵抗してきたのである。

このクフィャトコフスキ演説を貫いているのは、「西方世界を守ったポーランド」というポーランド・ナショナリズムにお馴染みの言説である。それはまさに、ポーランド人の歴史意識に浸透していたものだった。それだけに、警察当局は、クフィャトコフスキ演説に含まれている反社会主義的、反自由主義的調子よりも、信仰と結びつけてポーランド人の民族意識を喚起するような論調に神経を尖らせたことだろう。ドイツ支配層にとって、「独立ポーランド」の意識を底流に含んでいるような演説は、けっしてなおざりにできるものではなかったのである。彼らは、「民族」をうかがわせるような発言や動きを「政治」の枠組みで括ろうとした。それは、宗教協会の活動をも政治活動に結び付けて解釈し、「政治的結社」として結社法の強い監督下に置くことが、民族運動に歯止めをかける最善の方法だと考えられたからにほかならない。ここでは、宗教・民族・政治が同一レベルで論じられることが多かったのである。

巡礼

ルール・ポーランド人の宗教生活のなかでは、日常的な礼拝やミサなどと並んで、巡礼も欠かせなかった。ルール地方では、ヴェルル（Werl ヴェストファーレン州アルンスベルク県）、あるいはネヴィゲス（Neviges ラインラント州デュッセルドルフ県）が巡礼地として知られている。なかでも、ヴェルルの参詣指定聖堂への巡礼は、一七世紀以来多くの信者を集めていた。ルール地方のポーランド人の巡礼は、東部からの移住者が増えるとともに、一八九〇年代末から急増し始め、当局の注意を引いていった。巡礼は五月から七月にかけての日曜日に集中することが多く、そのうちの数回は、ほとんどポーランド人によって占められていた（伊藤　1988 : 30）。

まず、一九〇七年六月三〇日のヴェルルへの巡礼を紹介しよう（一九〇七年七月四日付ヴェルル市長のゾースト郡長宛て報告。七月二〇日付アルンスベルク県知事のヴェストファーレン州知事宛て報告。OP, Nr. 2748, Bd. 9）。この日は雨が降り続いていたにもかかわらず、ドルトムント、カストロプ、ヘルデ、その近郊からおよそ二〇〇〇～二五〇〇人のポーランド人巡礼者が二台の特別列車で午前九時にヴェルル駅に到着し、駅前通りで整列したあと、整然とした行列で参詣聖堂に向かった。彼らは九時四五分に参詣聖堂に入り、一〇時からミサを受けた。午後一時三〇分に説教を含めた礼拝が持たれ、その後奉納、第二の説教に続いて、午後四時に行列行進が駅まで行われた。この行列が警察当局との軋轢もなく「整然と」行われたのには、行列を統率するフランチェスコ会修道士バシリウス・マズロフスキ司祭の力が働いていた。彼は、巡礼者たちが「ロガトゥカ」と呼ばれる民族帽や白と赤の帽章を身に着けていないかどうか、当局を刺激しないように気を配っていた。

こうした巡礼の行列は、二〇世紀に入ると、ポーランドの民族的＝政治的性格を持つものとして当局の注意をはっきりと引き始めた（一九〇七年三月二八日付ネヴィゲス市長報告。OP, Nr. 2748, Bd. 9)。そうしたなかで、パーダーボルンの司教は事態を憂慮し、「政治的＝民族的傾向」を示すような行列を拒否した。彼は、行列にはあくまでも「宗教的」なものを求め、統率者の司祭が警察当局と了解したうえで行動する必要を強調した（一九〇六年一二月二八日付パーダーボルン市長のヴェストファーレン州知事宛て報告。OP, Nr. 2748, Bd. 9)。プロイセン内相ベートマン＝ホルヴェークは、これに同意し、行列の禁止を通告する前に、それを統率しているフランチェスコ会修道士の司祭の了解をとり、行列の「ポーランド的・政治的な性格」を取り除こうとするのが望ましいとした。要するに、行列の許可には民族的な表徴や挨拶、歌の禁止が条件とされ、これを司祭に伝えたうえで、彼の了解と責任の下にはじめて行列は許されるのである（一九〇七年五月一八日付プロイセン内相通達。OP, Nr. 2748, Bd. 9)。

この内相通達は、ただちに実行に移された。前述した一九〇七年のヴェルル巡礼の行列の許可を受けるにあたって、マズロフスキ司祭は、行列に参加予定のポーランド協会に許可条件を知らせるとともに、『ヴィアルス・ポルスキ』紙にその条件を公表し、ポーランド人に注意を促した。これはポーランド人のあいだに反発を呼び、カストロプ教区およびその近隣教区のポーランド協会の会長は、巡礼のさいの条件を受け入れるかぎり、巡礼に参加しないことを多数で決定した。この結果、許可条件の受け入れを拒否するポーランド協会が続出し、巡礼参加者は前年の四〇〇〇人と比べてほぼ半減した。このヴェルル巡礼は、事前の許可条件を受け入れたものだけがもっぱら参加したことになるが、それでも「ロガトゥカ」を被ったり、白と赤の帽章を身に着けたりする者が出てきて、マズロフスキを煩わせた（一九〇七年七月二〇日付アルンスベルク県知事のヴェストファーレン州知事宛て報告。OP, Nr. 2748, Bd. 9）。

ポーランド人の民族的衣装の着用禁止などが行列許可の条件にされるなかで、数多くのカトリック協会とともに、ロザリオ信心会の六協会が巡礼への不参加を表明したことは、当局を警戒させた。当局は、ここで、協会の巡礼不参加は、巡礼が「宗教的教化や礼拝の目的に奉仕する行事」といったものではなく、ポーランド人の民族意識を高め、ポーランド人とドイツ人との分離・対立を深める場になっていると受け止めた。これまで純粋に宗教的団体と見なされ、もっぱら女性から構成されているロザリオ信心会に対する見直しも始まった（同上）。

こうして、一九〇九年八月一日の日曜日に予定されたボーフムおよびその近郊のポーランド協会のネヴィゲス巡礼の行列が、ネヴィゲス警察によって禁止されるという事態も生じている（『ヴィアルス・ポルスキ』一九〇九年八月五日。OD, Nr. 886)。これは、同年六月ボーフム警察本部にルール工業地域のポーランド人運動監視のための中央本部が設置され、運動への締めつけが強まったことと無関係ではない。

すでに述べたように、宗教が日常生活のなかに深く根を下ろし、民族的風習やしきたりと結びついているとすれば、巡礼が民族的性格を帯びるものになったとしても、何ら不思議ではない。巡礼のさいの民族的衣装の着用などは、当然ポーランド人の民族意識を表していようが、彼らにとっては自然な振る舞いだったはずである。しかし、プロイセン＝ドイツの支配層は、それらすべてを民族的、つまり政治的問題と把握し、巡礼行列への監視と規制を強めて、ポーランド人に厳しい圧力を加えた。こうした支配層の姿勢に対して彼らの憤りは激しく、それは行政当局・警察にのみならず、教会にも向けられていった。彼らは、ドイツ人聖職者に対してドイツ化の役割を担っていると批判し、ポーランド語による司牧、ポーランド人司牧者を要求する運動を強めることになった。

ところで、このような巡礼に対する規制の強化に対して、ドイツ人住民の一部が注目すべき反応を示している。ヴェルル巡礼の場合、ドイツ人営業者は、巡礼者の減少によってかなりの経済的損害を受け、そのことから当局への不信と敵意をむき出しにしたという（一九〇七年七月四日付ヴェルル市長のゾースト郡長宛て報告。OP, Nr. 2748, Bd. 9)。このことは、何よりもドイツ人商店主にとっては、ポーランド人巡礼者が大事な顧客だったという事実を示していよう。この点については、巡礼地ネヴィゲスに関する報告が興味深い。それによると、商店の看板がドイツ語とポーランド語で書かれ、食堂のメニューはポーランド語でも記され、ポーランド語の祈祷書が販売されていた。つまり、ここでは、ポーランド人とドイツ人とが顧客関係を通じて交流していたのである（一九〇七年三月二八日付ネヴィゲス市長報告。OP, Nr. 2748, Bd. 9)。しかし、こうした交流すらもドイツ・ナショナリストには許し難いことだった。彼らは、ポーランド人商人の顧客となっているドイツ人や広告をとおしてポーランド人の「ひいきを請うことにやぶさかではない」ドイツ人商人を声高に非難している。彼らにとっては、ドイツ人とポーランド人の顧客関係もドイツ民族に対する裏切りであった（『ライニシュ＝ヴェストフェーリシェ・ツァイトゥング』一九〇四年六月二四日。OP, Nr. 2748, Bd. 6)。

以上見たように、巡礼という宗教的行為も、ドイツの政治状況とポーランド・ナショナリズムのなかに置くと、政府当局からは政治的＝民族的枠組みで捉えられることになる。とすれば、巡礼をとおしたポーランド人とドイツ人の交流は、当局に警戒の念を与えずにはおかなかった。当局のこうした姿勢が「ポーランド野郎」という蔑称とともに、ルール・ポーランド人を大いに苦しめたことは想像するに難くない。

「モアビート事件」とルール・ポーランド人

一九一四年三月一五日の日曜日、いわゆる「モアビート事件」が起こった。その舞台となったのが、ベルリンのモアビートである。ここのモアビート監獄は、ポーランド民族運動を弾圧する権力の象徴として、ポーランド人の怨嗟の的だった。事件は、モアビートのドミニコ派の聖パウロ教会で、はじめて聖体拝領を受けるはずだった四〇人のポーランド人の子どもたちとここに出席していた一〇〇〇人ほどのポーランド人が、警察によって教会から排除されたというものである。

まず、事件の経緯をポーランド紙によって簡単にたどっておこう（『ナロードヴィェツ』一九一四年三月一八日。OD, Nr. 889）。事件の発端は、その前日の一四日に、聖パウロ教会で働いていたポーランド人聖職者が解雇されたことにあった。一五日、聖体拝領を受けるポーランド人の子どもたちとポーランド人住民は静かにミサをささげ、それは八時三〇分まで続いた。その後、彼らは聖体拝領を授ける司祭を待ったが無駄に終わり、代わってドミニコ修道院のヤコブ神父が説教壇に上った。彼は、子どもたちには聖体拝領は与えられないので教会から退去するようにと告げた。参列者はその場を動こうとはせず、もう一人の神父がポーランド人にふたたび退去を求めたとき、彼らは短い祈祷の言葉とともに憤激の叫びをあげた。この瞬間に、すでに教会内に呼び寄せられていた八人の警官が祭壇の子どもたちを追い立て始め、別の警官隊の応援を得て、教会内のポーランド人をすべて排除した。力づくで教会から追い出されたポーランド人は、外で待機していたリボルバー武装の新たな警官隊を目にした。

他方、以上のポーランド紙による描写とは正反対の事件像を描いているのは、『シュルテス・ヨーロッパ歴史カレンダー』である。『シュルテス』は、この事件を「暴動」と描き、その責任をポーランド的・社会民主主義的労働者によるポーランド語ミサの要求に求めている。教会当局の譲歩にもかかわらず、それに不満を抱くポーランド人は、「ミサを妨害し、聖具室に侵入して、ポーランド旗を広げて騒ぎを起こしたのである」と。こうして、『シュルテス』は、乱暴狼藉を働くポーランド人の様子を伝える一方で、警察権力の行使には一言も触れていない（*Schulthess'*, 1914 : 139）。

ここで、事件の正確な全体像を掴むことはできないが、問題はポーランド紙がこの事件をどのように把握し、ルール・ポーランド人がどのように受け止めて、みずからの運動を構築しようとしたのかということである。ポーランド紙の描くところによれば、教会当局は、ポーランド語による秘跡を拒否するために、警察権力を借りて、しかも計画的にポーランド人を弾圧したことになる。こうした痛ましい事件が起きる背景には、プロイセン＝ドイツの民族政策やベルリンのポーランド人の運動、彼らと教会との関わり合い方などさまざまな問題が存在している。しかし、ここで少なくともはっきりしているのは、ポーランド語による司牧とポーランド人司牧者を要求するポーランド人の運動がこの時期にはこれまでになく強まってきたということだろう。

ルール・ポーランド人は、前年の一一月にオランダのウィンタースウェイクで開かれたポーランド人会議でそのような要求をあらためて確認していただけに、「モアビート事件」を深刻に受け止めた。彼らは、この事件をただちにポーランド民族運動の枠組みのなかで捉え返し、大キャンペーンを張った。そこでは、カトリック協会のみならず、政治的性格のポーランド協会、つまり「ストラシュ」協会や選挙協会が積極的な役割を果たしている。なかでも、「モアビート事件」に対する抗議集会ならびに抗議声明の中心にいたのは、選挙協会だった。

「ストラシュ」協会や選挙協会は、もっぱら「信仰と民族性」の擁護の観点から事件を論じるカトリック協会に対して、おしなべて問題をいっそう具体的に、ドイツの政党政治に絡めて論じようとしている。それらの抗議声明は、事件に対するドイツ各紙の「中傷」を糾弾し、ポーランド新聞の意義を説き、子どもたちにポーランド語の読み書きを教えることによって、彼らが母語で信仰告白できるように配慮すべきことを強く訴えた（たとえば、メーアベック、ホーホラルマルク、ホルトハウゼンの選挙協会の抗議声明ないし決議。『ヴィアルス・ポルスキ』一九一四年四月一五日、一六日。『ナロードヴィェツ』四月一九日。OD, Nr. 889）。そして、「教会内に政治を持ち込んだ」とモアビートの教会当局の態度を正面から批判しつつ（メーアベックの選挙協会の抗議声明）、カトリック政党である中央党の新聞がポーランド人の正当な要求を中傷しているとして、それに猛然と反撃した。ポーランド人から言わせるならば、中央党新聞は、「ユダヤ的・自由主義的新聞」と同様に反ポーランド的であり、それはまさに「ドイツ民族主義者《ハカティステン》」の新聞にほかならなかった（フリントロープの「ストラシュ」協会の抗議声明。『ナロードヴィェツ』一九一四年四月二日。OD, Nr. 889）。ポーランド民族運動は、ここにおいて、はしなくも、反ユダヤ主義的性格の一端をのぞかせている。

　ポーランド人においては、ドイツ人聖職者、中央党に対する不信は根強かった。ルール・ポーランド人は、世紀の転換期ごろからドイツ・カトリック、中央党への依存から脱却し、しだいに彼らとの亀裂を深めて、ポーランド語による司牧、ポーランド人司牧者の要求を強めていた。「モアビート事件」は、こうしたポーランド人の運動にいっそうの弾みをつけたのである。

第三章　ドイツ政治とルール・ポーランド人

1　ポーランド労働運動の自立

鉱山警察条例

一八九九年一月二五日、ドルトムント上級鉱山監督局は、鉱山警察条例を発布した。そのねらいは、第一条と第二条に凝縮されていた（Kleßmann, 1978 : 63）。

第一条　外国語使用労働者は、鉱山およびそれに付属する選鉱所、練炭工場の経営においては、彼らの上司の口答指示、同僚の伝達を正しく把握するために、彼らがドイツ語を十分理解する場合にのみ雇用を許される。

第二条　外国語使用労働者は、検査係、機械夫、ポンプ夫、気罐夫、はっぱ長、坑内通気夫、切羽坑夫頭、竪坑修理夫、運搬夫、竪坑の選炭夫および制動夫、坑外鉄道の専務車掌・踏切警手・転轍手・操車係としては、彼らがドイツ語を話し、文書・印刷物を読むことができる場合にのみ雇用を許される。

見られるように、鉱山警察条例は、ドイツ語をマスターしていない鉱夫を炭鉱から排除しようとした。炭鉱労働がつねに生命の危険を伴っており、炭鉱災害が頻発していた状況では、条例は、一見して、炭鉱の保安という面から発令されたかに見える。事実、外国語使用労働者の事故発生率は年々高まっており、保安規定の無知による災害も珍しいことではなかったという（Wehler, 1970 : 234）。社会民主党系の旧組合*（ドイツ鉱夫組合）も中央党系のキリスト教鉱夫組合も、炭鉱における保安問題改善への不可欠の一歩として、最終的には鉱山警察条例を歓迎した。しかし、炭鉱災害を保安規定の無知という枠組みだけで捉えてよいのだろうか。ここには、経営側による労働強化や保安対策の不備などという問題はなかったのだろうか。それ以上に、鉱山警察条例について考えねばならないのは、東部からの移住ポーランド人や外国人（オーストリア、ロシア、オランダ、イタリア等）出稼ぎ労働者の増大に対する民族的反発といった問題である。

*ルール鉱夫は、一八八九年八月、「ラインラント・ヴェストファーレンにおける鉱夫の利益を守り推進する組合」を結成した。それは、一八八九年鉱夫ストライキの成果であった。この組合は、宗教と政治の排除を標榜していたとはいえ、その指導者たちは社会民主党の支持者であった。

一方、そうした傾向に不満を持つキリスト教的な鉱夫は組織から脱退し、それに対抗して、一八九〇年五月ライン・ヴェストファーレン鉱夫組合「グリュックアウフ」に結集した。「鉱夫の利益を守り推進する組合」は、「グリュックアウフ」の創設以来「旧組合」と呼ばれるようになった。

「旧組合」は、一八九〇年九月に創立された全国組合としてのドイツ鉱夫組合に加入することになり、それ以後、このドイツ鉱夫組合が「旧組合」と言われた。

「グリュックアウフ」が短命に終わったあと、一八九四年一〇月キリスト教鉱夫組合が結成された。これは、当初、カトリックとプロテスタント両宗派を糾合しようとしたが、結局、カトリック鉱夫を基盤として、カトリック政党の中央党と結びつくようになった。「旧組合」に対して、「新組合」とも呼ばれる（Koch, 1954 : 48-56 ; 野村　1980 : 55-65）。

外国語使用労働者のなかでもっとも多数だったのは、言うまでもなく、ポーランド人である。彼らは、鉱山警察条例を民族問題と捉えて、鉱山行政側の姿勢に怒りをぶつけた。一八九九年三月五日、抗議集会がポーランド同盟の名で招集された。会場にあてられたボーフムのコンサートホールは、八〇〇人の参加者で埋まった。アントニ・ブレイスキの以下の言葉は、ポーランド人の胸の内を代弁していた（ADV（Hg.）, 1901 : 93-94）。

ドイツ人労働者が二日と持たないところで、ポーランド人はしばしば、健康を害してまで全力で仕事に向かった。だからこそ使用者はポーランド人に満足したし、今でも満足しているのだ。ひとたび労働者が不足すれば、その埋め合わせを真っ先にポーランド人の地に求めるのである。

ところが、事態は変わろうとしている。上級鉱山監督局の条例は、ドイツ民族主義的扇動の産物である。……

まず強調されねばならない事実は、一八八一年以来起こっている炭鉱災害のいずれも、ポーランド人の責任ではないということだ。……災害は、ドイツ語を理解するとしないとに関わりなく、それとは無関係に起こっているのだ。……

条例は、災害を防止するために出されたのではなく、より良い賃金を稼ぐ可能性をポーランド人労働者から奪い取るためなのである。

また、集会参加者のドミンスキ（ボーフム）は、「条例は、ただ、ポーランド人をすみやかにドイツ化しようとする目的を持っているにすぎない」と、断言していた（ADV（Hg.）, 1901 : 97）。集会で採択された決議は、こう述べている（ADV（Hg.）, 1901 : 96-97）。

1　集会に集まったポーランド人は、言語条例に抗議する。何となれば、ポーランド人は、それが不必要であり、鉱業の要求とは相容れないと見なすからである。いずこかでドイツ語への無知が災害の原因になったというのであれば、それは誰も証明することはできない。一方、ポーランド人がもっとも勤勉でもの静かな労働者であることは、一般的にも認められている。

2　集会参加者は、炭鉱行政が鉱夫にとってもっとも重要な規定をポーランド語に翻訳して知らせるか、ポーランド同盟がみずからこの課題を引き受けるか、そのどちらかを要望する。鉱業で使われる表現や言い回しの入った辞書の発行も望ましいものである。

ブレイスキは、ポーランド人労働者の排除をドイツ・ナショナリストの策動に求めた。炭鉱災害は、ポーランド人を排除するための口実にしかすぎないのである。それを受けて、決議は保安規定のポーランド語への翻訳を要求した。

たしかに、保安の面から見れば、保安規定やそのほかの通達を、ポーランド語に翻訳する努力が払われて当然だった。ポーランド人のみならず、ドイツの労働組合も、もっとも重要な鉱山警察上の規定はポーランド語に翻訳して知らされるべきことを要求していた。しかし、これは若干のケースで行われたにすぎず、プロイセン商工相は条例発布以前にすでにドイツ語のみによる掲示を指示していた（Kleßmann, 1978 : 64）。ポーランド人鉱夫にしてみれば、保安問題に無関心ではありえず、翻訳問題はけっしてゆるがせにはできなかった。ところが、この翻訳問題に対する旧組合の関心は必ずしも高くはなく、キリスト教鉱夫組合にいたっては拒否的でさえあった（Murzynowska, 1979 : 172）。この当然とも言える要求は、一九〇三年四月四日、最終的に、「国民的理由から」拒否されてしまうのである（Wehler, 1970 : 234）。

中央党系のキリスト教鉱夫組合の『ベルククナッペ』（鉱夫）紙は、鉱山警察条例をめぐって、つぎのように述べていた。「われわれは、もしポーランド人がその母語を愛し、みずからの民族への忠誠を守ろうとするならば、われわれはそのことを評価し、理解できる」。しかし、ポーランド人が置かれている状況は、ドイツ人がナポレオンの支配下にあった往時とはまったく違う。「なお多くのポーランド人が夢見ている、かつてのポーランド国家の再建はもはやけっして考えられないのだ。したがって、ポーランド人も、彼らが望むにせよそうでないにせよ、所与の状況に従わねばならないであろう」（傍点は、原文イタリック。Kleßmann, 1978 : 64）。ここに見られるのは、ポーランド国家の再建が不可能で、ポーランド人もドイツで生きていかねばならない以上、無条件で鉱山警察条例を受け入れるべきだという姿勢である。

社会民主党の場合、ここまでは主張していない。保安問題がいっさいの出発点だった。同党系の『ライニシュ＝ヴェストフェーリシェ・アルバイターツァイトゥング』（ライン・ヴェストファーレン労働者新聞）紙は、ヘルネの炭鉱災害がポーランド人の「無知」によって引き起こされたと論じ、「ここで問題になっているのは、何千人もの人びとの生命と健康である。ここにおいてふさわしい措置は、危険を知ることができず、当然の保安規定に通じていないそういう人びとが、責任ある部署に配置されるのを防ぐことである」（一八九九年三月九日。OD, Nr. 883）と書いた。理由がどのようなものであるにせよ、ポーランド人鉱夫が排除されかねない現実の前では、社会民主党も、ポーランド人から「ドイツ民族主義者《ハカティステン》」というレッテルを貼られざるを得なかった。

以上の状況は、ポーランド人に対し独自の労働組合の結成を促した。従来ポーランド人鉱夫は、旧組合に入っている者もあったとはいえ、多くはキリスト教鉱夫組合に加盟していた。しかし、ルール・ポーランド人の運動が『ヴィアルス・ポルスキ』紙を通じて中央党批判を強めていくなかで、ポーランド人鉱夫とキリスト教鉱夫組合の関係もしだいに厳しくなった。一八九八年のクナップシャフト（鉱山労働者保険金庫）長老選挙では、ヤン・ブレイスキやキリスト教鉱夫組合のポーランド人は、組合指導部に対して、ポーランド人候補者をも立てるように要請した。両者のあいだの話し合いは結局不調に終わり、組合指導部はそれを拒否した。というのも、ポーランド人の独自な志向は鉱夫組合内では許されないからである(Imbusch, 1980 : 505-506)。こうして、鉱山警察条例をめぐる問題は、ポーランド人の民族感情を大いに傷つけ、キリスト教鉱夫組合との絶縁を決意させたのである。

ポーランド人職業組合の成立

ポーランド人職業組合の創設には、いま述べた状況が決定的に関わっていたが、労働組合の設立そのものについては、それ以前から問題になっていた。もっぱら設立準備を進めていたのは、ポーランド同盟である。同盟は、ある場合には、労働組合の役割を代行しており、無料法律相談を行うとともに、調停委員会やクナップシャフトへのポーランド人候補者を指名したりしていた。そこで、最初は、この組織を労働組合に変えてしまおうとする考えすら存在した。しかし、民族的・政治的組織としての同盟の性格からいって、これは不可能だった（Murzynowska, 1979 : 172-173）。

一九〇〇年に入り、労働組合創設の動きは高まった。『ヴィアルス・ポルスキ』紙の所有者ヤン・ブレイスキ、編集者アントニ・ブレイスキ両兄弟の提案により、ポーランド同盟の地方集会が開かれ、そこでは、ポーランド民族の労働組合の必要性が討議された。ブレイスキ兄弟の計画は支持されたが、組合への無関心、あるいは反対意見もあって、ポーランド人労働者を組合創設に向かわせるのは容易なことではなかった。ブレイスキ兄弟は、いわば強行突破によって、局面を打開することを決意した。このとき、状況は彼らにとって有利に動いていた。一九〇一年には、ポーゼン＝グネーゼン大司教フローリアーン・スタブレフスキは、雑誌『プシェヴォドニク・カトリツキ』(カトリックの指導者)のなかで、ドイツの組合に倣って、ポーランド人の労働組合創設の必要性を強調していたのである(Bredt, 1909 : 51)。

一九〇二年一一月九日、ブレイスキ兄弟は二つの集会を招集した。第一の集会は、『ヴィアルス・ポルスキ』紙の編集室で正午から開かれたが、それは完全に非公開であった。つまり、そこには、労働組合の創設を支持する労働者だけが招待されていたのである。ヤンは開会を宣言し、ポーランド人職業組合の創設を提起した。二五人の出席者は全員それを了解し、ヤンはすぐに規約草案を提案した。さまざまな修正・補足が施されたあと、それは採択された。

第二の集会は、午後四時、アントニによって開会された。ここには、組合創設への支持をあてにできる者二五〇人が出席していたが、ルール地方のポーランド人組織のすべての会長も含まれていた。組合の創設が、ポーランド民族運動の指導者を中心にして、いわば大衆的に確認されたのである。ここに、本部をボーフムに置くポーランド人職業組合が正式に成立した。ポーランド人職業組合は、規約第二条によれば、「組合員の道徳的・物質的向上を図り、十分かつ安定した賃金ならびに社会において然るべき尊敬と地位を確保すること」を目的としていた。「以上の目的を達成するために、組合は、キリスト教の教義のうえで許され、法律上禁じられていないあらゆる手段を用いることができる」（第三条）一方で、「宗教的・政治的軋轢ならびに社会民主主義的精神によるすべてのアジテーションは無条件で排除」（第四条）された（Murzynowska, 1979 : 173-174）。

このようなポーランド人の民族的組合は、旧組合やキリスト教鉱夫組合からは敵視された。他方、鉱山主・プロイセン当局とも、これをポーランド民族運動の新たな発展と受けとめて、抑圧的姿勢で臨んだ。彼らにとっては、職業組合は、ポーランド民族の新たな結集の場であり、ドイツ民族に対する扇動の場にほかならなかった。『ライニシュ＝ヴェストフェーリシェ・ツァイトゥング』紙は、職業組合をポーランド同盟の活動の延長線上で理解した（一九〇二年一一月一二日。OP, Nr. 2748, Bd. 5）。アルンスベルク県知事も、同様に、職業組合の組合員とポーランド同盟の会員とが重なり合っていることを指摘して、それを政治団体と位置づけ、結社法の下でボーフム警察本部が監視の任に当たることを表明した（一九〇三年一二月二二日付プロイセン内相宛て報告。RM, Abt. VII, Nr. 35 b）。こうした圧力を受けて、職業組合委員長のステファン・レイェルは炭鉱から解雇され、そのほかの幹部メンバーも迫害された（マンコフスキ「ポーランド人組合の歴史」『鉱夫カレンダー』［一九一三年］。RM, Abt. VII, Nr. 36 c）。

しかし、組織は全体として順調に発展した。組合員は、創立翌年の一九〇三年には四六一六人、〇四年には一万一五〇〇人、一九〇五年ストライキの年には、二万五〇〇〇人に達していた（表12。Kleßmann, 1978 : 283）。一九〇四年には、職業組合の活動により、クナップシャフト長老選挙で四人のポーランド人が選出され、機関紙『グウォス・グルニカ』(鉱夫の声)紙も発行されるようになった。そして、このころにはすでに、西プロイセンにおいても職業組合の新たな基盤が作られていた。トルンが「最初の砦」であった。同時に、ザクセンとポーゼンで職業組合の宣伝が始まった(マンコフスキ「ポーランド人組合の歴史」)。

一九〇五年ルール炭鉱ストライキの終結後、三月一二日に職業組合の総会が開かれ、委員長にヴォイチェフ・ソシンスキが就任して、一一月二六日のゲルゼンキルヒェンの特別総会で多くの諸改革が決定された。もっとも重要な決定は、組合費の値上げであった。これによって、病気・失業・ストライキの場合には、組合員への援助が保障された。一九〇五年ストライキの経験が生かされたのである。また、規約も新たに修正された。その第一条には、鉱夫・製錬工・手工業者およびそのほかの労働者組織としての職業組合の性格が明記された。それは、組合の組織的基盤が広がりつつあることを物語っていた。くわえて、特別総会には、ルール工業地域以外からはじめて、ザクセンのラウジッツ地方と西プロイセンの代表が参加した。ポーランド人職業組合は、西部工業地域の枠を超えて、プロイセン東部にまで根を下ろし始めたのである(Murzynowska, 1979 : 175-176)。いずれにせよ、組合費の三分の二がストライキ資金に充てられるようになるなど、ポーランド人職業組合は、

表12　ポーランド人職業組合の組織的発展(1903〜08年)

年	組合員総数	ルール地方組合員数
1903	4,616	
1904	11,500	
1905	25,000	
1906	40,962	35,863
1907	47,926	39,256
1908	48,000	40,842

(Kleßmann, 1978 : 283)

「一種の互助的組織からそのほかの労働組合と比較できるような組織」(Murzynowska, 1979 : 177) へと脱皮した。

ルール地方の職業組合の鉱夫メンバーは、一九一〇年末には二万六三〇九人、一一年末までには三万一六四人へと増えた。一九一〇年の組合メンバーに関する統計とプロイセンの公式統計とを突き合わせると、ルール地方全鉱夫の三五~四一%が労働組合に組織されており、彼らの一九~二二%が職業組合に属している一方で、職業組合はポーランド人鉱夫の三八~四三%を組織していた (Kulczycki, 1997 : 76)。それでは、職業組合に入っていないポーランド人鉱夫のほかの組合への組織状況はどうだったのか。職業組合の結成後も、キリスト教鉱夫組合や旧組合には、一定数のポーランド人労働者が加盟していた。その数は、職業組合の創設時一九〇二年では、鉱夫組合三〇五八人、旧組合九五九人、〇六年ではそれぞれ三八一六人と八一五五人、〇九年には鉱夫組合約二〇〇〇人、一三年に旧組合約六〇〇〇人であった (Kleßmann, 1978 : 117)。ここでは、ポーランド人鉱夫の旧組合加盟者が鉱夫組合加盟者を数で逆転し、しかもその差がかなりのものだったことに注目しておきたい。旧組合加盟者の数は、ポーランド人のストライキ行動を考えると、けっして無視できる数字ではなかった。

職業組合の発展

職業組合の組織的発展は、一九〇八年と翌年に東部のポーランド人労働組合と合同したことによって、新しい段階を迎えた。この合同過程においては、ソシンスキを中心とする職業組合の幹部会とブレイスキ兄弟の『ヴィアルス・ポルスキ』グループとのあいだで、運動の主導権をめぐって激しい対立が見られ、民族運動内部の亀裂が示された。しかし、ともあれ、ここに、ポーランド人職業組合がポーランド人の全国的労働組合組織として名実ともに誕生した。一九〇八年一月六日のポーランド人職業連盟（ポーゼン）との合同（職業連盟による最終決定は九月一四日）、一九〇九年五月二日のキリスト教鉱夫相互援助連盟（オーバーシュレージエン）との合同がそれである。

前者の組織は、一九〇二年ポーゼンで創設された。国民民主党に近いポーゼンの知識人が推進役であった。ローマン・シマンスキを指導者とする人民党メンバーも、ここでは重要な役割を果たしている（Murzynowska, 1979：239-240）。その創設には、ドイツの労働組合、とくに社会民主党系組合への対抗ということが強く意識されていた。ポーゼンにおける職業連盟の発展は、ドイツ東部でなお強い影響力を持っていたポーランド人聖職者の敵対的態度によって、最初から障害にぶつかった。若干のポーランド人司祭はポーランド人の組合に断固反対し、ポーランド人労働者に中央党系のキリスト教労働組合に加入することを要求した。多くの聖職者も同様の立場をとった。他方で、キリスト教労働組合の側からは、ポーランド語使用の自由、ポーランド人労組書記局員の任用などが約束された。このようなドイツの組合の譲歩策は、ポーランド人聖職者の宥和的志向に対応していたのであり、したがって、ポーゼン職業連盟と職業組合の合同は、こうした宥和的志向の克服を意味していた（マンコフスキ「ポーランド人組合の歴史」）。

一八八九年五月に勃発したルール工業地帯の炭鉱労働者の大ストライキは、オーバーシュレージエンにも波及した。その余波が残る九月に、オーバーシュレージエンの相互援助連盟は、はやくも創設されている。その目的は、炭鉱夫・製錬工などの労働者の利益を代表し、自分たちの身分に「尊敬と信望」を獲得するために、一つの組合に結集することであった。つまり、相互援助連盟は、「オーバーシュレージエンの石炭＝製鉄業の賃金・労働条件が最悪である」状態の解決を図り、労働者を「涙と抑圧の谷」から救い出して搾取と貧困を解決するためには、労働者組織の力以外ないことを自覚したのである。当時『カトリク』紙の編集者で、のちに帝国議会議員に選出されるアダム・ナピエラルスキは、組合の創立者の一人だった。相互援助連盟はドイツ人にも門戸を開いていたとはいえ、その成員のほとんどはポーランド人であり、集会でもポーランド語が使われた（同上）。

組合員は、創立年時点で四〇〇〇人を擁し、一時は二八〇〇〇人（一八九五年）まで落ち込んだが、一八九六年から上昇に向かい、一九〇五年の一万二〇〇〇人を頂点として、その後は四〇〇〇人へと低落した。こうしたなかで、相互援助連盟は、委員長のテーオフィール・クルリクと編集者ドムベクを中心として、ポーランド的性格の維持に努め、ドイツの労働組合との合併によって衰退傾向を解決しようとする動きを封じ込んだ（同上）。この過程で見逃せないのがオーバーシュレージエン選出の帝国議会議員ヴォイチェフ・コルファンティの働きであり、一九〇九年には彼の協力の下で相互援助連盟はポーランド人職業組合と合同した（一九〇九年四月二八日付アルンスベルク県知事のヴェストファーレン州知事宛て報告。RM, Abt. VII, Nr. 36 c）。

一九〇九年五月二日から五日間にわたって、ポーランド人職業組合第五回総会が開かれ、そこで、三組合は最終的に合同した。第一日目の出席代議員の内訳は、西部および西プロイセンから八七名、ポーゼン一一名、シュレージエン一六名であり、これはそれぞれの組合の勢力比に見合っていた（『ヴィアルス・ポルスキ』一九〇九年五月四日。OD, Nr. 886）。ソシンスキ委員長は、幹部会を代表し、一九〇七〜〇八年の活動について、三組合の合同経過、不況問題、労働者解雇、失業救済、ボーフムのクナップシャフト、七人委員会（後述）の解散の諸点にわたって報告した。幹部会報告をめぐる討論においては、合同経過でのソシンスキと『ヴィアルス・ポルスキ』グループの対立を反映して、ソシンスキが激しく批判されたが、中央幹部会委員長にソシンスキが再選されることによって一応の決着を見た（同上、五月五日、六日、七日、八日。OD, Nr. 886）。しかし、これは、ポーランド人職業組合が『ヴィアルス・ポルスキ』の影響から自立し、中央指導部の重心を東部に移す重要なステップを意味したのではなかったか。

職業組合第五回総会は、中央幹部会（本部ボーフム）の下に、鉱夫部門（本部ボーフム）・製錬工部門（本部ケーニヒスヒュッテ、シュレージエン）・手工業者部門（本部ポーゼン）を置くことを決定した。各部門の委員長にはそれぞれ、フランチーシェク・マンコフスキ（ヴァンネ）、アンジェイ・プシブィワ（エッセン）、スタニスワフ・ノヴィツキ（ポーゼン）が選出された（同上、五月八日）。なお、中央幹部会の本部は、委員長ソシンスキをカトヴィッツ－ザブジェ選挙区から帝国議会に送り込む意味合いもあって、一九一一年一〇月一日オーバーシュレージエンのカトヴィッツに移った（一九一二年四月二二日付ボーフム警察本部長のアルンスベルク県知事宛て報告。RM, Abt. VII, Nr.

表 13　ポーランド人職業組合の組織的発展（1909 ～ 13 年）

年	職業組合組合員総数	鉱夫部門				
		組合員数	比率（%）	地域別組合員数		
				ルール	オーバーシュレージエン	ザクセンラウジッツ
1909	57,000	22,243	39.0	17,772	3,798	673
1910	66,970	38,387	57.3	26,309	10,574	1,504
1911	70,583	46,995	66.6	30,164	15,243	1,588
1912	77,322	50,903	65.8	30,334	18,503	2,046
1913	75,171	50,037	66.6	28,936	18,954	2,147

（Murzynowska, 1979 : 251）

31）。ソシンスキは、一九一二年の帝国議会選挙では、決選投票の結果社会民主党候補に競り勝っている。

新たに設置された鉱夫部門の規約は、その目的と任務について、「法律によって許された方法に則って、労働者階級の道徳的・物質的向上に努め、人間社会において然るべきふさわしい地位を獲得し、労働者階級のあらゆる利害を守ることである」（第二条）と述べていた。そして、それを実現するための手段として、組合員の啓蒙、機関紙およびパンフレットの発行、各職種の実態調査、労働者保護立法・労働者保険立法問題での法律上の助言、賃上げ、労働時間の制限、衛生規定の改善、クナップシャフト金庫・疾病金庫・年金基金問題における共同の権利獲得、職業紹介所の設立、失業（ストライキ）・疾病・死亡等のさいの補助金など、以上の諸項目を列挙していた（RM, Abt. VII, Nr. 36 c）。こうしたかたちでポーランド人労働者の要求をくみ上げた職業組合は、合同した一九〇九年には組合員五万七〇〇〇人、一二年に七万七三二二人、一三年では七万五一七一人を数えて、ドイツ政治において無視できない政治勢力に成長した。鉱夫部門の組合員とルール地方のその数を挙げておけば、一九〇九年：二万二二四三人—一万七七七二人、一二年：五万九〇三人—三万三三四人、一三年：五万三七人—二万八九三六人となる。なお、オーバーシュレージエンなども含めた地域別組合員数は、表13のとおりである。

一九〇五年鉱夫ストライキ

第一次世界大戦前におけるルール地方の三大炭鉱争議としては、一八八九、一九〇五、一九一二年のそれがよく知られている。ここで取り上げるのは、後二者のストライキとポーランド人職業組合との関わりの問題である。

一九〇五年ルール鉱夫ストライキは、一九一二年ストライキとは違って、自然発生的性格を強く帯びていた。その背景には、労働条件全般に対する不満と、ライン・ヴェストファーレン石炭シンジケートによるルール地方南部の小炭鉱閉鎖方針があった。ストライキの直接的なきっかけは、ルール重工業を代表するシュティネス傘下のブルッフシュトラッセ炭鉱の争議である。経営側の一方的な作業方時間の延長要求に対して、圧倒的多数の鉱夫が絶対反対の意思を示し、調停による解決が挫折したとき、鉱夫にとって残された道は、ストライキ以外にあり得なかった。こうして、一九〇五年一月七日、大炭鉱ストライキの幕が切って落とされた（野村　1980：83-85）。

ストライキの勃発以後、鉱夫組合指導者は、ストライキを局地的にとどめ、ほかの炭鉱に波及しないように努力した。にもかかわらず、いわゆる山猫ストライキは拡大した。一月一二日、こうした情勢を受けて、四労組（旧組合、キリスト教鉱夫組合、ポーランド人職業組合、ヒルシュ＝ドゥンカー鉱夫組合）によるルール地方会議がエッセンで開かれた。ここでは、社会民主党系の旧組合と中央党系のキリスト教鉱夫組合の対立が見られたが、経営者側のルール鉱業協会に鉱夫側の要求を提出するとともに、ゼネストへの発展を食い止める方向で事態を収めることにより、妥協が図られた。同時に、ルール鉱業協会と交渉するために、ストライキ中央指導部として、旧組合・キリスト教鉱夫組合・ポーランド人職業組合から各二名、労使協調路線に立ち自由主義左派的なヒルシュ＝ドゥンカー鉱夫組合から一名の計七名から成る七人委員会が結成された。この委員会でポーランド人職業組合を代表したのが、ヤン・ブジェスコトとユーゼフ・レグルスキである（Kleßmann, 1978 : 121）。七人委員会の議長はキリスト教鉱夫組合の代表ヨハン・エッフェルトがつとめ、彼はストライキには敵対的だった。彼には警察のスパイの疑いすらあった。オーバーハウゼン炭鉱でのストライキのさい、ミュンスター県知事は、その資料をエッフェルトに負っているとの報告をしている（Fricke, 1955 : 68）。このような人物を議長に据えたという点で、七人委員会のめざす方向は、あきらかに、一般鉱夫の運動とまったく対立していた。

しかし、事態はゼネストの方向に進んだ。ルール重工業資本家は七人委員会との交渉を拒否し、鉱夫側の要求に敵対した。他方で、山猫ストライキは拡大していた。一月一六日、七人委員会はついにゼネストを宣言した。組合幹部は、資本家を妥協路線に引きずり込むことができず、結局、先行するストライキの運動に何とか追いつこうとしたのである。組合幹部のこの方針転換は、まちがいなく、ストライキの拡大に作用した。ゼネストが宣言された日、すでに一〇万七九三一人の労働者がストライキに入っていたが、その三日後ストライキが頂点に達した一九日には、ストライキ労働者は二一万七五三九人にまで一挙に膨れ上がった。これは、全鉱夫数のじつに七八％、坑内労働者の八七・四％をも占めている（Kleßmann, 1978 : 121）。

ドイツ社会民主党左派の理論家ローザ・ルクセンブルクがつぎのように述べたのも、こうした局面に注目したからだった。「炭鉱労働者の賃金闘争は、ほとんど例外なく原初的な性格を帯びた典型的な大衆ストライキというかたちをとって、ときおり猛烈な勢いで爆発している。資本と労働の対立が、ここではあまりにも激しく尖鋭であるために、計画通りに部分的に行われる静かな労働組合闘争の形態では、この対立を破砕できないのである」（Luxemburg, 1972 : 137. 邦訳：225-226）。しかし、鉱業協会はあくまでも非妥協的態度を崩さず、他方、組合側のストライキ資金は枯渇していった。四鉱夫組合は、ストライキ資金を、組合員のみならずストライキに参加した非組合員にも支給していた。一月二七日のプロイセン政府の鉱業法改正声明が、ストライキ終結のきっかけとなった。二月九日、四鉱夫組合のルール地方会議はストライキ終結を決定した（野村　1980 : 89）。

ポーランド人未組織鉱夫と職業組合の共同行動

ところで、未組織鉱夫もが大勢参加したことが一九〇五年鉱夫ストライキの特徴であった。当時、ルール地方の鉱夫約二七万人のうち、組織されていた鉱夫はおよそ一一万人にすぎなかったのに対し（Koch, 1954 : 96）、前述したように、ストライキ参加鉱夫は二一万人をはるかに超えている。未組織労働者の参加について言えば、ポーランド人鉱夫の場合がもっとも顕著である。ポーランドの歴史家ムジィノフスカによると、四万人以上にも上るポーランド人鉱夫のほとんどすべてはストライキに参加したという（Murzynowska, 1979 : 186）。一九〇四年でポーランド人職業組合に組織されていた労働者（鉱夫以外の労働者も含んでいた）は一万一五〇〇人にすぎなかったので、旧組合に入っているポーランド人を考慮しても、ストライキ参加ポーランド人鉱夫の非常に多くの部分は未組織であったと考えられる。そしておそらくは、ストライキ糾弾派あるいは擁護派から、期せずして、ポーランド人批判の声が上がったのも、未組織ポーランド人の積極的なストライキ参加という点に関係していた。たとえば、国民自由党の帝国議会議員シュミーディングがストライキの勃発と急進化の責任をとくにポーランド人に帰し、ポーランド人は社会民主党のデマゴギーの道具になっているのだと論難したのに対し、社会民主党の側からは、旧組合の指導者オットー・フエが、穏健で日常的な闘争を重視する改良派にふさわしく、「ポーランド人のあまりにも激しい気性」（Murzynowska, 1979 : 184）に非難を浴びせていた。

しかし、ポーランド人未組織労働者のストライキへの積極的参加は、彼らの意識を大きく変えた。彼らは労働組合の意義を肌で感じ取り、ポーランド人職業組合を支える存在になった。組合は、一九〇五年には、二万五〇〇〇名の組合員を数えるほどに急成長した。ストライキ終結後、ポーランド人職業組合は、自分たちの意志に反し、ドイツの労働組合の反対で労働争議が継続できなくなったと弁明したが、こうした態度もポーランド人鉱夫の職業組合加入を後押ししたのである(Murzynowska, 1979 : 194)。

ルール一月闘争はポーランド人職業組合を強化したが、その闘い方や志向性においても、注目すべき点があった。職業組合指導部が、ほかのドイツ労働組合とともに、一月ストライキに乗り出したとき、彼らにとって、「故郷」からの精神的支援のみならず、物質的支援は欠かせなかった。一月一九日の職業組合の声明は、「故郷」の同胞に対して財政的支援を訴えている。「故郷」から送られてきたカンパは、『ヴィアルス・ポルスキ』紙によってルール・ポーランド人に知らされ、彼らを励ました。しかし、それは象徴的価値にすぎず、実質的意味は小さかった。むしろ、アピールはルール地方のポーランド人に大きな反響を呼び起こした。「異郷」のポーランド人小商人・手工業者は職業組合にカンパを送り、成立間もない弱体な組合を支援した（Murzynowska, 1979 : 185)。一月ストライキは、ポーランド人にとっては、さながら民族闘争の様相を呈したのである。

同時に、ポーランド人職業組合が、労働者の権利と自由の獲得をめざす闘争において、ドイツの諸労働組合と連帯して闘ったことの意義は大きい。職業組合は、一月ストライキの二年二か月ほど前に、旧組合やキリスト教鉱夫組合に対抗して、民族的組合として結成されたばかりだった。しかし、職業組合は、このストライキにおいては、七人委員会の構成メンバーとなり、共同のストライキビューロー、共同のストライキ集会、共同のストライキ資金というかたちで、連帯行動を追求した。組合間の軋轢、あるいは民族的偏見にもかかわらず、そうした人為的障害を克服しようとする意識は、ポーランド民族運動の指導者のあいだでも強かった。帝国議会議員ヤン・ブレイスキは、その点をこのように表現している。「労働者の権利と自由を擁護することが大切であるならば、ポーランド人労働者はつねにドイツの仲間たちの味方であるだろう。このことは、諸国民の春の時代（一八四八年三月革命を指している――伊藤）に、ポーランド人の若者が憲法を獲得しようとするベルリンの市民たちを支援したのと同じことなのだ」（Murzynowska, 1979 : 185）。ポーランド人労働者のこうした連帯意識は、たしかに、職業組合に対して、ルール労働運動におけるドイツ諸労組のパートナーとしての地位を保障した。この点は、一九一二年ストライキにも引き継がれていくことになる。

一月ストライキの結果、七月一四日に一九〇五年改正プロイセン鉱業法が公布された。これは、労働時間の法的規制、つまり入出坑を含む最高労働時間を八時間半に規制するという多少の前進面を持っていたが、とりわけポーランド人鉱夫には新しい排除とも言えるものだった。それは、一〇〇人以上の鉱夫を雇用する炭鉱に対し、労働者委員会の強制的設置が義務づけられたことに関わっていた。労働者委員会は、労働者と使用者とのあいだの調停・協議機関の性格を有していたが、委員会の選挙については、つぎのように規定されていた（野村　1980 : 92）。

選挙権を有する者は、勤続年数一年以上、公民権を持つドイツ国籍の成人鉱夫。被選挙権を有する者は、勤続年数三年以上、ドイツ語に堪能な三〇歳以上の鉱夫。

見られるように、ここでは、外国人労働者、また、定住しつつあるとはいえ、なお出稼ぎ的性格の強い東エルベ出身のポーランド人移住労働者は、労働者委員会からは排除されたのである。

一九一二年鉱夫ストライキ

一九一二年鉱夫ストライキは、すぐれて労働組合の指導の下で行われたという点で、一九〇五年ストライキとは様相を異にしていた。

一九一〇年から一二年までは、ストライキの準備期間にあたる。運動の発端は賃上げ要求だった。一九〇八年以来の実質賃金のみならず名目賃金の低下を背景に、一九一〇年秋、「三角同盟」を結成した旧組合・ポーランド人職業組合・ヒルシュ＝ドゥンカー鉱夫組合は、共同して賃上げ運動を起こした。キリスト教鉱夫組合は、旧組合との確執から単独行動をとった。

この時期、ポーランド人職業組合に組織されていたポーランド人は、「三角同盟」に参加していた鉱夫の二八％を占めており（Murzynowska, 1979 : 283）、職業組合それ自体は無視できない力を持っていた。とはいえ、組合闘争でイニシアティヴを握ることなどはとうてい不可能だった。また、職業組合内部においては、鉱夫部門委員長マンコフスキと中央幹部会委員長ソシンスキに代表される対立が目立っており、オーバーシュレージエンの動向をバックにした後者の動きは、鉱夫部門の行動を制約していた。したがって、こうした要因は、ストライキ準備過程で、職業組合の動きを鈍くし、職業組合に自制的であることを求めた。くわえて、『ヴィアルス・ポルスキ』紙も、傍観者的態度で事態の推移を見守っていた。その一方で、鉱夫部門の代表を始めとして、地区の指導部クラスのあいだでは、ストライキへの動きが高まっていった。

一九一二年二月に新しい動きが始まった。キリスト教鉱夫組合が相変わらず共同行動を拒否するなかで、「三角同盟」は賃上げ運動をふたたび盛り上げた。ルール炭鉱連盟の拒否的態度にあって、ストライキは不可避の情勢になった。「三角同盟」は、三月一〇日、代表者会議において、翌日からのストライキ突入を決定した（野村　1980：133-136）。ここで、ポーランド人職業組合はこの決定にどのように関わったのか。前述した内部対立が職業組合を揺さぶった。代表者会議前日の三月九日ソシンスキはルール地方に乗り込み、ただちに幹部会会議を招集し、翌朝地区代表と協議した。彼は、そこで影響力を行使して、ストライキの動きにブレーキをかけ、鉱夫部門の一部幹部を動揺させた。職業組合のこうした動きは、マンコフスキを制約した。彼は、たしかにストライキから手を引こうとは思わなかったものの、三月一〇日の代表者会議では、ストライキ開始を四月一日まで延期することを主張した。しかし、彼は、全般的な闘争気分を直接感じ取ることになり、そこでやっと、ストライキをする用意があることを明言し、その責任を引き受けた（Murzynowska, 1979：287）。

ルール重工業資本家は、ストライキをもっぱら政治闘争と把握した。彼らは、一九〇五年ストライキ時におけるような国家の調停的介入を拒否し、不十分な警察力を補うために、いわゆる「信頼できる」炭鉱職員から成り、銃剣や拳銃で武装された炭鉱防衛隊を動員した。それは、一九〇五年ストライキをきっかけに本格的に結成され、警官と協力して労働希望者（スト破り）の保護にあたった。資

図 17　1912 年鉱夫ストライキ
集会が弾圧され、逃げ惑う労働者、女性、子ども。

本家は、資本家としての自助の精神を示したのである（野村　1980 : 137-138）。他地域から地方警官が応援に動員され、警察力も強化された。さらに、軍隊の投入がストライキ運動を圧迫した。国家は、一九〇五年ストライキとは違って、警察と軍隊を投入して、企業家を全面支援したのである（Kleßmann, 1978 : 123）。

このように、抑圧が増していくなかで、ストライキ突入以後のポーランド人鉱夫はとりわけアクティヴであったという。逮捕者のなかに数百人のポーランド人の名前が見られることは、その点をよく示すものだろう。鉱夫の女性や子どもも大衆デモンストレーションに加わった。一部のカトリック司祭は各戸をまわり、あるいは説教壇からストライキ者を説教しようとした。しかし、それは無駄に終わった。ある地区では、司祭は教会からのポーランド旗の撤去を命じて、職業組合に側面攻撃をかけたが、これは活性化するポーランド人鉱夫に対する危機感の表れだった（Murzynowska, 1979 : 287-288）。

ストライキ初日の三月一一日、一九万人以上の労働者がストライキに入った。これは、鉱夫総数の約半分にあたっていた。ストライキ者の数は増大した。キリスト教鉱夫組合の不参加により、運動は分裂し厳しい状況にあったにもかかわらず、三月一三日には、ストライキ労働者は、全鉱夫の六一・二%、坑内夫の六九・九%を占めるまでに至っている（Brüggemeier, 1983 : 230）。しかし、ルール炭鉱資本家の妥協を引き出すことができないままにストライキ資金が枯渇したとき、国家が調停を控えている以上、ストライキの惨敗は明らかだった。三月一九日、「三角同盟」ルール地方代表者会議は、ストライキ続行について多数派を獲得したものの、四分の三の賛成を得ることができず、ストライキ終了を宣言した（野村　1980 : 138）。

ストライキの敗北と職業組合への影響

労働組合の計画・指導によるストライキの崩壊は、職業組合を強く揺さぶった。オーバーシュレージエンのソシンスキは、旧組合を批判する激しいキャンペーンを張った。オーバーシュレージエンの職業組合も、ストライキの敗北を旧組合の裏切りに求めた。ここでは、ストライキに参加した職業組合の立場が正当化される一方で、旧組合との連帯行動が激しく非難された。一九一二年のストライキがはじめて、職業組合内の深刻な分裂を明らかにしたのである（Murzynowska, 1979：292-294）。こうしたオーバーシュレージエンの動きは、ポーゼンの諸階層の影響の下に、民族闘争で政治的要素が支配的意義を占め、ブルジョワジーが重要な役割を果たしていたオーバーシュレージエンの政治的闘争のあり方と無関係ではない。しかも、東部の民族運動においては、いまだカトリック教会の影響力は無視できなかったのである（Murzynowska, 1979：297）。

「故郷」のポーランド新聞、とりわけ『ジェンニク・ポズナンスキ』『ガゼータ・グルジオンスカ』の両紙は、旧組合のみならず、ボーフムの鉱夫部門および委員長マンコフスキを痛烈に攻撃した。最大の論点は、彼らが社会民主党の水路へと逸脱し、民族的利害を裏切ったということである。これらの新聞にとっては、職業組合の「三角同盟」への参加、とりわけ旧組合＝社会民主党との協調は許し難いことだった（Murzynowska, 1979：294-295）。ここで示されたのは、「故郷」と「異郷」における運動の方向性の相違＝対立である。

それはまた、ポーランド人職業組合のあり方を通じて、民族運動と労働運動との関係を問う問題でもある。「故郷」では、労働者階級の利害を民族的＝政治的闘争の要求に従属させようとする傾向が強かった。他方、鉱夫部門を中心に「三角同盟」路線を選んだ「異郷」の人びとにとって、最大の関心事は鉱夫の生活＝労働関係の改善を勝ち取る問題だった。この点では、民族の枠を超えた労働者の連帯も、視野に入らざるを得ないのである。同時に、「異郷」のポーランド人の多数が鉱夫であった事情からすれば、彼ら自身の利害は民族的利害にも関わっていた。鉱夫部門委員長マンコフスキは、以下のような認識を示している。すなわち、もしルールの職業組合がキリスト教労働組合の側に立ち、賃上げ闘争から降りてしまうことがあれば、職業組合は政治的にも労働組合的にも見捨てられてしまうだろう。というのは、そうした行動は中央党や国民自由党との協力と解釈されるからである。ところが、これら両党こそドイツ大工業の民族主義的な利害を持つシンパにほかならないのであり、彼らは、ポーランド民族運動をつぶすために全力を尽くしているのだ、と（Murzynowska, 1979 : 284-285）。

前述したように、一九一二年ストライキの敗北後、職業組合の内部からも、ストライキ戦術失敗の責任を旧組合＝社会民主党の上に転嫁し、その指導者を厳しく非難する声が高まった。しかし、職業組合が「三角同盟」の一員として、ストライキにおいて旧組合と共同歩調を取ったという事実に変わりはなかった。警察と軍隊の投入によって国家が炭鉱資本家を全面的に支援するなかで、職業組合は、中央党系のキリスト教鉱夫組合とは明確に一線を画したのである。この点を捉えて、鉱夫組合のハインリヒ・インブシュはつぎのように述べていた。「（職業組合の）多くの者はいまだにキリスト教的と見なされているけれども、内心では、彼らはずっと以前から社会民主党に近い立場にある。彼らは民族感情に突き動かされており、それゆえに社会民主党から遠ざかっているにすぎない。……ポーランド人の組合や政党も、転換点に立っている。そのことは、ストライキがあらためて示したことである。彼らは引き返してくるか、あるいは、ルール地方では、赤い旗の下に入るかのどちらかだ」（傍点は、原文イタリック。Kleßmann, 1978 : 123）。

ともあれ、職業組合のストライキ行動は、ポーランド人の運動に監視の目を光らせていた警察にとっても、予測済みのことだった。すでに二年前には、こう述べていた。「労働組合の分野では、職業組合は完全に社会民主主義的路線に従っている」と（一九一〇年五月六日付ボーフム警察本部長のアルンスベルク県知事宛て報告。OP, Nr. 6396）。このような警察当局の認識は、ポーランド人ストライキ参加者に対する弾圧となって現れた。職業組合鉱夫部門の機関紙『グウォス・グルニカ』紙は、一九一二年四月五日、そうした状況をつぎのように描写していた（Murzynowska, 1979 : 289）。

ストライキのために集まった者たちは殴りつけられた。彼らは監獄に引っ張ってゆかれ、最高刑を宣告された。レックリングハウゼン郡ではおしなべてあらゆる集会が禁止され、（職業組合の）非公開の組合員集会ですらそうであった。……「チェッ」という言葉を吐いただけで一週間の禁錮を受け、「スト破りめ」という言葉でも同様だった。逮捕者は、何の証人もなく判決を下された。

苛酷としか言いようのない弾圧は、ポーランド人職業組合に打撃を与えた。組合結成以来はじめて組合員は減少し、中央幹部会委員長ソシンスキと鉱夫部門との対立によって、翌年ソシンスキは退陣し、ユーゼフ・ルィメルと交代した。ここで、一九一三年一一月のポーランド人会議は、職業組合に対して新たなテコ入れを図ることになる。

2 帝国結社法とルール・ポーランド人

帝国結社法への道

一九〇八年四月一九日の帝国結社法は、『ドイツ憲法史』の大著を著したエルンスト・ルドルフ・フーバーからは、「全体としてみれば、……自由な結社および集会制度に向かううえで、相当な前進だった」と評価されている（Huber（Hg.）, 1990：17）。ここで、フーバーは、一九〇八年以前には、公開集会でポーランド語を使用した場合の警察による解散などがしばしば見られていたことを指摘する一方で、帝国結社法の言語条項（「公開集会はドイツ語で討議されなければならない」ことを定めた第一二条）の適用例外規定を取り上げている（Huber, 1982：507）。それでは、帝国結社法第一二条の適用例外規定は、ルール・ポーランド人にとってどのような意味を持ったのだろうか。

プロイセン＝ドイツの民族政策にとって、一九〇八年は記憶されるべき年である。この年、民族政策を法律で固める仕事は、「西プロイセン州およびポーゼン州におけるドイツ的民族性強化措置法」、つまりいわゆるプロイセン土地収用法（三月二〇日）と公開集会におけるドイツ語の使用を規定した帝国結社法（四月一九日）によって、「終着駅」を迎えた（Wehler, 1971：181）。それらは、民族的マイノリティに対するもっとも抑圧的な例外法を意味した。あとは暴力的な抑圧しか残されていないという段階まで進んだのである。ときの帝国宰相＝プロイセン首相ベルンハルト・フォン・ビューロー

図 18　帝国宰相ビューロー（1849－1929 年）
背景は宰相官邸（絵葉書）。

は、その抑圧的な民族政策によって、ポーランド紙から「小ビルマルク」と呼ばれている（『ジェンニク・ベルリンスキ』一九〇五年一月一七日。*Polenspiegel*, 1908 : 22）。

一八九〇年代に人口の東西移動が本格化するなかで、ドイツ最大の工業地域であるルール地方にはポーランド人移住者が激増した。繰り返し述べてきたように、彼らは、みずからの新聞・組織・集会をとおして民族運動を発展させた。この場合、運動の監視にあたる警察当局にとって最大の問題だったのは、ポーランド人の動向を十分に把握できないことだった。ポーランド語を使いこなせる官吏が不足していたためである。警察当局は、許可制の集会においては、ポーランド語の使用を禁止することによって、運動を規制しようとした。しかし、警察のこの措置は、一八五〇年三月一一日のプロイセン結社法からしても、あきらかに不当だった。プロイセン結社法は、公開集会の届け出義務や警察の監視権などについて規定していたとはいえ、何らの言語条項も含んでいなかったのである（Huber（Hg.）, 1978 : 519-521）。

ポーランド人側は、法廷闘争に持ち込んでこの問題の決着を図った。とくに、プロイセン上級行政裁判所の一八九七年一〇月五日の判決は、プロイセンの行政・警察当局に打撃を与えた。なぜなら、それは、憲法で保障された集会の自由を確認して、警察のポーランド語使用禁止措置に反対したからである。つまり、この司法判決は、公開集会においては言語の自由が一般的であり、ポーランド語を使ったときに出される警察の解散命令にはいかなる法的根拠も存在しないことを明確にうたったのである（Wichardt, 1978 : 70）。

プロイセン内務省の反撃がただちに開始された。内務省は、同年一一月にははやくも、すべての許可制集会においてはポーランド語の使用を法律的に禁止する草案を作成した。ここでは、「集会に対する国家の監督権」が強調されていた。法律草案はさっそく東部の諸知事すべてに送られ、行政当局者の意見調整が図られた。ポーランド人の運動に神経を尖らせていた彼らは、もとより異議を唱えるはずもなかった。西プロイセン州知事グスタフ・フォン・ゴスラーは、つぎのように述べて、全面的に賛成した（Broszat, 1972 : 163）。

今日すでに「国家の安寧・保全にとってきわめて重大な脅威」となっているポーランド人諸協会は、「上級行政裁判所の原則が支配している下では」、「陰謀行為を続け、いっそう大きな成果をもたらす」であろう。

公開集会において言語を規制する必要性は、プロイセンの著名な公法学者からも後押しされた。ボン大学教授フィーリップ・ツォルンの基本的観点は、「公共生活の分野、つまり国家と政治組織に及ぶいっさいのものは、ドイツ語の支配の下に置かれる」(Broszat, 1972 : 163-164) というものであり、彼に言わせれば、国家による監督のすべては、可能性のうえでは国家語としてのドイツ語の使用を法的に前提としており、たとえば公開集会の監視がそうであった。ツォルンはさらに、国家の統一性を強調して、プロイセン＝ドイツの言語政策の徹底化を迫った (Glück, 1979 : 345)。

> 大国というものは……もしみずからが、多くの言語を国家活動と国家生活のうえで同権であると認めようとするならば、必ずやその統一と力をこの上ないほど損なうことになろう。まさにこうした要求は、統一的な国家権力を望まず、あるいは強力な国家権力のもっとも本質的な前提を理解できなくなってしまった……そういう人びとによってのみ唱えられ得るにすぎない (傍点は、原文下線)。

国家の論理を前面に押し出し、マイノリティの言語上の要求を全面的に否定するツォルンは、ドイツ民族主義的なオストマルク協会の新聞によって熱狂的に歓迎された。

ツォルンの議論は、必ずしもすべての有力な公法学者たちの支持を受けたわけではない。のちにヴァイマル憲法の注釈で知られることになるゲーアハルト・アンシュッツなどは、彼に強い異議を唱えて、上級行政裁判所の判決を支持する立場に立った。しかし、このような公法学者たちの論争は、広く世間に知られることもなく、もっぱら専門雑誌を飾ったにすぎなかった（Wehler, 1971：194）。とはいえ、それは、結社法の成立に先行して、プロイセン行政当局を刺激したのである。その場合、彼らがツォルンに強く影響されたことは明らかだった。こうして、「ポーランド人の結社および集会の権利に対する暗殺」（Marchlewski, 1957：60）のお膳立ては整えられた。

ドイツ政府とポーランド議員団

帝国結社法は、帝国議会で激しい論議の対象になった。最大の論争点は、言語条項をめぐる問題だった。議会での審議のさいには、法案賛成・反対の両派から、「そのとおり」「ブラボー」「違うぞ」「謹聴、謹聴」の声が飛び交い、痛烈な野次や叫び、激しい拍手がひんぱんに繰り返された。それは、問題の重要性を示すとともに、法案審議の緊迫した様子をよく伝えている。もちろん、前年に成立していた「ビューロー・ブロック」（保守＝自由連合）が、法案推進派であった。自由思想連合などのリベラル左派は、法案不成立の場合には、プロイセン政府がポーランド語の禁止をプロイセン議会に表決させかねないということで、法案支持にまわっていた。

法案推進派を代表していたのは、ビューロー政府の内相兼副首相テーオバルト・フォン・ベートマン＝ホルヴェークである。彼の議論の出発点であり、帰結点は、「ドイツは国民国家であり、断じて多民族国家ではない」（一九〇七年一二月九日、帝国議会演説。*Reichstag*, Bd. 229：2094（D））という言葉のなかに端的に表現されている。これは、ビスマルクとビューローをつなぐ、プロイセン東部における民族政策の「赤い糸」であり、公的機関・公的生活からのポーランド語の排除、民衆学校におけるポーランド語の学習と使用の禁止を支えた論理にほかならない。ベートマン＝ホルヴェークによれば、国民国家としてのドイツの本質はドイツ語に求められるのであり、それが全生活の基盤でなければならないのだった。彼がドイツ国内の民族的マイノリティ、つまりポーランド人・デーン人・フランス人・ヴェンデ人（ソルブ人）・リトアニア人・マズール人の存在を指摘して、彼らがドイツ人とともに「ドイツ憲法の序文が示している『ドイツ国民の福祉のために』という目的のために活動するならば、われわれは彼らをドイツ人のなかに数え入れることができる」（同上）と述べるとき、そこでは何よりも、ドイツ語を基軸にした国民国家の一体性が想定されている。彼はポーランド人に対して挑戦的でさえあった。「ドイツの結社法がそのような規定（＝公開集会におけるドイツ語の使用）を思いとどまるならば、それは国民的怠慢ではないのか」。この規定が「激昂した大ポーランド人気質」によって攻撃されている以上、「それは二重の怠慢ではないのか」（同上。Reichstag, Bd. 229：2094（D）-2095（A））。

結社法に強く抵抗していたのは、言語規制の対象となるポーランド人などの民族的マイノリティの政党はもとより、社会民主党や中央党であった。ポーランド議員団は、当然のことながら、帝国結社法の言語条項が一般的な反民族政策ではなく、反ポーランド的民族政策であることを十分自覚していた。ルール・ポーランド人運動の指導者ヤン・ブレイスキは、「ポーランドの脅威《ポーレンゲファール》」論が法案の底流にあることを指摘したうえで、もっぱらポーランド人の現実的な社会生活の保障、法案推進派の論理矛盾の二点を取り上げて、法案を批判した。

　彼の挙げた例はまことに具体的である。「ポーゼン市で流行病が突発」したと想定した場合、「医者は流行病の予防について広範な民衆を教化する必要がある」（一九〇八年四月四日、帝国議会演説。*Reichstag*, Bd. 232 : 4675 (C)）。しかし、そのためのポーランド語による講演は、医者の有罪という結果を招かざるを得ないだろう。何と馬鹿な！という彼のつぶやきが聞こえてくるようだ。ブレイスキにしてみれば、結社法のもくろみは、ポーランド人の生活のすみずみにまでわたって考えられねばならなかったのである。

　つぎに、彼が反問した問題は、法案推進派から提出されたほかの民族的マイノリティを結社法の適用から外す例外規定動議に関わることである。「あなた方は、なぜ最初から、ロートリンゲン人の利害に沿う動議を提出するのか」。「もしあなた方が、ドイツ帝国においてはすべての者は公開集会ではドイツ語を話すべきだというのであれば」、なぜ保守＝自由ブロックの議員たちは、「ロートリンゲン人の例外規定を意図している動議」に署名したのか。保守党は、リトアニア人、マズール人、ヴェンデ人の利害において動議を提出したし、国民自由党もリトアニア人の請願を提出した。まさにこれらの動議によって、法案の原理もまた破砕したのだ、ブレイスキはこう断じた（同上。*Reichstag*, Bd. 232

: 4675 (D))。要するに、ドイツ語の知識の習得が言語規定の前提であると主張されているが、その前提そのものが間違っているし、例外規定を求める動議によって、前提自体すでに否定されているのである。ブレイスキ曰く、「もしあなた方が、六〇〇年来プロイセンの支配下にあり、六〇〇年来ドイツ文化を享受しているリトアニア人、またマズール人もまだドイツ語を習ったことがないというのであれば、どうしてあなた方は、やっと一〇〇年ほどしかプロイセンの支配を受けていないポーランド人が、ドイツ語を学んだはずだと主張できるのか」(同上。*Reichstag*, Bd. 232 : 4676 (B))。彼の反問は、推進派の痛いところを突いていた。

社会民主党の反対議論

社会民主党は、これまで、ポーランド人の民族的権利や要求を擁護するうえでは一貫していた。彼らは、ビスマルク以来の抑圧的な民族政策に対しては強く反対してきた。しかし、彼らのポーランド人問題の扱い方のなかに多くの問題点が存在していたことは、否定できない事実だった。これはまた、結社法問題にも引き継がれていた。

ここでは、その点を明らかにするために、労働組合指導者と修正派の代表的意見を取り上げてみよう。まず前者についてだが、彼らは、法案の言語条項が労働者の団結権・集会権に対する攻撃を意味するとして、反発した。たとえば、旧組合の指導者フエは、前述のブレイスキと同様に賛成派の矛盾を指摘し、言語条項が「ドイツ労働組合運動に対する例外法である」(一九〇八年四月四日、帝国議会演説。*Reichstag*, Bd. 232 : 4683（A））ことを強調した。つまり彼は、法案が例外条項によって民族闘争の主要な場である東部国境地方には当てはまらず、また、ポーランド民族運動を実質的に殲滅させることができない以上、それは西部ドイツの労働者階級に対する「新たな枷」以外の何ものでもないと断定した。しかも、彼によれば、言語条項の推進者は、ライン・ヴェストファーレン石炭＝鉄鋼資本家の代弁者であるドイツ工業家中央連盟である。それならば、大工業家はどうして言語条項に固執しようとするのか。フエの述べるところをまとめると、以下のようになる。資本家は、労働者階級全体の経済的水準を押し下げるために、外国語使用労働者を利用しようとする。つまり、彼らは「賃金を押し下げる者」としての機能を強制されるのだ。しかし、まさにそうしたことを阻止するために労働組合は作られたのであり、労働組合は移住外国人労働者の啓蒙と組織化に最大の関心を払っている。そこで、それが効果を上げるには、彼らが理解できる言語で労働組合組織の意味を説明できる自由が与えられていなければならない。ところが、言語条項は、われわれから文字通りその自由を奪うことになるだろう、と（同上。*Reichstag*, Bd. 232 : 4684（C）-4685（B））。こうして、労働者の団結権・集会権への攻撃をねらった言語条項は、資本家の新たな武器として、ドイツ労働者階級の賃金＝労働条件の改善を妨げるものと把握されたのである。

ここで注目すべきは、旧組合のフエが反対の論陣を張るにあたって、帝国結社法言語条項をもっぱらドイツ労働組合運動に引き付けて捉え、民族問題の側面には関心を寄せなかったことである。彼によれば、結社法は例外条項の存在によってプロイセン東部の民族的事態には適用できないのだった。

たしかに、フエの帝国議会演説のなかでは、結社法言語条項は「プロイセンのポーランド政策の継続以外の何ものでもない」（同上。*Reichstag*, Bd. 232 : 4684（D））と指摘されているけれども、労働組合指導者の立場から、問題を労働組合の組織活動に関わる局面に絞り込むところに、彼の議論の特徴があった。

そして、ここで取り上げられた「賃金を押し下げる者」という論点からは、もっとストレートなかたちで、ドイツ民族主義的なニュアンスをうかがわせるような発言も出てくる。党内右派を代表するヴォルフガング・ハイネのつぎのような言葉を、ポーランド人はどのような気持ちで聞いたであろうか。

ドイツ民族の古来の地（西部）が半ばポーランド人の地になってしまったのはなぜなのか。大工業がポーランド人労働者を連れてきて、ドイツ人労働者を迫害しているからである。ポーランド人労働者は、彼らが労働組合的団結から遠ざかっているあいだは引き寄せられたし、その限りでは非常に好意的に見られていた。ところが、彼らは自分たち自身の組織を作り、賃金闘争にも参加し、唯々諾々と賃金押し下げに手を貸してはいない。いまや彼らは、自分たちの結社・集会・団結の権利を奪われようとしている。その結果はどのようなものであるのか。ポーランド人をドイツ人地域に引き寄せ、ドイツ人をそこから追放しようとする要因は、それだけますます大きくなるだろうし、ドイツの国土はいっそうポーランド化されるだろう（一九〇七年一二月九日、

帝国議会演説。*Reichstag*, Bd. 229 : 2119 (D)-2120 (A))。

ハイネは、ここでは、言語条項のなかに「民族的モメント」を認めず、問題をもっぱら「警察の敵意」「政治的不寛容の精神」の文脈に位置づけて、ルール地方の労働組合的組織に対する抑圧を論じている（同上。*Reichstag*, Bd. 229 : 2120 (B))。同時に、強調されたのが、右に引用した論理である。この言い回しは、マックス・ヴェーバーなどに見られた「外国ポーランド人労働者の流入がプロイセン東部地域からドイツ人を駆逐する」という例の「駆逐論」を思い起こさせないだろうか。ハイネに示された「低賃金のポーランド人労働者の西部移住＝ドイツ人の追放＝西部のポーランド化」という三段論法は、「駆逐論」の西部への適用にほかならない。しかも、この「駆逐論」は、当時東部の国内労働者について喧伝された「賃金圧迫論」ともつながっている。つまり、外国人労働者がドイツの賃金構造を圧迫し、ドイツ人労働者の賃金を押し下げる役割を果たしているという排外主義的議論である。だとすれば、ハイネの議論は、「賃金押し下げ」に抵抗しているポーランド人労働者の姿勢を指摘しているとはいえ、民族差別と賃金格差の構造との関連を視野に収めていないだけに、容易に排外主義を強めかねないのである（伊藤　1998 : 32-33)。。

ハイネは、その後の結社法論議の場で、みずからの心情をさらにはっきりと吐露することになる。彼は、「一つには民主主義者として、二つには民族的感情を持っているドイツ人として」「民族的な抑圧処置」に反対した（一九〇八年四月八日、帝国議会演説。*Reichstag*, Bd. 232 : 4809 (D))。なぜならば、それは「真の文化、とりわけドイツの文化に値しない」からである。ここで必要なのは、「われわれの民族的名誉」であり、「外国諸民族の民族性を尊重すること」であり、そうであれば、「マイノリティの言語も認めてやらねばならない」のだ。しかし、オストマルク地方での民族紛争に触れて、ハイネが最後に示したのは、ポーランド人の「民族的狂信主義」に対する彼のあからさまな反感だった。

ハイネの論調は、ドイツ文化の高みを誇示しているかのようだ。これは、ポーランド人に対する反感を隠そうともしなかっただけに、ドイツ・ナショナリズムと十分共鳴する恐れがあった。こうした点が、ポーランド民族運動の側において社会民主党への不信を高めたとしても、何の不思議もないだろう。

「口輪法」の成立

帝国結社法第一二条は、小差で帝国議会を通過した（二〇〇票対一七九票、保留三票）。すでに述べたように、第一二条は「公開集会はドイツ語で討議されなければならない」と規定していた。一見すると、これは、ドイツ帝国内のすべての民族的マイノリティに関わっているかのように見える。しかし、帝国議会での議論がはっきりと示していたように、この言語条項はもっぱらポーランド人を対象にしていた。それは、言語条項がつぎのような留保条項（例外規定）を持っていたことからも明らかである。つまり、第一二条の言語条項は、国際会議、帝国《ライヒ》および邦《ラント》の選挙期間中の有権者の選挙集会、また、郡《クライス》の六〇％以上の住民が非ドイツ語を母語としている場合には二〇年間の期限つきで適用されず、さらに、そのほかの例外許可は邦《ラント》の立法が規定するという留保条項を含んでいた。六〇％条項適用地域はプロイセンで五〇郡（東プロイセン―三、西プロイセン―六、ポーゼン―二六、シュレージエン―一二、シュレスヴィヒ―三）存在したとはいえ（Goehrke：115-116）、もちろんルール地方のポーランド人がそれから除外されたのに加え、問題は最後の点にあった。例外措置によって、批判の多い第一二条規定を軽減する道がそれぞれの邦《ラント》に任されたことである。プロイセンでは、ここにおいて、言語条項推進派の圧力を受けて、反ポーランド的民族分断政策が露骨に示された。プロイセン内相フリードリヒ・フォン・モルトケは、一九〇八年五月八日の通達で、とくに指定された地域において、公開集会での討論言語として以下の言語を許可した―リトアニア語、マズール語、ヴェンデ語（ソルブ語）、ワロン語、フランス語、デンマーク語（Goehrke：107）。結局のところ、「西部ドイツだろうと東部ドイツだろうと、プロイセン・ポーランド人に対しては、そのような軽減処置は拒否され続けたのである」（Wehler, 1971：198）。ポーランド紙は、結社法を「口輪法《くちわ》」（Maulkorbgesetz）と表現して、反対キャンペーンを張った。このように、ベートマン＝ホルヴェークのドイツ国民国家論は、国民国家の一体性を強調する一方で、国民のあいだの差別と分断をはっきりと見せつけたのである。

ポーランド人にとって、抑圧的な言語条項が廃止されたのは、第一次大戦も半ばを過ぎた一九一七年四月一九日のことである。すでに一九一五年には、言語条項に対するポーランド人住民の不満はかつてなく高まっており、ボーフム警察本部長は、ポーランド人の相次ぐ苦情が「城内平和」をかく乱するおそれがあるとの懸念を述べざるを得ないほどだった（一九一五年六月二三日付アルンスベルク県知事宛て報告。RM, Abt. VII, Nr. 35 a, Bd.1)。大戦の戦局はドイツに厳しく、ドイツ支配者は、体制の動揺を防ぎ、ポーランド人を体制の側に引きつけておくためにも、悪名高い言語条項をどうしても撤廃しなければならなかったのである。

3 帝国結社法の影響

「沈黙の集会」による抵抗

ルール・ポーランド人は、結社法の影響をもっとも強く受けた。彼らは、従来以上に啓蒙と組織の道を突き進むべきことを説き、社会主義者鎮圧法がかえって社会民主党を強化したことを指摘して、ポーランド人全体の団結を訴えた。しかし、彼らがここで、民族組織の強化を主張し、会員の非公開集会に活動の重点を移したからといって、結社法に屈服したわけではない。彼らは、創意ある運動形態を作り出し、ドイツ世論をも喚起する努力を重ねていくのである。

帝国結社法が成立したほぼ六か月後の一九〇八年一〇月一一日、エッセンとブルックハウゼンで、それぞれおよそ一五〇〇人、一〇〇〇人のポーランド人を集めて、いわゆる「沈黙の集会」が開かれた。これは、文字通り、何らの言葉を発することもなく、印刷文書や黒板に書かれた文字、あるいは身振りだけで出席者の意思疎通を図る集会のことである。イニシアティヴは、ポーランド人職業組合が取った。

『ヴィアルス・ポルスキ』紙（一九〇八年一〇月一四日。OD, Nr. 885）による集会の模様は、このようなものだった。まず、一字一句よく練り上げられた報告文書が集会参加者に配布され、彼らはそれに目を通した。ついで、演壇の上に大きな黒板が置かれ、それに決議が順番に書きつけられた。決議は熱狂的な拍手で採択された。最後に、ブルックハウゼンの集会では、全員が、ポーランド人の心を込めて、「情愛深き母」という歌をホールに鳴り響かせた（エッセンでは歌も禁止された）。

集会決議は、ポーランド人の悲痛な叫びをよく示していた（一部省略）。

一〇月一一日ブルックハウゼンとエッセンに集まったポーランド人男女は、ともに、公開集会においてわれわれの口に猿ぐつわをかませることにより、われわれの権利を暴力で押さえつけることに抗議する。われわれは、ドイツの世論が帝国議会による憲法違反に抗議するよう訴える。

沈黙の集会に集まったポーランド人男女は、われわれの権利および公開集会におけるポーランド語の回復を求める請願をプロイセン邦議会に送る全権を、われわれの異郷の指導者に与える。

われわれは、同胞男女に、ポーランド人の協会および組織を支持し、それらに加入すること、なかんずく、われわれの物質的改善に努力しているポーランド人職業組合に加入することを要請する。われわれは、すべての兄弟に、即座にポーランド人職業組合の旗の下に集まることを要請する。

彼らは、さらに、決議のなかで、「口輪法」の成立に手を貸したドイツの「連盟」や「労働組合」にも強い抗議の意思を表明している。ここでは、社会民主党の『ベルクアルバイター・ツァイトゥング』(鉱夫新聞)も名指しで批判されている。同紙は、ポーランド人に対する「新例外法」を要求し、ポーランド人を「より良い仕事とパン」から排除しようとしているではないか、と。社会民主党が結社法に反対したにもかかわらず、なぜ、ポーランド人職業組合は社会民主党を攻撃したのか。これは、第一に、一九〇五年一月ストライキを経験してもなお、職業組合がポーランド・ナショナリズムの立場から社会主義とは明確な一線を画していたことによっている。と同時に、ここには、ポーランド人移住労働者に対する嫌悪を隠そうともしない労働組合指導者への強い反発があった。彼らは、往々にして、ポーランド人労働者をドイツ人労働者の賃金や労働条件の悪化をもたらす存在として捉えていた。

「沈黙の集会」前史

ところで、このような「沈黙の集会」という運動形態は、プロイセンの東西で、ポーランド人編集者同士では、すでに結社法発布以前に話し合われていたという。しかし、じつは、ルール工業地域においては、五~六年前に類似の集会が開かれていた。

一九〇一年のヴレッシェン事件およびその後のヴレッシェン裁判は、西部工業地域にも深い影響を与えた。ヴレッシェン事件とは、ポーゼン州政府がポーゼン州の民衆学校高学年の宗教授業にドイツ語を導入し、ポーランド語を強制的に排除しようとしたことに対して、ヴレッシェン（ポーゼン州東部の人口五〇〇〇人ほどの小都市で、七割はポーランド人）のポーランド人児童・民衆が起こした学校ストライキのことである。これ以降、ルール地方でも、ポーランド人の集会では従来以上に厳しくドイツ語の使用が要求され、警察による集会への干渉が強まった（『ゲルマニア』一九〇一年一二月二〇日。OP, Nr. 2748, Bd. 4）。ヘルネでは、警察のポーランド語禁止命令に対し、ポーランド人は訴訟を起こした。同時に、彼らは警察の命令に対して、独特の集会で対抗した。一九〇二年、ヘルネで開かれたある集会では、文書による議事次第は、集会参加者のうなずきによって承認された。さらに、ホーフシュテーデの集会では、議事次第が会話風に処理されたという。つまり、向き合って座っているポーランド人が順番に集まって、討議ではなく、議題について「歓談した」。決議の承認は、これもうなずきによってだった（『ライニシュ＝ヴェストフェーリシェ・ツァイトゥング』一九〇二年二月二一日。OP, Nr. 2748, Bd. 4）。

また、一九〇三年のヘルネの体操協会の集会は、パントマイムによって警察をいたく刺激した。参加者は身振りによってお互いの意思を了解し合い、文字の書かれたカードを示し合って意見を交換した。こうして、会費の支払い、新メンバーの入会も受けつけた。集会を監視していた二人の警官は、イライラして自分の口髭をかんでいたが、ついにたまりかねて口を開いた。「いったい、パントマイムはまだ終わらんのか」と。議長は、その後立ち上がって、ポーランド語で閉会を宣言した。議長が数語話すか話さないうちに、警官は集会の解散を命令した。ポーランド人の哄笑が会場を包んだ。というのも、集会はとにかく終わっていたからである（『ヴィアルス・ポルスキ』一九〇八年一〇月一七日。OD, Nr. 885）。

このヘルネのたたかい方は、ほかに拡大することなく、エピソードに終わったようである。ボーフム郡などでは、ポーランド語の使用による集会の解散が既成事実化していたとはいえ、プロイセン上級行政裁判所の判決がある以上、ポーランド人は、みずから自分たちの言語を放棄する必要はないのだった。この点では、プロイセンの行政当局も、強権を発動できないことに苛立ちを覚えていた。プロイセン内相ハンス・クリスティアン・フォン・ハマーシュタインは、一九〇二年一月二日、ヴェストファーレン州知事に対し、ヘルネの警察の処置について「上級行政裁判所が判決を下す前に、集会におけるポーランド語の使用の一般的禁止を通達することは適切でない」と述べざるを得なかった（OP, Nr. 2748, Bd.4）。事実、プロイセン上級行政裁判所は、一九〇三年に重ねて、「警察はポーランド語の使用を理由として政治的集会を解散する権限を持っていない」という判決を下したのである（『ライニシュ＝ヴェストフェーリシェ・ツァイトゥング』一九〇三年六月三日。OP, Nr. 2748, Bd. 5）。

「沈黙の集会」の反響

しかし、一九〇八年の事態は、決定的に異なっていた。帝国結社法が制定され、公開集会でポーランド語を使うことは許されなくなった。ルール・ポーランド人は、「沈黙の集会」というかたちで抗議の意思を表明せざるを得ない状況に追い込まれたのである。当然のことながら、この集会形態はポーランド人のなかに反響を呼び起こした。先に述べたエッセンとブルックハウゼンの集会は、すべてのポーランド紙によって取り上げられ、その内容が紹介された。ルール・ポーランド人の「故郷」であるポーゼンの一新聞は、「沈黙の集会」が通常の集会より大きな成果を獲得できることを述べていた。というのは、「沈黙の集会」は、「ポーランド民族の広範な大衆に、火のような激しい言葉よりもいっそう、プロイセン文化なるものを見せつけることになる」からだった（『ヴィアルス・ポルスキ』一九〇八年一〇月一八日。OD, Nr. 885）。

二か月後の一二月、ヴィッテンでも「沈黙の集会」が開かれた。黒板に書かれた文字が開会を告げた──「尊敬すべき同胞よ！母語の禁止により沈黙の集会が行われる」（『ヴィアルス・ポルスキ』一九〇八年一二月一八日。OD, Nr. 886）。カードが言葉の代わりをつとめ、黒板がひんぱんに使われた。このような集会の雰囲気は、異様なものであったに違いない。ヴィッテンの集会には、多数のドイツ人も傍聴していたが、彼らは強烈な印象を持ったという。エッセンとブルックハウゼンの集会も同様であった。

しかし、こうした集会が、工業地域全体に広がった形跡はない。ヴィッテンの集会後、参加者の一部は首を振って集会の効果に疑問を表していたというが、たしかに、意見交換を通じて問題を煮詰め、最終的な意思確認と行動提起を行うのに必要な言葉を欠いていたのでは、単なる宣伝以上には出なかったのかもしれない。「沈黙の集会」の刺激が、長期的に続いたかどうかは疑わしかった（Bredt, 1909 : 70-71）。

最後に、「沈黙の集会」については、つぎのような動きも出てきた。それは、「沈黙の集会」が言葉を欠いていることによって生じるさまざまな欠陥を蓄音機で補おうとする提案である。エジソンの発明した蓄音機をポーランド人も使用すべきではないのか、と。人間が話すことができないならば、機械に喋らせておくがよい。言語条項は、特許を取った機械には適用されないだろう（『ズゴダ』［協調］一九〇八年一〇月二〇日。OD, Nr. 885）。これは、追い詰められたルール・ポーランド人の窮余の策と言うべきだろう。それは、「口輪法」に対抗する一つの試みとは評価されたが、実行に移された様子はない。

ルール・ポーランド人の反撃

帝国結社法の最大の焦点は第一二条の言語条項であったけれども、実際の運用にあたっては、そのほかの規定も重要だった。ポーランド紙の報道を見るかぎり、各地域の警察は、結社法の制定をきっかけに、ポーランド人の民族組織にかつてない攻撃を加え始めている。ヴァンネの商人・営業者協会は、一九〇八年八月四日、ヴァンネ警察から一通の書状を受け取った。そこにおいては、結社法第三、一七、一八条の諸規定に注意が喚起され、「ヴァンネの商人協会は、従来の協会活動によれば、政治的問題に影響を及ぼすことを目的としており、したがって、一九〇八年四月一九日の帝国結社法第三条に服するものである」旨がしたためられていた（『ズゴダ』一九〇八年八月六日。OD, Nr. 885）。これと同様の書状は、ボーフム、ヴィッテン、ヘルネそのほかの警察からも、ポーランド人職業組合やカトリック協会を含むすべてのポーランド人組織に発送された。

こうした各地警察の動きの背後に、ボーフム警察本部や州・県の行政府が控えていたことは当然である。それでは、彼らのねらいはどこにあったのか。警察によってとくに取り上げられたのは、規約ならびに幹部名簿の提出（第三条）、政治結社の会員の年齢資格（第一七条）、違反処罰規定（第一八条）に関わる諸条項だった。とりわけ、第三条にある「政治的問題に影響を及ぼすことを目的とする結社（政治的結社）は、すべて、幹部と規約を持たねばならない。幹部は、結社創設後二週間以内に、規約ならびに幹部メンバーの名簿を結社の本部のある所轄警察当局に提出する義務を有する」という規定である。これは、ポーランド人からは、一八五〇年三月一一日のプロイセン結社法と比較して「利点」を意味すると解釈されていた（同上）。なぜなら、プロイセン結社法第二条は、「公共的問題に影響を及ぼすことを目的とする結社の会長は、結社の規約および会員名簿を提出する義務を負う」と規定しており、ポーランド人側は、それと帝国結社法との微妙なニュアンスの差をかぎ取ったからである。ということは、ポーランド人からするならば、非政治的結社は、新結社法によるかぎり、規約と会員名簿を提出する義務を負わなくてもよく、警察の監視を免れることにもなる。この点は、警察当局も十分に分かっていたはずである。そこで警察当局は、政治的結社の枠組みをすべてのポーランド協会にまで拡大し、みずからの監督権を主張する必要があった。

カトリック協会までも「政治的問題に影響を与えることを目的としている」と断定されることに対して、ポーランド人側がこの問題を裁判に持ち込んだのは当然だった。しかし、ここでは、問題の論点がずらされ、警察の書状はたんに意見表明にすぎず、規約等の提出の命令を含意しているものではないとして、訴えは却下されることが多かった（『フォルクスブラット』［民衆新聞］一九〇九年三月二三日。RM, Abt. VII, Nr. 36, Bd. 2）。警察にしてみれば、現行法の状態では、それで十分だったであろう。たとえ名簿提出の命令が認められなくても、書状そのものが否定されたわけではなく、ポーランド人団体が政治的領域に足を踏み入れた場合には、警察による監督権行使の意思を示すことで、ポーランド民族運動に縛りをかけることがさしあたり重要だったからである。

それにしても、新結社法は、プロイセン当局の思惑通りには必ずしも機能していない。警察当局が攻勢をかけたにもかかわらず、ボーフム警察本部長カール・ゲルシュタインは、一九一〇年五月、アルンスベルク県知事に宛てた報告のなかで、ポーランド人の活動は帝国結社法によっては損なわれていないと判断するほどだった。彼の報告書は、あらゆる形態のポーランド人団体がポーランド民族主義的宣伝の中心的担い手になっており、それが警察の監視を免れることにより、「帝国結社法第一二条の言語規定はほぼ完全にその価値を失っている」と述べていた（OP, Nr. 6396）。ライン・ヴェストファーレン工業地域では、最近ポーランド人の民族組織が網の目のように張りめぐらされており、その結果、ポーランド人を運動に引き入れる機会としての公開集会は必要ではなくなってきている。口頭による宣伝は民族組織内に移され、できるだけ多数のゲストを迎えることによって、会員の枠を超えた活動が模索され、ダンスパーティーなどの社交的催し物が民族的色彩を伴って拡大している。こうした活動は、政治的な講演などを通じて、政治的な公開集会の代わりの役割を果たしているが、警察はそれにうまく干渉できない。しかも、ポーランド協会の集会の数は、結社法発効後恒常的に急増している。ボーフム警察本部長の捉えたドイツ西部の民族的事態は、このように深刻であった。

一九一一年四月のボーフム警察本部長報告によると、ポーランド語で討論された集会の数は、一九一〇年において、ポーランド人職業組合の鉱夫部門だけで一八〇四回、ボーフム中央本部管轄下のポーランド協会（九六九団体）によるもので一万七〇〇〇回に上った。こうした事実から、報告では、帝国結社法第一二条は、ルール・ポーランド人の民族運動に対しては「なまくらな道具」であるとまで断言された。ボーフム警察本部長の見るところでは、言語条項によって「ポーランド人の民族的策謀」が監視されやすくなったわけでもなく、ほとんどすべてのポーランド人集会の警察監視を可能にした以前の法的状態の方が、現行法の状態よりはるかに警察の利害にかなっていた。というのも、現行では、治安当局の代理者は公開集会以外のすべての集会から排除されてしまうからである（OP, Nr. 6396）。ここには、ポーランド人の運動を直接掌握できず、それに有効に対処しえない警察当局の苛立ちすらうかがうことができる。

こうして、結社法発効後四年を経過した一九一二年四月のボーフム警察本部長報告では、ポーランド人の民族組織の急増とその活動への注目から、とくに彼らの「民族的分離」の志向が取り上げられることになった（RM, Abt. VII, Nr. 31）。ポーランド人組織は、政治・経済・社会・宗教の全分野に侵入し、そこでは意識的な民族的分離を追求し、これは急進的なポーランド新聞によっても支援されている。その端的な表れは、経済生活における民族的ボイコットである。報告は、このように述べていた。

ボーフム警察本部は、他方で、改姓等によるポーランド人のドイツ社会への同化、西部への定住化という事態の進行についても指摘している（一九一三年五月三日付ボーフム警察本部長の報告。RM, Abt. VII, Nr. 31）。この点からすれば、ポーランド・ナショナリズムの活発な運動も、そのような事態に対する反撃とも言えた。しかし、それにしても、ポーランド・ナショナリズムが規模と激しさを増している現実に、目をつぶっていてよいわけではない。当局にとって、気になる動きも出てきていた。在郷軍人会に加わっているポーランド人の数は、ポーランド民族運動の攻勢の結果、一九一二年の約三六〇〇人から一三年には三〇三七人に後退した。一九一二年に、バルカン同盟諸国（セルビア、モンテネグロ、ブルガリア、ギリシア）は、オスマン帝国に対して第一次バルカン戦争を起こした。この戦争以来、ポーランド民族運動においては、オスマン帝国からのスラヴの解放、バルカンにおける「わが兄弟の闘争」、ポーランドの「夜明け」に注目する議論が明確に表面化した。ここでは、ポーランド民族運動は、スラヴ諸民族の解放とプロイセン＝ドイツからのポーランド人の解放とを重ね合わせていた（同上）。当局からすれば、以前よりいっそう、「ポーランドの脅威」が増してきたのだった。しかも、彼らの民族運動を取り締まるべき帝国結社法は、依然として「なまくらな道具」である。ゲルシュタインの憂慮は深かった。

4　帝国結社法とポーランド協会

聖ヨハネス協会裁判

当局からは「ゲルシュタインの憂慮」と呼んでもいいような事態が問題にされる一方で、「沈黙の集会」が示したように、帝国結社法はルール・ポーランド人の運動に立ちはだかる大きな壁になっていた。帝国結社法は、紛れもなく、ポーランド協会の活動を制約し、そのメンバーに不当な圧力をかけるものだった。ここでは、その点について、一つの裁判事例をとおして見てみよう。

一九一一年五月二三日、ハム高等裁判所刑事部は、ゲルゼンキルヒェンの工場労働者バルトコフィャク、同じく鉱夫コラジンスキ、同じく工場労働者ハレンダの控訴を棄却した。三人の被告たちは、エッセン地方裁判所刑事三部により結社法違反の廉《かど》で有罪判決（一九一一年二月二三日）を受けており、それを不服として控訴していたのであった。ハム高等裁判所は、エッセン地方裁判所の事実認定をすべて受け入れ、その判決を支持したのである（OP, Nr. 2748, Bd. 11）。

判決理由によってこの裁判の争点を追ってみると、以下のようになる。三人の被告たちは、ゲルゼンキルヒェン－ヒュレンのカトリック労働者協会（いわゆる教会協会）、聖ヨハネス協会の幹部会メンバーである。一九一〇年一月一九日に協会幹部会に変更があり、彼らはそれを警察に届け出なかった。彼らからすれば、カトリック協会が政治的結社でないことは自明であり、一九〇八年の帝国結社法第三条は、政治的結社にのみ規約ならびに幹部名簿の提出を義務づけていたからである。しかし、エッセン地方裁判所の判断は、聖ヨハネス協会の活動が「政治的問題を排除する」との規約の趣旨から逸脱しているというものだった。

それでは、その根拠とは何か。ここでは、さまざまな具体例が挙げられている。聖ヨザファト協会への資金援助、ポーランド人商工業者との結託、協会給仕のポーランド人給仕への変更、ドイツ人名誉会員を創立記念祭に招待しないことの決定、集会における民族的な歌の合唱、協会事務所に「神よ、ポーランド人を守りたまえ」という銘のついた絵を飾っていること、ポーランド蜂起に関する書籍の所有、「ポーランド分割」のタイトルのある絵の競売等々、以上の事柄が、規約に定められた目的の枠を超えていると判断されたのである。

こうしたエッセン地方裁判所の判断を、ハム高等裁判所もそのまま踏襲した。問題は規約の規定ではなく、協会が現実に政治的活動をしたかどうかである。規約を「隠れ蓑」にして、「政治的問題に影響を及ぼす」活動を追求することは許されない。先の事例が意味していることは何か。それは、「ポーランド人とドイツ人との対立を助成・強化」し、「ポーランド王国の再建」、つまり「現在の政治的諸関係の改変」を目指していることにほかならない。とすれば、協会はいかなる意味でも政治活動にタッチしたことはないという被告側の主張は、拒否されねばならない。以上が、ハム高等裁判所の結論である。

この種の裁判例はこれに限らない。カトリック協会が明確に政治的結社と断定されないまでも、警察による名簿提出命令が不問に付されるケースは多かったのである。しかし、それにしても、従来の職員に代わって新たにポーランド人職員を雇用したり、協会文庫に民族蜂起関係の書籍を所蔵したりしているなどの理由だけで、宗教協会を「政治的結社」の枠組みで捉えられるのであろうか。それらが、「ポーランド再建の意図」という網で括られたら、ポーランド協会としてはなすすべもない。ルール地方で最大多数を占めていたカトリック協会は、ほかの協会と同様に、当然のことながら、規約に明記された目的を現実に合わせて具体化し、創意ある活動を展開した。しかし、それらカトリック協会も、帝国結社法の運用次第で警察の監視の対象となり、その活動を大幅に規制されたのである。

ポーランド人職業組合の請願行動

三組合の合同によって装いを新たに誕生した職業組合は、組合の活動を一回り大きくした。中央幹部会は、賃金＝労働条件、労働関係に関わる問題について、諸要求をいっそう具体化し、政治の場に持ち込んだ。一九〇九年一二月、ソシンスキ（ボーフム）、ユーゼフ・ルィメル（ボーフム）、ヴォイチェフ・ヴィェチョレク（シュレージエン）は連名でポーランド議員団に請願書を送り、労働者の「生命・健康・道義の十分な保護」を獲得するうえで、組合の諸提案を考慮し、その実現に力を尽くしてくれるよう要請した。請願書は、「すべての労働者および労働女性のために」（二四項目）、「炭鉱労働者のために」（一〇項目）、「家内工業のために」（五項目）の三部に分かれ、石炭＝鉄鋼のみならず、そのほかの工業にもわたって、当面の切実な要求を総括的に掲げていた（『シワ』［力］一九〇九年一二月二〇日。OD, Nr. 886）。

そのなかで、職業組合は、帝国結社法の問題を取り上げることを忘れてはいなかった。最初の第一九項目には、「帝国結社法、とくに第一二条の修正」が挙げられていた。職業組合にとっても、帝国結社法の言語条項は、諸要求実現のためには大きな阻害要因になっていたのである。

じつは、結社法に対しては、職業組合はその発効直後ただちに行動を起こしていた。一九〇八年五月二〇日、合同以前の幹部会の二人、委員長ソシンスキと書記ヤン・コルプスは、アルンスベルク県当局に対し、「労働組合組織の名において招集され、職業的利害あるいは組織そのものの利害が討論される公開集会に対しポーランド語の使用を許可する」よう請願した。彼らは、「特別の場合には、県知事が公開集会での非ドイツ語の使用を許可する権限を持つ」というプロイセン内相モルトケの通達（五月八日）を受けて、例外規定の適用を県知事に要望したのである（RM, Abt. VII, Nr. 36 c）。これが県知事の拒否にあったのち、幹部会はさらに上級機関に要請したが、帝国内相ベートマン＝ホルヴェークから問題を託されたモルトケによって最終的に却下された（『ヴィアルス・ポルスキ』一九〇九年五月五日。OD, Nr. 886）。

ところで、アルンスベルク県当局に宛てたこの請願書は、内容面でも興味深い。請願書には、要望事項を県知事に受け入れさせるために、その理由が付されていた。そのなかに、つぎのような文章が見られた。「賃金運動のなかで安寧と秩序が支配するような規律を労働者のあいだで保つためには、労働者には、母語で教化される機会が与えられねばならない」と。職業組合の幹部は、一九〇五年ルール炭鉱ストライキにおける「平穏と秩序」を指摘して、それは公開集会でポーランド語を使うことによって労働者を把握したおかげだと説明した。母語で正確な状況が教えられないとすれば、「将来ストライキが勃発した場合に、（一九〇五年と）同じようになるのかどうか」予測もできないとまで、強い調子で要求の実現を迫っていた。一九〇五年ストライキは、未組織のポーランド人鉱夫の参加が目立っていただけに、組合幹部のこうした説明には疑問も生じよう。ともあれ、彼らは、正常な規律ある労使関係を組合運動発展の保障と考えていただけに、帝国結社法をその文脈に組み込んで、行政当局を動かそうとしたのである。

結社法修正を求める職業組合の取り組みが実を結ばない一方で、職業組合は結社法の圧力に苦しめられた。中央幹部会のソシンスキ、ルィメルおよびヴィェチョレク、鉱夫部門委員長マンコフスキら五名は、組合の規約と幹部会メンバーのリストを警察当局に提出することを怠った廉で告訴され、一九一〇年一月一三日、ボーフム陪審裁判所により、それぞれ一〇マルクの罰金刑を宣告された。告訴理由から判断されるように、ポーランド人職業組合が政治団体であるか否かが争点であった。検察側の証人として立ったボーフム警察本部のゲールケは、ポーランド新聞の記事から職業組合の政治的性格を立証しようとし、とくにポーランド議員団への請願行動の持つ意味を強調した。裁判所は、これを受けて、「ポーランド議員団への請願は、ポーランド人職業組合が立法に影響を及ぼそうとしていることの証拠である」と、被告に対し有罪判決を下した（『ヴィアルス・ポルスキ』一九一〇年一月一五日。OD, Nr. 886)。つまり、裁判所の解釈は、請願行動は政治的目的を含んでおり、したがって職業組合は政治団体と認定できるというものだった。

これは、一九一〇年三月一〇日、ボーフム地方裁判所刑事部の判決によって確認され、中央幹部会の三人は最終的に一〇マルクの罰金刑を下された。一方、鉱夫部門のメンバーは、無罪を宣告された。彼らは請願行動には関与していない、というのが理由だった（『ナロードヴィェツ』一九一〇年三月一二日。OD, Nr. 886)。ともあれ、この問題については、六月二一日のハム高等裁判所の最終審判決で、ポーランド人職業組合が帝国結社法第三条に基づく政治団体であることが確定された（一九一一年四月一日付ボーフム警察本部長のアルンスベルク県知事宛て報告。OP, Nr. 6396)。職業組合はあくまでもその非政治的性格を主張したけれども、裁判所の判決を覆すことはできなかった。これ以降、職業組合の鉱夫部門や製錬工部門などでも、組合の政治的性格をめぐって訴訟が起こされたが、結果は同じだった。職業組合は、その活動を規制され、慎重に対処すべきことを強いられたのである。

にもかかわらず、職業組合の組織的基盤は広がった。鉱夫部門の自立要求をめぐる問題は、職業組合を動揺させたが、結局一九一三年に中央幹部会委員長がソシンスキからルィメルに代わることによって収拾が図られた。この時点で、数千人から出発した職業組合は、七万五〇〇〇人の組合員を数える勢力に成長していた。

ルール・ポーランド人の政治生活

「政治生活の欠如」と題した『ナロードヴィェツ』紙の記事（一九一〇年五月五日）は、帝国結社法の成立によって、集会でポーランド語の使用が禁止され、ルール・ポーランド人の政治生活が以前より弱体化していることを率直に認めていた（『翻訳』一九一〇年五月一三日。OD, Nr. 886）。

一九〇九年の帝国財政改革問題（争点は、相続税の課税対象の拡大と消費税の増額をめぐる問題だった）について、ポーランド人は沈黙していたのではなかったか。一九一〇年のプロイセン三級選挙法改革問題においても、ポーランド人は沈黙しているのではないのか。同紙によれば、その最大の原因は、これまで政治活動の中心舞台であった民族集会の代わりになり得るような強力で十分な数の政治的協会を、ポーランド人がまだ持っていないことであった。「ストラシュ」「オシフィャタ」、選挙協会はたしかに存在している。しかし、数多くのポーランド人コロニーのうちで、その役目をきちんと果たしている政治的協会を持っているところは、いったいどれほどあるというのか。『ナロードヴィェツ』紙の自己批判は厳しい。それというのも、政治的問題への無関心はそのほかの民族問題への関心をますます弱めていると、同紙が深く自覚していたからである。

『ナロードヴィェツ』紙は、一九〇九年の秋すでに、ポーランド人の生活にも強い利害関係を持つ財政改革問題に関する自分たちの議論不足を痛感していた。同紙は、このとき、慎重な言い回しで「ハカティストたちがすぐ考えがちのことだが、ポーランド国家の再建……が問題なのではなく」と明言しながら、「政治的な日常問題を議論し、政治的な問題を考察と教化の対象にし得るような組織が問題である」と、政治的組織の必要性を強く訴えていた（『翻訳』一九〇九年一〇月二二日。OD, Nr. 886）。

「政治生活の欠如」は『ナロードヴィェツ』紙の苦渋をよく表していたが、そもそもルール地方におけるポーランド人の政治活動の歴史は浅い。ルール地方でもっとも古い政治組織は、一八九四年八月ボーフムで創立されたポーランド同盟である。それは、政治組織とはいっても通常の政党とは違い、ルール・ポーランド人の力量を高めるために、あらゆる民族的問題に目を配ろうとする組織であった。ポーランド同盟は、「キリスト教の原理に立つ民族的組織」であることを確認したうえで、第二条に「ポーランド民族の保持」を目的として掲げ、以下の諸項目を挙げていた（『ヴィアルス・ポルスキ』一九〇八年六月一八日。OD, Nr. 885）。

1　ポーランド人の道徳的・物質的利害の実際的保護。
2　ポーランド人移住者の組織化と既存のポーランド人組織の支援。
3　民族・ポーランド的、キリスト教的基盤に立って、ポーランド人移住者の政治能力と美徳を育成すること。（一九〇八年五月一五日発効）

この改正規約は、創立時の規約とはいささか違っている。最初の規約には、「社会民主主義的かつ類似の策動を無条件に排除する」という表現や、同盟内の「政治的軋轢」「個々の社会階級に対する攻撃」の禁止といった項目が含まれていたが、改正規約ではそれが削除され、ポーランド・ナショナリズムやキリスト教的原理にすべてを一括させる方向でまとめられている。この規約改正と帝国結社法や一九〇五年鉱夫ストライキとの関係が指摘できそうだが、はっきりしたことは分からない。

ポーランド同盟の活動については、すでに述べたポーランド人職業組合の設立準備活動がもっとも目立っているが、民族集会の組織化や政治的・民族的な講演、ポーランド語入門書の配布による母語修得活動など多岐にわたった。しかし、ポーランド人職業組合が、一九〇五年ストライキの経験を経て影響力を拡大していくのに対し、ポーランド同盟の地盤沈下は著しかった。

こうしたなかで、ポーランド同盟は、一九一〇年一月二三日の総会において、一九〇五年にポーゼンで創設されていた「ストラシュ」協会との合併を決定し、組織としての生命をつなごうとした。「ストラシュ」は、ドイツ民族主義的なオストマルク協会に対するポーランド人の対抗組織であり、ポーランド民族の「国民経済的・社会的利害」（規約第二条）を守ることを目的にしていた。西部では、「ストラシュ」の地方組織がドルトムント、ヘルデなどで結成され始め、東部の新聞の購読者を足がかりに影響力を広げていった。その流れのなかで、合併総会においては、西部地域の「ストラシュ」の指導部に、『ガゼータ・グルジオンスカ』紙のスタニスワフ・クンツァ、『ナロードヴィェツ』紙のミハウ・クフィャトコフスキが選出された。『ヴィアルス・ポルスキ』紙やブレイスキ一派は、あきらかに排除されていた。これは、西部生まれのポーランド同盟の弱体ぶりを物語っている。指導者間の新聞を通じての反目は、「ストラシュ」の拡大を阻害した（一九一〇年五月六日付および一九一一年四月一日付ボーフム警察本部長のアルンスベルク県知事宛て報告。OP, Nr. 6396)。

西部の「ストラシュ」に組織されていたメンバー数は、以前のポーランド同盟に比較しても驚くほど減少している。一九〇三年に同盟の会員数は三二〇〇人を数えていたが、「ストラシュ」の最高時でも、会員は一八協会、一八一〇人にすぎない（一九一三年五月三日付同上報告。RM, Abt. VII, Nr. 31)。こうした組織の弱体化と公開集会への規制は、「ストラシュ」の活動を大きく制約した。

「ストラシュ」は、民族運動みずからその政治的性格を認めていたし、行政当局や警察によっても政治組織と見なされてはいたが、主要な活動は教育・文化の領域にあった。なかでも、青少年の民族教育には最大の情熱を注いだ。ポーランド語の入門書、歴史書、教理問答書の大量普及は、一般民衆のみならず、青少年教育を意識したものだった。東部での夏期林間学校は単なるレクリエーションではなく、参加児童に対するポーランド語教育の場でもあった。ポーランド語授業がカリキュラムに組み込まれている。また、「ストラシュ」が、会員の子弟を東部のポーランド人手工業者・商人の下に徒弟修業に送り、西部のポーランド人商工業者の充足に努めたことも注目されてよい。五月祭やショパン祭、またポニャトフスキ祭、クラシンスキ祭などでは、もちろん民族的伝統に関わって、政治の問題が取り上げられたけれども、警察当局は「ストラシュ」のこの種の活動にはそれほどの注意を払っていない。一九一四年のボーフム警察本部長の報告によれば、「ストラシュ」は、以前には政治的選挙のアジテーションにも関わっていたが、協会指導者の意思に従って、いまや「文化的」活動に限定している、と（一九一二年四月二二日付および一三年五月三日付、一四年五月四日付ボーフム警

察本部長報告。RM, Abt. VII, Nr.31; OP, Nr. 5758)。

教育協会「オシフィャタ」の歴史は新しい。それは、もともと、一九〇八年結社法に対するポーランド民族運動側からの反撃の一環として生まれた。結社法が公開集会におけるポーランド語の使用を禁じたとき、ポーランド人は協会活動の拡大強化によって対抗しようとした。ヤン・ブレイスキにとって、従来のポーランド同盟の活動はまったく不十分のように思われた。同盟の不振を克服しようとする第一歩が、「オシフィャタ」の結成だったのである。

協会の任務は、規約によると、「会員、そのほかの同胞、とりわけ青少年のなかに啓蒙を広げ、ポーランド語への愛を呼び覚ます」(『ヴィアルス・ポルスキ』一九〇八年六月一四日。OD, Nr. 885)ことであった。それは、会員の義務として以下のように具体化されている。簡略化してまとめると、聖なる信仰とポーランド語への忠誠、ポーランド紙の購読、ポーランド人組織への加入、ポーランド銀行への預金、同一信仰・同一言語の人との結婚、子どもたちへのポーランド語の会話・読み書きの教育、選挙のさいのポーランド選挙委員会の指示に従った投票、「誰しもが同胞のもとへ」のスローガンの順守、以上である。基本的な方向は、ポーランド同盟と何ら変わるところはない。ただ、青少年への民族教育を前面に押し出し、選挙協会との協力を明確にうたっている点に、「オシフィャタ」の新味があると言えようか。いずれにせよ、教育協会「オシフィャタ」は、ほかのポーランド協会の活動と重なり合いながら、教育と啓蒙によるポーランド人の民族的結集をあらためて打ち出したのである。

ボーフム警察本部長の報告によれば、民族的教育活動に従事する教育協会の実際の活動は、「ストラシュ」や選挙協会のそれとあまり違っていない。一九一二年の帝国議会選挙では、教育協会はしばしば選挙協会の機能を果たし、公開の選挙集会を招集した。ただ両者の相違は、教育協会が地域的性格を濃厚に帯び、統一的組織を持っていなかったことにあった。各地の教育協会の活動が相互のつながりに欠けていたことは、その意義を低めた。人びとのあいだから教育協会の「ストラシュ」あるいは選挙協会への転換の声が高まるなかで、ヴィッテンの協会は選挙協会に衣替えしている（一九一〇〜一四年各年次報告。一九一〇年、一一年：OP, Nr. 6396、一二年、一三年：RM, Abt. VII, Nr. 31、一四年：OP, Nr. 5758）。

『ナロードヴィェツ』紙が「政治生活の欠如」と嘆いた事態は、基本的には解決されなかった。ポーランド同盟—「ストラシュ」と「オシフィャタ」の対抗関係は、ルール・ポーランド人の運動内の対立を反映していた。選挙協会も、政治全体をカヴァーできる力を持ち合わせていなかった。「異郷」の環境においては、東部のような政治勢力を生み出したり、ポーランド人代表を帝国議会に送り込んだりすることは難しかった。政治生活における民族的分離を追求することが、彼らの最大のねらいだったと言ってよい。その点から、個々の問題では、彼らはプロイセン＝ドイツ政府やドイツの諸政党を激しく非難することも多かった。しかし、結社法に象徴される抑圧体制のなかで、合法性の枠を守ろうとする彼らの政治活動は、困難この上なかったのである。選挙集会や土地収用法反対集会でやっと芽生え始めた大衆的運動も、世界大戦の勃発によって生まれた「城内平和」という挙国一致体制のなかに飲み込まれてしまった。

選挙協会

ルール・ポーランド人の民族組織のなかで、自他ともに認める政治組織は選挙協会であった。その中心的任務は、一九一三年のポーランド人会議でこのように確定されている（ブレイスキ報告「われわれの協会とその活動分担」：アルンスベルク県知事のプロイセン内相宛て報告。OP, Nr. 2748, Bd. 12）。

選挙協会の任務は、民族的利害の全面的かつ共同の擁護、もっとも広い基盤に立った啓蒙活動による選挙準備、委員会の監督下での選挙活動の指導、以上である。

ここに述べられている選挙とは、たんに国政選挙、つまり帝国議会選挙やプロイセン下院議会選挙に限られるのではない。そのほかに、自治体・教会・健康保険組合・営業裁判所の各種選挙をも包括しており、その点では、選挙協会の活動は広範囲にわたっている。

選挙協会は、ポーランド人の選挙組織の最末端機構であり、地域に根差してそこの実質的な選挙活動を担っていた。選挙組織は、単純化すれば、本選挙委員会―郡委員会―地区委員会という構成をとっている。本選挙委員会の本部はボーフムにあり、西部の選挙活動全体の最高指導機関である。それは、ポーゼンに本部を置くポーランド中央選挙委員会に属していた。選挙協会とは、地区委員会の活動を引き受け、各自治体における選挙を担う組織だった（一九一一年四月一日付ボーフム警察本部長のアルンスベルク県知事宛て報告。OP, Nr. 6396）。

西部に本選挙委員会が設置されたのは、一八九七年である。ボーフムにおける民族集会（一二月一二日）が、そのきっかけとなっている。選挙組織においては、『ヴィアルス・ポルスキ』が重要な影響力を確保していた。選挙規程第二条によれば、同紙の二名の代表は、つねに本選挙委員会のメンバーを構成している（Bernhard, [3]1920 : 176）。この本選挙委員会の下で選挙協会が活動し始め、一九〇三年帝国議会選挙以降国政選挙でポーランド人候補者を立てるようになった。しかし、選挙委員会の活動は、選挙時（一九〇三年および〇七年）を除いてまったく不活発であったようだ（一九一〇年五月六日付ボーフム警察本部長のアルンスベルク県知事宛て報告。OP, Nr. 6396）。その点が反省され、活動が再開されるのは、一九一〇年以後のことである。そうした関係もあってか、ルール地方の自治体選挙ではそれ以降当選者を確実に増やすようになり、一四年時点では、市議会に九議席、町村議会に二六議席（一〇年ではそれぞれ三議席、一五議席）を送り込むほどになった（一九一四年五月四日付ボーフム警察本部長報告。OP, Nr. 5758）。

ヴィッテン－ハッティンゲン選挙区の選挙人（有権者）集会で、プロイセンに普通選挙法の導入を要求する決議が採択されたように、ようやく政治的発言も目立ってきた。ただし、この問題では、要求を広めるために街頭デモをする気はないと宣言したポーランド人の抑制的姿勢が、旧組合の機関紙『ガゼータ・グルニチャ』紙から批判されている（『ヴィアルス・ポルスキ』一九一一年七月二三日。OD, Nr. 887）。ともあれ、多くの選挙協会で、財政の軍事化に反対し、プロイセン下院議会に普通選挙法を要求する声が上がり始めた。ちなみに、一九一〇年に新たにテコ入れされた選挙協会は、二年後には急成長を示し、その数は一二〇、協会メンバーはおよそ一万二〇〇〇名を数えている（一九一二年四月二二日付ボーフム警察本部長のアルンスベルク県知事宛て報告。RM, Abt. VII, Nr. 31）。それとともに、選挙協会は、そのほかの活動分野にも積極的に関与していった。民族祭典の開催、とりわけ土地収用法反対抗議集会は警察の注意を引いている（一九一三年五月三日付同上報告）。土地収用法は、ドイツ民族の保護のために必要な土地を強制収用できることをうたっており、一九一二年に政府がポーランド人地主に対する強制収用に踏み切ると、その強権的姿勢が露骨だっただけに、西部のルール・ポーランド人も、激しい抗議行動を展開したのである（土地収用法については、伊藤 2002 : 210-216）。

選挙協会の持ち味がもっともよく発揮されたのは、何と言っても、帝国議会選挙（一九一二年一月）とプロイセン下院議会選挙（一九一三年六月）のさいの選挙人集会であろう。選挙時には帝国結社法の言語規定から解放されることにより、ここでは歴史問題から内外の重要な問題に至るまであらゆるテーマが論じられた。各地の警察の集会報告によれば、帝国結社法、土地収用法、文化闘争、学校ストライキ、ルール炭鉱ストライキ、租税問題、軍事問題、社会主義、ドイツの諸政党、バルカン戦争、そしてソビエスキ国王、ポーランド分割等、数えあげればきりがない。彼らは、このときとばかりにポーランド語で意見をたたかわせ合った。選挙人集会は、プロイセン＝ドイツの政治を批判す

図19　警察による集会の解散（ベルリン）
ポーランド人の集会についても、同様だったであろう。

ることにより、ルール・ポーランド人の民族意識を喚起する場であった。それだけに、警察は集会に干渉する機会をたえずうかがっていた。

一つの例を示そう。プロイセン下院議会選挙前日の一九一三年六月一日、ヘルネの選挙協会は、編集者のビゴンスキ（ボーフム）を招いて公開の集会を開いた。およそ四〇〇人が出席し、そのうち五〇人ほどは女性だった。もちろん、集会監視のために警官が臨席していた。ビゴンスキの講演の途中、警官はポーランド語による演説を禁じ、ドイツ語に切り替えるよう議長のヤンコヴィャク（ヘルネ）に命令した。議長がそれを拒否したとき、警官は集会の解散を宣言した。

問題は、ビゴンスキ演説の内容にあった。ビゴンスキは選挙活動に何ら関係のない一般的＝政治的問題に言及したので、それは帝国結社法第一二条に抵触する、それが警察の主張であった。ヤンコヴィャクの訴えに対し、アルンスベルク県知事とヴェストファーレン州知事はいずれも、ボーフム警察本部長の処置を正当と認めた。ここにおいて、両知事が、選挙活動に関わる問題と政治的問題一般を切り離して、前者を非常に狭く解釈していることは明らかである。つまり、この有権者集会では、ポーランド語を使うのであれば、プロイセン下院議会選挙に直接関連する問題にのみ限定せよということである。これは、あきらかに、言いがかりにほかならなかった。そもそも、選挙問題と一般政治問題とは厳密に分けられるものではない。ヤンコヴィャクが訴状で主張しているように、政治問題から選挙での態度決定に結論を出そうとしているときに解散命令を受けたとしたら、それはどういうことになるのか。しかしながら、一九一四年二月二日、プロイセン上級行政裁判所はヤンコヴィャクの告訴を棄却した（『翻訳』一九一四年三月二〇日。OD, Nr. 889）。

帝国結社法によれば、選挙告示日から投票日までの期間中の有権者集会では、ポーランド語の使用が認められていた。しかし実際には、以上のようにさまざまな干渉がなされ、ポーランド民族運動には、例外規定があるにもかかわらず、自由な集会の権利への圧力がかけられていたのである。ボーフム警察本部長は、「帝国結社法言語規定の無視に対する刑法上の干渉の多くの試みが成果を上げていない」と指摘する一方で、プロイセン下院議会選挙をきっかけに数多くの刑事訴訟裁判が起こされ、それが選挙協会に「威嚇的な影響」を及ぼしていると明言していた（一九一四年五月四日付報告。OP, Nr. 5758）。

第四章　「ポーランドの脅威」と民族政策の展開

1　ポーランド人監視体制の確立

「ポーランドの脅威」の広がり

一九〇一年四月二日、鉱夫ヤン・マルチニャクは、ドルトムント地方裁判所刑事部の法廷で無罪判決を受けた。被告は、階級的憎悪扇動の罪（刑法典第一三〇条）で起訴され、禁固三か月を求刑されていたのである。裁判所は、プロイセンで発禁対象になっているポーランド語の祈祷書『ポーランドの楯』の普及活動にマルチニャクが携わっていることを認定できなかった。しかし同時に、問題とされた祈祷書のすべてを押収することが決定された。

この祈祷書は、とくに、ポーランド人をドイツ人への暴力行為に挑発するような若干の祈祷の文句を含んでいたと言われるが、むしろ問題は、この裁判が「ポーランドの脅威《ポーレンゲファール》」の文脈のなかに置かれたことだった。裁判の過程では、「ドイツ化」に対するポーランド人の敵対的な志向が強調され、彼の活動もここに位置づけられた。彼がメルクリンデのポーランド協会「進歩」の熱心な活動家であり、家庭でも、自分の子どもたちに学校以外でドイツ語を使うことを厳禁し、それに背いた場合厳しく罰していたという事情が引き合いに出された。

以上の裁判は、「工業地域におけるポーランドの脅威」と題されて、『ライニシュ＝ヴェストフェーリシェ・ツァイトゥング』の紙上を飾った（一九〇一年四月三日。OP, Nr. 2748, Bd. 4）。ここに見られるように、二〇世紀に入って、ルール地方においても「ポーランドの脅威」が盛んに取り上げられ始めるが、それはもともと、ドイツ東部国境地域《オストマルケン》の「ポーランド化」という認識を前提に、ドイツの支配者あるいはジャーナリズムから当時喧伝された、反ポーランド・キャンペーンを指している。ポーランド党のルドヴィク・フォン・ヤシジェフスキは、プロイセン下院議会において、政府系新聞『ベルリーナー・コレスポンデンツ』（ベルリン通信）紙上に掲載された記事「ポーランドの脅威」に言及し、その「脅威」の内容をこう要約した（一九〇一年一月一五日。*Haus der Abgeordneten*, 1901 Bd. 1: 171）。

1　多数のポーランド人住民の存在とその増加。
2　東部の農業・商業・工業がポーランド人の手に移っていること。
3　ポーランド協会の発展、精力的なポーランド新聞とポーランド人の民族意識を呼び起こすその活動、いわゆる大ポーランドの宣伝。

ポーランド党議員によって紹介されたこの新聞記事は、当時声高になってきた「ポーランドの脅威」論の最大公約数とも言うべきものだろう。これは、いわば、ポーランド人の現状と彼らの運動に対するドイツ・ナショナリストの危機感の表れである。いずれにせよ、問題は、こうした内容の「ポーランドの脅威」がどういう意味合いで把握されたのかということである。帝国宰相＝プロイセン首相ビューローは、一九〇一年のヴレッシェン事件の衝撃のあと、プロイセン下院議会の質疑のなかで、「ポーランドの脅威」についてつぎのような認識を示した。「この（民族）闘争がポーランド人の側から始められ、しかもいよいよ激しく行われている以上、われわれには二つの可能性しかない。つまり、抵抗することなく打ち負かされてしまうか、あるいは死力を尽くしてわが身を守るかのどちらかである」（一九〇二年一月一三日。*Haus der Abgeordneten*, 1902 Bd. 1 : 76）。このような把握の仕方は、ビスマルクが一八八六年に、「土地のドイツ化」をねらったプロイセン植民法の審議過程において、「国家の正当防衛権」という観点から植民法を正当化した姿勢に一脈通じている（伊藤　2017 : 88-91）。ビューローの発言はいささか大げさにすぎようが、「ポーランドの脅威」に対する強烈な危機意識をよく示しているだろう。

以上見られるように、「ポーランドの脅威」とはもっぱら東部の民族運動に関連して宣伝されたものだったが、西部工業地域においても、この種の議論はマルチニャク裁判のかなり前から現われていた。一八九〇年代におけるポーランド人移住者の増大、民族運動の展開という現実が、その背景にあった。彼らの新聞、民族組織、公開パレード等は、ルール地方のドイツ人に否応なくポーランド人の民族意識の強さを見せつけた。西部では、『ヴィアルス・ポルスキ』紙の論調のなかに、ポーランド国家の再建志向を読み取るとともに、民族運動による、「祖国」「ポーランドの地」、つまり「故郷」と、それ以外のプロイセンおよびドイツの「異郷」とを区別するポーランド人の二分法的思考に注意が払われていた（『ケルニシェ・ツァイトゥング』［ケルン新聞］一八九二年一一月二日。OP, Nr. 2748, Bd. 2）。

ゲールケの登場

ルール地方において、政府が西部のポーランド人にはじめて関心を寄せていくのは、一八八三年の聖バルバラ協会の創設がきっかけとなっている。しかし、そこでは、支持者の拡大を図ろうとする中央党のねらいに目が止められたにすぎなかった（Koch, 1954 : 68-69）。プロイセン地方当局者が、実際に、ポーランド人ないしポーランド人の諸団体の動向に注目し始めるのは、人口の東西移動が本格的に開始される一八九〇年代前半のことである。一八九〇年にははやくも、ボーフム警察本部内に、ポーランド人のための特別部局が設置された（Murphy, 1982 : 152）。さらに、翌年三月には、アルンスベルク県知事から、リスと『ヴィアルス・ポルスキ』紙の活動を踏まえて、ポーランド人の諸団体（ポーランド協会）とポーランド人の民衆文庫に関する調査の依頼が行われている（RA, I, Nr. 126）。

リスと『ヴィアルス・ポルスキ』紙の活動については、すでに第二章で述べたが、彼が何よりもカトリック的基盤に立って親中央党路線を歩むかぎり、さして問題はなかった。しかし、一八九四年に彼がルールを去り、『ヴィアルス・ポルスキ』紙がヤン・ブレイスキの手に移って、同紙が民族主義的傾向を帯びると、事態は一転した。ルール地方の行政当局者は、ポーランド人の運動の新しい動向に目を光らせていくのである。

最初の一歩は、ポーランド人の運動の情報収集であった。一八九七年以来、『ヴィアルス・ポルスキ』紙の重要な記事に対して、印刷された翻訳（『ヴィアルス・ポルスキ紙からの翻訳』）が一〇〇部ほど作られた（Kleßmann, 1978 : 87）。それは、ルール・ポーランド人の運動に関する情報を提供するために、ベルリンのプロイセン内相、ヴェストファーレン州知事、ラインラント州知事、ルール地方の県知事・市長・郡長・警察、そしてドルトムント上級鉱山監督局等に送られた。一九〇四年九月には、それぞれの配布先に、レックリングハウゼン郡長の一三部を筆頭にして、合計一二一部が送付されている（RA, I, Nr. 153）。

また、一九〇一年四月には、たとえばミュンスター県では、ポーランド人の諸協会を有効に監視するために、統一的な団体登録簿を作成すべきことが要請された。ここには、チェックさるべき諸項目として、規約・協会創立年・会長名・メンバー数・協会旗・文庫・集会・所有新聞等が挙げられていた（一九〇一年四月四日付ミュンスター県知事のヴェストファーレン州知事宛て報告。OP, Nr. 2748, Bd. 4）。

さらに注目されるのは、一八九九年一月に、ドルトムントとエッセンにおいて、県知事に直属する管区警部《ベツィルクスポリツァイコミッサール》が創設されたことだった。これはポーランド人運動の監視を担うものであり、その設置は、運動監視体制の「中央集権化の本質的な一歩」を意味した。なかでも、ドルトムントの

Der Königliche
Bezirkspolizeikommissar.

Dortmund, den 6. März 1908.

Jahrg. 1908. **Uebersetzungen** № 9.

aus westfälischen und anderen **polnischen Zeitungen.**

Wiarus Polski (Bochum).
Nr. 49. 28. Februar 1908.

Die Polen und das Zentrum.

Der „Dziennik Poznanski" veröffentlichte in diesen Tagen einen ihm aus der Fremde zugegangenen Artikel, in dem es heißt:

Während der Beratung des Enteignungsgesetzes ist keine Partei so einmütig und so fest für uns eingetreten als die Zentrumspartei. Auch die demokratisch angehauchten Zentrumsblätter, wie die „Köln. Volkszeitung", haben das getan. Zwar haben auch die Freisinnigen und ihre Presse, besonders die „Frankfurter Zeitung", die Regierungspläne mit furchtsamer Verwegenheit bekämpft, die Freisinnigen sind aber heute zu sehr abhängig von ihrem „Brotgeber" Bülow, ihre Hilfe ist darum unsicher. Das heutige Zentrum scheint von seiner abgöttischen Verehrung für die Regierung der Rede des Zentrumsführers, des Herrn Lambert Lensing, der auf dem westfälischen Parteitag der Zentrumspartei gegen die nationalen und revolutionären Bestrebungen der Polen losdonnerte und ausrief, die Polen müßten sich damit befreunden, daß sie Deutsche und Preußen seien! Es scheint dem Korrespondenten des „Dziennik Poznanski" weiter nicht bekannt zu sein, daß das für alle Polen in Deutschland maßgebende Wahlregulativ vorschreibt, daß bei den Hauptwahlen nur für die polnischen Kandidaten gestimmt werden darf.

Was die Stichwahlen anbelangt, so müssen die Ausführungen des Korrespondenten des „Dziennik Poznanski" gerade in ihrem wichtigsten Punkte berichtigt werden: die Zentrumspartei ist weder im Wahlkreise Duisburg—Mülheim—Ruhrort noch in Bochum—Gelsenkirchen—Hattingen oder auch in Dortmund—Hörde in die Stichwahl gekommen. In diesen Kreisen standen sich überall der sozialdemokratische und der nationalliberale Kandidat

図20 『ヴェストファーレンそのほかのポーランド新聞からの翻訳』

その職に就いたフリッツ・ゲールケは、監視体制の強化に決定的な役割を果たした。彼は、オストマルク協会のメンバーであり、ポーランド語に堪能で、監視体制を作り上げるうえで打ってつけの人物と言えた (Kleßmann, 1978 : 86)。

彼は、はやくも一九〇一年秋にはポーゼンの情報講習会に参加しているが、〇六年には、オーバーシュレージエンのボイテンの監視組織を詳しく調査するために正式に当地へ派遣されている (Kleßmann, 1978 : 222 [注 29])。オーバーシュレージエンは、ルール工業地帯が形成されるまでは、ドイツ製鉄業の中心であり、ポーランド人鉱夫を多数抱えていた。したがって、そこは、ルールに先立って、彼らの運動に関してさまざまな経験を蓄積していたのである。ゲールケのボイテンでの「教育実習」（一九〇六年四月二八日付プロイセン内相のヴェストファーレン州知事宛て。RA, I Pa, Nr. 243）の直接的な成果は、彼が編集責任を負った『ヴェストファーレンそのほかのポーランド新聞からの翻訳』だった。これは、一九〇八年一月以来発行されたが、従来の『翻訳』とは比較にならないほどに、ポーランド人の動向を見定めるうえに大きく貢献した。

ポーランド人運動監視中央本部

一九〇六年六月七日、アルンスベルク県知事は、ルール・ポーランド人の民族運動を監視する必要から、警察行政組織を緊急に改組すべきことをプロイセン内相に提案した（OP, Nr. 5915）。県知事は、ここにおいて、プロイセン三級選挙法改革闘争における社会民主党の大衆デモンストレーションの「社会民主主義の脅威」を取り上げるなかで、それに手を貸しているものとして「ポーランドの脅威」に注目していた。彼は、ポーランド人鉱夫の問題、ポーランド人の結社活動、さまざまな集会や民族祭典などを指摘することで、「ポーランドの脅威」を説明し、警察の改組問題を提起したのである。県知事のこの提言には、ゲールケが一枚かんでいたと推測しても、あながち不当とは言えないだろう。また、警察組織の改組については、ルール重工業の利害を代弁する『ライニシュ＝ヴェストフェーリシェ・ツァイトゥング』紙も要求していた（一九〇六年一〇月五日。OP, Nr. 5915）。同紙は、ルール地方の統一的性格に対して警察制度が分裂していることの問題性を突いていた。

アルンスベルク県知事の提案から三年を経た一九〇九年六月一五日、プロイセン内相モルトケの通達によって、ライン・ヴェストファーレン工業地域のポーランド人運動監視のための中央本部の設立が決定された(OP, Nr. 5915)。つまり、ポーランド人運動監視体制の中央集権化である。これは、行政単位ごとに組織されている従来の警察制度では、社会民主党や労働組合の運動には対応できても、西部全域にわたり統一的性格を持っているポーランド人運動には対抗できないという判断に基づいている。また、この中央本部がボーフム警察本部に置かれたのは、ルール・ポーランド人の民族運動の中心がボーフムだったからである(一九〇九年六月二五日付アルンスベルク県知事のプロイセン内相宛て報告。OP, Nr. 5915)。

もとより、ポーランド人運動監視中央本部はボーフムだけに置かれたわけではない。プロイセン全域、外国にまで監視の網は張りめぐらされた。各監視本部の分担管轄地域は、つぎのようになっていた(一九〇九年一一月二九日付プロイセン内相通達。RM, Abt. VII, Nr. 35)。

ポーゼン中央本部—外国(オランダを除く)、東プロイセン、西プロイセン、ポーゼン、ポンメルン、ブランデンブルク(ベルリンを含む)、ザクセンの各州。

ボーフム中央本部—ヴェストファーレン、ラインラント、ハノーファー、シュレースヴィヒ=ホルシュタインの諸州、ハンブルク、ブレーメン、オランダ。

ボイテン中央本部—シュレージエン州。

中央本部は、一言でいえば、ポーランド民族運動に関するさまざまな資料を所轄官庁に提供する情報官庁だった。ボーフム中央本部自身は、『ヴィアルス・ポルスキ』『ナロードヴィェッツ』などのルール地方で発行されているポーランド紙の記事を翻訳し、前述の『翻訳』を発行して、ポーランド民族運動に関する正確な情報を諸官庁に伝えることを主な任務にしていた。そして、ここでは、当然のことながら、東部の運動との関係を掴むために、そこのポーランド新聞の翻訳も重要な仕事だった。ポーランド民族運動の監視体制については、中央本部と地方警察当局の権限との関係を調整することに注意を払いながらも、専門担当官である警視正ゲールケの派遣をとおしたボーフム警察本部長の主導権が保障されていた（一九〇九年七月一三日付プロイセン内相のヴェストファーレン州知事宛て通達。OP, Nr. 5915）。

ボーフム中央本部の活動分野は、さらに大きく広がっている。まず、ポーランド人職業組合の監視である（一九〇九年一一月二九日付プロイセン内相通達。ただし、一九一一年一〇月一日に職業組合の本部がカトヴィッツに移ってからは、ボイテン中央本部の担当）。そのほか、ポーランド民族運動の指導者に関する人物調書の作成、ポーランド人団体の統一的登録簿、ポーランド語戯曲・印刷物の検閲およびポーランド文庫の監視、集会ならびに祭典の監視、刑事訴訟手続きを行うにあたっての協力等、多岐にわたっていた（一九一〇年五月二六日付ボーフム警察本部長のアルンスベルク県知事宛て報告。OP, Nr. 6396）。

ボーフム中央本部の設立後、さっそく、人物調書の作成が始められた。本部発足一年も経たないうちに、民族運動内で顕著な役割を果たしているポーランド人に関する人物調書の数は、二一〇〇件以上に及んだ。中央本部の第一義的任務であった『翻訳』の発行も順調に進められ、それは、毎週一七〇部印刷されて、一一〇の機関・個人に送られた（同上報告）。一九一〇年八月には、『翻訳』は、プロイセン内相を始めとして、一六八の関係機関・個人に計二〇二部配布されている（一九一〇年八月一一日付アルンスベルク県知事のヴェストファーレン州知事宛て報告。OP, Nr. 2748, Bd. 11）。

ボーフム中央本部の最高責任者は、ボーフム警察本部長カール・ゲルシュタインだったが、実際の活動を取り仕切っていたのは、警視正のゲールケである。そのほかに、監視活動を担っていた主要な人物としては、警部補のクローン（ゲルゼンキルヒェン）、ハンシュ（エッセン）がいた。ポーランド語のできる官吏が不足していたこともあって、ゲールケの仕事は過重であり、本部発足一年も経ずして、彼の負担軽減のために、適当な官吏を必要数充足してほしいとの要求が出されるほどだった（一九一〇年六月八日付アルンスベルク県知事のヴェストファーレン州知事宛て報告。OP, Nr. 6396）。その後、中央本部の体制は徐々に整備されていったように思われる。研究者のクレスマンは、ボーフム中央本部が大戦勃発まで活発な活動を展開していたことを指摘している（Kleßmann, 1978 : 87）。

2　ポーランド人の社会・文化生活への規制

民族的シンボル規制の始まり

ポーランド人がルール地方に散発的に移住してきたころには、民族的シンボルの問題は何ら当局の関心を引いてはいない。しかし、東西移動が大衆的性格を持ち始め、ポーランド人が運動体として組織されるに及んで、事態は変化した。すでに述べた助任司祭リスや『ヴィアルス・ポルスキ』紙の活動が、当局を刺激した。

一八九二年九月一〇日、アルンスベルク県知事は、ボーフムの郡長に対して、ポーランドの特徴を示す旗や目印を掲げて行われる公開の行列には許可を与えないよう警察に指令することを要請した。つまり、葬式、行列、巡礼、祈願祭祭列において、ポーランド的特徴を帯びる旗や表徴を携行することが問題とされたのである（『ヴェストフェーリシャー・メルクール』一八九二年一〇月一二日。OP, Nr. 2748, Bd.2）。県知事は、ここで、一八五〇年三月一一日のプロイセン結社法をその根拠としたが、これは公開の集会や行列の許可に関する結社法の拡大解釈にほかならず、まさに不当な処置だった。こうして、ポーランド協会に対する規制が強まり始めた。

この間の事情については、一八九三年六月二四日付のドルトムントのポーランド協会のアルンスベルク県知事宛て訴状が明らかにしている（RA, I, Nr. 125）。それによれば、ドルトムント市長は、一八九三年の聖体行列（聖化されたパンを奉持して街のなかを練り歩くこと）にあたり、ポーランド協会「団結」が協会旗をもって参加することを禁止した。旗は白と赤を基調としており、旗の一方の面には十字架と小さいハート型のイエス像とマリア像が描かれ、他面にはチェンストホーヴァの聖母像の絵があった。ポーランド協会「団結」にしてみれば、カトリック意識を高める目的を持つ協会自体の性格、そして、これまでの一六年間何の異議もなく旗が葬儀やカトリックの祝祭日に掲げられてきたことからすると、ドルトムント市長の措置は、当惑以外の何ものでもなかった。訴状の文面はこの点をよく伝えている。

さらに、「この印（旗の色と図柄）がお気に召さないのであれば、私たちはそれを変える用意がありますので、どのように変更、表示すべきか指示をお聞かせくださいますようお願い申し上げます」と述べていることは、ポーランド協会自身が当局の方針変更の真意をこの時点で掴んでいなかったと言えるかもしれない。チェンストホーヴァの聖母像は、たんに宗教的問題のレベルからだけでは考えられなくなっており、白と赤はポーランド国旗の色として規制の対象とされるようになっていた。したがって、カトリック教会の慣行上白と赤が使われ、ヴェストファーレン州やドルトムント市の色も、またポーゼン州の色もこうした色であるという事情は、何ら考慮に値しないのであった。

のちには、白と赤の記章をつけていたポーランド人が、路上で警官に取り押さえられ、その取り外しを求められるという事例も『ヴィアルス・ポルスキ』紙上で報告されている（『翻訳』一九〇〇年五月一日。RA, I, Nr. 150）。しかし、この白＝赤問題は、警察の強権をもってしても解決することができず、行政当局でも繰り返し取り上げられることになる。

民族的シンボルの取り締まり

二〇世紀に入って、民族的シンボルの取り締まりは本格化した。プロイセンの支配者が何よりも神経を使ったのは、西部工業地域において、ポーランド人の民族意識を掻き立てるようなシンボルを公衆の目から遮断することだった。ルール・ポーランド人の活動は、当局に懸念を抱かせるほどの広がりを見せていたのである。彼らは、カトリックの祝祭日には、特別のミサと礼拝、行列を行い、そこには関係諸協会が自分たちの協会旗をもって参加した。既述したように、ヴェルルまたはネヴィゲスへの巡礼のさいには、「ロガトゥカ」と呼ばれる角帽や民族的衣装が着用されることが多く、飾りや旗も携帯された。

また、多くのポーランド協会が集会を開く居酒屋には、ポーランド民族運動を担った英雄たちや、ポーランドの歴史を彩る国王たちの肖像画が掲げられ、あるいは、ポーランドの歴史に残る戦争や蜂起の場面を描いた絵が壁に掛けられた。さらには、葬儀の行列にもさまざまな旗、飾りが持ち込まれ、公共墓地でも墓碑銘がポーランド語で刻まれた。ポーランド人小間物商の店先では、「神よ、ポーランド人を救いたまえ」と銘打たれたハンカチが売られ、ポーランド人の店にはポーランド語の看板が吊り下げられた。これらいっさいのことがプロイセン官憲の検閲の対象になったのである。

この点をもう少し具体的に述べてみよう。一九〇四年三月一六日のミュンスター県レックリングハウゼンの警察および市長報告は、ポーランドの記念日に酒場に掲げられる絵として以下のものを挙げている（RM, VII, Nr. 35 b）。

（1）ポーランドの諸侯、諸王の群像
（2）ポーランド諸王の胸像
（3）ポーランド王国（一八一五〜三〇年）の軍隊
（4）ウィーンにおける「トルコ」との戦闘シーン

図21　ポーランド王ヤン3世ソビエスキ（1629－96年）
「ウィーン救援300周年」記念メダル　（沼尻勲氏提供）

（5）ポニャトフスキ

（6）ポーランド王ヤン三世（ソビエスキ）

まず、ソビエスキについてだが、軍司令官の彼は一六七三年の対オスマン帝国戦争に勝利して国王に選ばれ、一六八三年ウィーンを包囲したオスマン軍を破ったことにより、ポーランド史にその名を残すことになった。一九八三年秋、筆者がウィーンを訪れたとき、おりしもウィーン攻防戦三〇〇周年の記念展示が開かれており、ソビエスキ率いるヨーロッパ軍のオスマン軍撃退の場面が、人形を使い音楽入りで再現されていた。彼は、ウィーンの歴史を語る場合にも、欠かせない人物なのである。このようなソビエスキであってみれば、ポーランド人が彼を民族的英雄と崇め、ヨーロッパの救世主になぞらえるのも、いわば当然だった。現在のヨーロッパがあるのはいったい誰のおかげなのか、これがポーランド人の偽らざる問いであった。居酒屋に掛けられたウィーンにおけるオスマン軍との戦闘場面を描いた絵は、ソビエスキの英雄的行為をポーランド人に思い起こさせたのである。

第二章3で述べたように、ポニャトフスキはポーランドの愛国的軍人で、一七九二、九四年の対ロシア戦争で活躍したことで知られている。ワルシャワ公国の軍司令官としてナポレオンに協力し、例のライプツィヒの戦いでもフランス軍に参加し、戦死した。ソビエスキ以上に、ポニャトフスキの肖像画は、プロイセン＝ドイツ支配層の神経を逆なでするようなものであっただろう。

その点からすれば、前述のリストにはその名前が載っていないが、ポーランドの民族的英雄コシチューシコの肖像画も、警察の厳しい監視の的だった。周知のように、彼は、第二次ポーランド分割後に亡命し、一七九四年には国民軍最高司令官となり、ロシア・プロイセン軍と戦って独立蜂起を指導した。ルール地方では彼の名を冠したポーランド協会、記念祭典もあり、彼の名はポーランド人の心に深く刻み込まれていたのである。

こうした肖像画が、ポーランド人の集会によく使われる酒場のホールなどに掛けられた場合、警察のチェックを免れることはできなかった。この酒場を利用するドイツの協会も、主人に絵の撤去を要求した。そこで主人は、彼らが利用するときにはその絵を外し、そのあとにふたたび絵を掛け直すことがしばしば見られた。警察の撤去命令を受けて絵を取り外したり、あるいは押収されたりすることがあっても、ポーランド人は、つねにそれに従うというわけではなかったのである（前述のレックリングハウゼン市長・警察の報告。一九〇七年一一月二一日付ミュンスター県知事のヴェストファーレン州知事宛て報告。OP, Nr. 2748, Bd. 9）。

チェンストホーヴァの聖マリア像

チェンストホーヴァの聖マリア像（黒い聖母）が当局の規制の対象になっていたことはすでに指摘したが、ここでは、その背景に立ち入って考えてみよう。チェンストホーヴァ（現在、ポーランド南部のチェンストホーヴァ県の県都）のヤスナ・グーラ修道院にある聖母像は一四世紀の作と言われ、毎年多数の巡礼者が集まることで知られている。これがポーランド人にとってとくに意味あるのは、その歴史に由来する。一七世紀半ばのポーランドは、カザークの反乱、ロシア軍、くわえてスウェーデン軍の北方からの侵入に苦しめられた。スウェーデン軍はワルシャワとクラクフを占領し、ポーランドは滅亡の危機に立たされた。ポーランド人の呼ぶいわゆる「大洪水」である。ここにおいて、ポーランド滅亡の危機を救う原動力となったのが、一六五五年末のチェンストホーヴァの修道院の英雄的防衛をきっかけに生まれたポーランド人の抵抗だった。ポーランド人は、スウェーデン軍の包囲の解除を「聖母の奇跡」に帰した。ポーランドにおける政治の自由化をもたらした「ポズナン暴動」の一九五六年には、チェンストホーヴァの聖マリア像奇蹟三〇〇年祭が一〇〇万の信者を集めて祝われている。

チェンストホーヴァの聖マリア像がこのようなポーランド人の抵抗と結びついていたために、プロイセン当局は、この聖母像をドイツ帝国にとってきわめて危険な存在であると判断した。彼らは、さっそく、その排除に乗り出した。いくつかの例を挙げよう。ポーランド・カトリック協会のアントニウス協会は、チェンストホーヴァの聖母像の絵が描かれている旗の携帯を警察から禁じられ、違反した場合には、一五〇マルクの罰金を科すと脅迫された（『翻訳』一九〇五年一〇月二五日。RA, I, Nr. 153)。『ヴィアルス・ポルスキ』紙は、ここにおいて、ビスマルクがカトリック抑圧のために行った文化闘争を思い起こしていた。さらに、一九一二年一月四日ゲルゼンキルヒェン-ブルムケで体操協会のメンバーの葬儀が行われたさい、警官が葬列に割って入り、旗持ちを逮捕し、旗を押収した。その旗の一方の面には、チェンストホーヴァの聖母像が描かれていた。結局、旗持ちは釈放され、旗も返されたが、協会に対しては、今後、このような危険な旗を掲げて葬儀に参列することは禁じられた（『ヴィアルス・ポルスキ』一九一二年一月九日。OD, Nr. 887)。

そのほかに、これに類する例には枚挙にいとまがない。カトリックの祝祭日や記念祭典などでよく行われた許可制の公開パレードでは、ポーランド民族固有の帽子や赤い飾り帯、白・赤の旗などの民族的表徴を帯びることは厳禁された。警察の見解によれば、帝国結社法第七条からしても、ドイツ人の目にも触れる公共かつ公開の場において、そういうしるしを帯びることは、「公共の安寧秩序」を乱す恐れがあるからだった。

図 22　チェンストホーヴァの聖マリア像（黒い聖母）

それにしても、白・赤の色の使用規制はいかにも恣意的である。ヴェストファーレン州やドルトムント市の色に見られるように、住民の生活実態からすると、これは行政当局にも困惑の念を引き起こすことにもなった。たとえば、一九〇九年のフランチェスコ修道会七〇〇周年記念祭典のさい、白・赤の旗にポーランド民族的性格を認めようとするボーフム警察本部に対し、レックリングハウゼン郡長は、それは「当地の風習・習慣を知らない」ことを示しているにすぎないとして、警察の判断に疑問を投げかけている(一九〇九年一〇月二二日付報告。RM, Abt. VII, Nr. 23, Bd. 2)。しかし、すでに述べたように、巡礼等においても、白・赤の帽章が自粛されるなど、警察の規制はポーランド人の上に重くのしかかっていたのである。いずれにせよ、当局は、規制の実効を上げるために、性格の異なるパレードごとに対応処置を検討し、警察による特別の行政命令を考慮することになる(たとえば、一九一三年八月一八日、ミュンスター県知事。RM, Abt. VII, Nr. 23, Bd. 1)。

文化統制

西部工業地域において、発禁本の普及の問題が行政・警察当局の注意を引き始めるのは、世紀転換期ごろのようだ。ポーゼン州知事は、プロイセン内相にその旨を報告し、事前に監視体制を強化すべきことを進言している(一九〇〇年九月一四日付報告。OP, Nr. 2748, Bd. 3)。本章*1*の冒頭に記したマルチニャク裁判は、ポーランド語出版物の押収に関わる最初の事例に属していた。この当時では、マルチニャクが普及に努めたとされた祈祷書『ポーランドの楯』のほかに、西プロイセンのグラウデンツで発行された小祈祷集の押収が知られているが(『ライニシュ=ヴェストフェーリシェ・アルバイターツァイトゥング』一九〇〇年九月二五日。OP, Nr. 2748, Bd. 3）、その後一〇年のうちに、ポーランド語出版物そのほかの押収は飛躍的に拡大した。この間、工業地域のすべての警察は、ポーランド人書店のアドレスを保有し、彼らを監視した。一九一〇年七月から翌年一〇月にかけて、絵はがき六三枚、印刷物三九冊、絵二一枚が押収された。ここにおいては、ボーフム中央本部が決定的な役割を果たしていた（一九一一年一〇月三〇日付ボーフム警察本部長のアルンスベルク県知事宛て報告。RM, Abt. VII, Nr. 36, Bd. 1）。

ポーランド民族運動の発展にともなって、民族運動の監視を徹底させるためにも、ポーゼン警察本部長は、ポーランド語の発禁図書、その種の歌・絵等に関する一覧リストを作成しなければならなくなった。二〇世紀に入り、プロイセンの各地から、発禁図書等に関する問い合わせが目立ってきたからである。一八五〇年にまで遡るリストの作成は、裁判判決の照合などもあって難航したが、一九〇三年七月やっと完成し、冊子として発行された。これは、民族運動の展開に合わせて、内容が順次新たに補充されるべきものだった（一九〇三年七月一日発行のリスト。RM, Abt. VII, Nr. 36, Bd. 1）。

発禁図書・図画等の一覧リストはどのようなものであったのか。一九一一年に発行された『一八五〇年から現在に至る、発禁のポーランド語非定期印刷物および扇動的と認められたポーランド語の歌・図画一覧表』（第六版）を以下に示そう（RM, Abt. VII, Nr. 36, Bd. 2）。ここからは、ポーランド人の文化・思想生活に厳しい統制の手が伸びていたことが理解されるだろう。

A　正規の裁判所によりその押収、没収あるいは不使用を宣告された印刷物―四〇九点。

B　正規の裁判所の判決により扇動的と認められたポーランド語の歌のリスト──二四四点。
C　ポーゼンの演劇検閲官によって上演を許されないポーランド語演劇のリスト──三五点。
D　ポーゼンの演劇検閲官によって禁止された詩および朗読のリスト──四三点。
E　帝国出版法第一四条に基づく帝国宰相の通達により国内でその販売が二年間禁止されている外国の定期印刷物──四点。
F　裁判判決によりその販売と展示が禁止されているポーランド語の絵はがき・便せん・絵・旗・記章等──二一二点。
1　歴史的内容のカード──一六点。
2　寓意的内容の郵便絵はがき──七六点。
3　詩と挿絵つきの郵便絵はがき──九七点。
4　体操協会のカード──一四点。
5　ヴレッシェン学校騒動および学校ストライキを題材としている郵便絵はがきならびに同様のカード──九点。

以上の内容を、一九〇三年および一九〇六年の『一覧表』をも合わせて、もう少し具体的に説明しよう。たとえば、ヴレッシェン事件を描いている絵はがきのなかに、このようなものがあった。「下着までむき出しの三人の少女が柱に縛りつけられている。その隣に、右手に鞭を持った眼鏡をかけた男がいる。彼は子どもに突っかかろうとするかのように、左手で右のシャツの袖をたくし上げている。男の頭上には「ＨＫＴ」の文字。柱には、白いポーランドの鷲がとまっている」（一九〇六年『一覧表』。RM, Abt. VII, Nr. 36, Bd. 1）。この絵のなかで、少女とは、宗教の時間にドイツ語の聖書を読み、ドイツ語で答えることをあくまで拒否したポーランド人少女を指しており、男が彼女らを折檻しようとしている教師であることは言うまでもない。「ＨＫＴ」は、もちろんドイツ民族主義者《ハカティステン》のことである。ヴレッシェン事件そのものが、ルール地方のポーランド人に大きな影響力を及ぼしていただけに、ルール地方当局もこうした絵はがきの普及には目を光らせたことだろう。

図23が何を意味しているかは一目瞭然だろう。これは、一九〇二年一月七日グネーゼン地方裁判所刑事部により、刑法典第一三〇条に該当するとして禁止された便せんに描かれていた模様である（一九〇三年『一覧表』。RM, Abt. VII, Nr. 36, Bd. 1）。盾形紋章の三つの地には、ポーランドを示す白い鷲、鎧で身を固め剣を振りかざしている騎士、大天使ミカエルの絵が描かれ、チェンストホーヴァの聖母像が中心を占めている。左右のそれぞれの旗に記されている年は、ポーランド人が蜂起した年であり、下のリボンの両端には、第一次および第二次ポーランド分割の年が記されている。いばらの冠に縁どられた一七九五の数字は、言うまでもなく、第三次分割、ポーランド国家が抹殺された年を指している。リボンに書かれているポーランド語は、「神よ、ポーランド人を救いたまえ」という意味である。この図では省かれているが、絵の下には、「共同の力だけがわれわれを救うことができる」とポーランド語で書かれていたという。これ以上説明する必要はないだろう。ポーランド分割と民族蜂起とを重ね合わせたとき、そこに、ポーランド人の現状批判と民族意思を容易に読み取ることができる。

図 23　発禁処置を受けた便箋の模様
チェンストホーヴァの聖母像を囲んでいるラテン語は、「ポーランドの女王であるイエス＝マリアよ、われわれのために祈りたまえ」という意味である。

図 24　発禁処置を受けた便箋の模様
ポーランドの最後の分割。

もう一つの例を図24で示そう。これは、「ポーランドの最後の分割」と題された絵であり、折れた柱の残骸にもたれかかり、老人が目を伏せ、心痛にやつれて座っているという図である。彼は、戦い敗れたポーランド人を象徴しているのであろうか。彼の左腕は包帯で吊るされ、足元には大鎌、サーベル、太鼓、大砲の砲身と車輪が転がっている。男の妻と子どもの表情が痛ましい。男の被っている帽子は、ポーランド民族固有のものだろう。男の頭上の円柱にはポーランドの白い鷲を描いた盾形紋章があり、三頭の黒鷲が互いに獲物を得ようとそれに爪を立てている。黒鷲が何を表しているかは言うに及ばない。鷲の群れの上の月桂冠に囲まれているのは、皮鞭である。

以上は、禁止リストに含まれているもののごく一部にすぎない。それは多数の書籍、賛美歌等にまで及び、ポーランド・ロマン派を代表するミツキェヴィチ、スウォヴァツキの詩のいくつかも禁じられた。プロイセン支配の圧力は、ポーランド人の心のなかにまで深く食い込んだのである。

3 民族差別と改姓問題

民族政策としての改姓問題

ルール地方において、プロイセン政府当局者が、ポーランド姓からドイツ姓への改姓問題に注意を向け始めるのは、二〇世紀になってからのことである。一八九〇年代にドイツ東部からの移住者が激増し、それに伴って、ルール地方におけるポーランド人も急速に増加した。ルール・ポーランド人の民族運動が展開される一方で、ドイツ社会への同化を求めて、ドイツ姓への改姓を希望する者も出てきた。ドイツ・ナショナリズムを推進していた全ドイツ連盟は、さっそくこれに反応した。ポーランド人のドイツ化のためには、彼らの改姓が有効な手段となることを連盟は認識したのである。ここではすでに、改姓に伴う費用の免除すら要求されていた（ADV（Hg.）, 1901 : X）。

プロイセン下院議会において、一九〇一年度予算審議のおり、このようなポーランド人の動向が取り上げられた。そこでは、改姓申請の手続き、改姓許可のさいに支払うべき高額（三〇マルク）の印紙代のことが問題にされた。つまり、その印紙代が改姓の障害になっているというのである。これを受けて、プロイセン内相ハンス・クリスティアン・フォン・ハマーシュタインは、一九〇一年六月二七日の通達において、「ポーランド人とドイツ人の融合」を促進するために、「貧困が立証された」場合には、印紙代を五マルクに減額できることを明らかにした（RA, I Sta, Nr. 474）。

じつは、五マルクへの減額措置は、この通達以前にすでに実施されていた。しかし、改姓問題に伴う障害を取り除くための提案を下級行政当局に求めている点で、この通達は大きな意味を持った。つまり、これは、下級行政当局が改姓問題の現状を洗い直すきっかけになったからである。ヴェストファーレン州アルンスベルク県でも、この趣旨に沿ってさっそく調査が行われた。これに関する史料が不十分なため、アルンスベルク県全体の状況を掴むことは難しいが、当時、プロイセン下院議会で指摘されたほど改姓の申請が増えていたとは、とうてい思われない。

しかし、その後、ポーランド姓からドイツ姓への改姓申請者の数は、あきらかに増加した。ヴェストファーレンの新聞でもこの事実が取り上げられ、そこでは、ポーランド人移住労働者の改姓希望が、印紙代五マルクへの減額措置をもってもなお実現されにくいことが強調されていた。ヴェストファーレン州知事は、ここであらためて、一九〇六年一〇月一一日、以下の問題についてアルンスベルク県知事の意見を求めた。第一に、印紙代の額が改姓申請の障害になっているという見解は、実際の経験からして妥当であるかどうか、第二に、適当なファンドを用意することによりポーランド人の改姓志向を促進する必要があるかどうか、の二点である（RA, I Sta, Nr. 474）。

プロイセン蔵相ゲオルク・フォン・ラインバーベンも、プロイセン内相テーオバルト・フォン・

ベートマン＝ホルヴェークとともに、『テークリッヘ・ルントシャウ』（日刊評論）紙の報道（一九〇六年九月四日）に触発され、ドイツ西部における改姓問題の解決が急がれねばならないことを認識した。彼らは、一九〇六年一〇月三一日の通達において、東部での問題解決の方向をヴェストファーレン州知事に指示した（RA, I Sta, Nr. 474）。すなわち、彼らは、ポーゼン州および西プロイセン州両知事に宛てた蔵相＝内相の共同通達（一九〇二年一〇月四日）を、ヴェストファーレン州の場合にも適用すべきことを勧めたのである。

ここで持ち出された共同通達は、あきらかに、ポーランド人の排外・敵視を目的としたオストマルク協会の圧力を受けていた。同協会は、ドイツ東部において、かつてドイツ姓をポーランド姓に変えた者がふたたびドイツ姓に戻ろうとするとき、改姓に伴う費用のために、その希望を断念せざるを得ないことを問題にしていた。プロイセンの蔵相と内相は、この指摘を重視した。共同通達は、そのような場合に当事者に支払い能力がないとき、一八九五年七月三一日の印紙税法による印紙代徴収の免除をうたっていた。くわえて、印紙代の支払い能力の調査にさいしてはできるだけ寛大な処置をとること、改姓に伴う諸費用は知事の「自由処理資金」で充当することを要望していた。

一九〇六年一〇月三一日の通達およびこの共同通達は、アルンスベルク県においては、県知事の手を経て、県内の各郡長・市長に回送された。これに対する反応の詳細については分からない。アルテナ郡長は、同年一一月一九日、県知事に対し、五マルクへの減額措置が取られる以上、印紙代が改姓の障害になっているとは考えにくいと述べているが（RA, I Sta, Nr. 493）、こうした意見が一般的だったかどうか判断できない。ただ、ここで、アルテナ郡長が、「自由処理資金」の充当をポーランド人のドイツ社会への同化を促進するきっかけとしてのみ歓迎できると述べていることは、見逃せないだろう。

改姓問題を急転回させるインパクトは、またも東部から来た。ここでもまた、オストマルク協会の突き上げが功を奏した。彼らに言わせれば、資産のない申請者がふたたびドイツ姓を希望する場合のみ印紙代が免除される方策では、民族闘争の激化に対応できないのであった。つまり、彼らは、ドイツ姓を新しく申請する場合にもすべて、印紙代の免除を要求したのである。プロイセン蔵相ラインバーベンは、資産ある人びとも印紙代そのほかのために改姓申請を断念することはあり得ないことではないとの判断を示して、内相ベートマン＝ホルヴェークとともに、オストマルク協会に全面的に屈した。二人の再度の共同通達（一九〇七年三月一一日）は、かくして、ドイツの民族的利害の観点から、恩赦によって改姓のさいの印紙代免除を行う用意があることを明言した（RA, I Sta, Nr. 474）。これは、東部二州のみならず、ヴェストファーレン州知事にも通告された。

改姓問題の最後の仕上げは、一九〇九年六月二六日の印紙税法修正法令（七月一日発効）によって行われた。ここにおいて、外国姓のドイツ姓への変更が問題であるかぎり、改姓に必要な印紙代は免除されることになった。改姓問題は、ドイツ・ナショナリズム勢力の突き上げのなかで、プロイセン＝ドイツの民族政策に完全に組み込まれた。印紙税免除による政府からの改姓奨励は、ルール・ポーランド人への日常的な圧迫と連動して、彼らに少なからぬ影響を与えたのである。

急増する改姓者

ノルトライン＝ヴェストファーレン州立文書館（ミュンスター）には、アルンスベルク県の戸籍局の改姓文書史料が残されている。改姓文書の一冊の綴りには多少の厚さ薄さの違いはあるが、一八九〇年代から一九〇七年までは、一年につきせいぜい二～三冊であるのに対し、帝国結社法の成立する一九〇八年以降大戦前までは一〇冊以上、とくに一一年、一二年には、それぞれほぼ二〇冊に及んでいる。しかも二〇世紀初めまでは、さまざまな理由から改姓を申請するドイツ人もけっこう見受けられるが、とりわけ一九〇八年以降になると、ポーランド姓からドイツ姓への改姓が圧倒的比重を占めるようになる。この点からも、結社法によるポーランド人への抑圧が増し、プロイセン政府が改姓を全面的に支援するようになって以来、ポーランド人の改姓が急増したことが確認できる。しかも、これは、図25のように、記載項目など改姓申請書類が整備され、改姓が簡便化されていった状況に対応している。

しかし、改姓手続きの整備は、改姓者の改姓動機・生活状況・社会意識などを知ることを困難にしている。なぜなら、書類の形式化は、詳しい改姓理由を問うことなく、例外はあるにしても、改姓希望者をそのまま受け入れることを意味したからである。それ以前では、書式が整っていなかった代わりに、内容ある改姓理由を書かねばならず、本人に対する調査も厳密だった。

改姓に踏み切ったポーランド人の背景には、「ポーランド野郎」に象徴されるポーランド人への蔑

Antrag auf Namensänderung.

Brackel, den 25. Oktbr. 1911.

1. Des Antragstellers:
   a) Vornamen (sämtliche) und Familienname (richtiger), Stand oder Gewerbe;
   b) Religion;
   c) Staatsangehörigkeit;
   d) Aufenthaltsort, Straße und Hausnummer;
   e) rechtlicher Wohnsitz (§§ 7 ff. B. G.-B.).

Erscheint heute, der Person nach bekannt,
der Bergmann
Wilhelm Krajewski
evangelischer Religion, staatsangehörig in Preußen,
wohnhaft in Wambel, Holz-
Hermannstraße No 93
mit rechtlichem Wohnsitz in Wambel
und erklärt:

2. a) Welcher Name soll geändert werden, der Vorname oder der Familienname?[1]
   b) Welche Aenderung wird beantragt?[2]
   c) Welche näheren Gründe werden dafür angegeben?
   d) Ist der beantragte Name bereits bisher geführt worden? Bejahendenfalls sind amtliche Urkunden (Geburtsurkunden, Militärpapiere, Schulzeugnisse, Familienbuch ꝛc.), worin der beantragte Name etwa bereits angeführt worden ist, beizubringen.

Ich beantrage hiermit die Genehmigung zur Aenderung
meines Familien-
namens von Krajewski
in Reinhard. Die
Stellung des Antrags
geschieht hauptsächlich
im Interesse meiner
Kinder, damit denselben
der polnische Name später
für ihr Fortkommen
nicht

図 25　改姓申請書

ドルトムント-ヴァムベルの鉱夫クライェフスキは、ラインハルト姓への改姓を申請している。彼はプロテスタントであり、おそらくマズール人であろう。1911 年当時は、このように、書式が整備されていった。

視・差別の問題があるが、その具体的な動機はさまざまだった。ある申請者は、明快なドイツ語で、ドイツ姓に改姓したい旨を強く要望していた。ポーランド人であるがゆえに不当な差別を受ける状況には、我慢できないというのである。彼の願いは、ドイツ姓を獲得することによって、自分の能力にふさわしい社会的地位を確保し、さらに上昇を遂げたいという一点に絞られていた。あるいは、ドイツ人の許嫁と結婚するために、両親や兄弟の反対を押し切って改姓申請書を繰り返し提出した者がいた。また、ある未亡人は、「私はドイツ人だ」と強く訴え、ポーランド民族運動に反発し、「ポーランド姓を恥ずかしく思っている」と述べている。別の申請者は、わが子が「ポーランド野郎」と中傷され、いじめを受けている現実に心を痛めていた。ドイツ社会で生きていかざるを得ない子どもの現在と将来への心配が彼を改姓へと踏み切らせたのである。彼の必死の思いが伝わってくる文面である。さらには、やはり同じような理由を付した改姓申請書類のなかにはつぎのようなものもある。それは、タイプ打ちのきちんと書かれた改姓理由に、かろうじてアルファベットの体をなしているような、金釘流とも言うべき署名をつけていた。おそらく、申請理由は代書屋で書いてもらい、自分の名前はやっとのことで綴ったのだろう（改姓の具体例については、プロローグおよび第一章3、『異郷と故郷』旧版のプロローグを参照）。

以上に紹介したポーランド人の改姓例のなかでは、ルール・ポーランド人の中心を占めていた鉱夫は少なく、圧倒的にそのほかの職業従事者である。これは、移住以前の彼らの生活経験はもとより、西部工業地域における彼らの生活＝居住条件、社会的条件、したがってドイツ社会との結びつきの強弱とおそらく関係している。だが、見逃すことができないのは、およそ一九〇八年ごろからは、鉱夫の改姓者も増えてきていることである。

残念ながら、改姓者の全体の数字を確定することは困難である。申請書類はあるものの、結果が不明であるような場合が見受けられるからである。参考までに一つの数字を挙げておこう。ゲルゼンキルヒェン警察本部の設置（一九〇九年七月一日）以来、一九一二年一二月四日現在、ゲルゼンキルヒェンにおける改姓申請件数は、プロテスタント二八〇、カトリック一八三、計四六三件、申請一件について平均五人（独身者は単独で改姓する場合もあったが、ふつう家族ぐるみの改姓が多かった）の改姓者を算定すると、ドイツ姓に改姓した者はほぼ二三〇〇人以上に上る。ここでは、申請者は、最初はもっぱら東プロイセン出身のプロテスタント・マズール人だったが、その後ポーゼン、西プロイセン、シュレージエン出身のカトリック・ポーランド人が増加傾向を見せていた（RA, I Sta, Nr. 474）。

また、一九一三年五月三日のボーフム警察本部長の報告によれば、工業地域におけるポーランド姓からドイツ姓への改姓件数は、一九一〇年＝三八二件、一一年＝六六八件、一二年＝七六四件と急増している（RM, Abt. VII, Nr. 31）。一九一二年には、三八〇〇人ほどのドイツ姓への改姓者を数えたことになる。たしかに、この数字は、移住ポーランド人、マズール人の全体数から見れば、きわめて小さい割合しか示していない。しかし、改姓がみずからのアイデンティティに関わる問題であることを考えれば、三八〇〇という数字はかなりの重みを持っている。しかも、ここでは、改姓問題がプロイセン＝ドイツのポーランド人民族政策と密接に関係しており、しかもその展開のなかで、改姓者が一九一〇年から一二年にかけて倍増している現実に目を向けるべきだろう。

彼らは、なぜ改姓という手段によってプロイセン＝ドイツ社会と折り合いをつけようとしたのか。改姓というかたちで、ドイツ社会に積極的に同化して生きる道を選び取ったルール・ポーランド人がいる一方で、少なからぬ場合その改姓は自然発生的ではない。再三述べてきたように、「ポーランド野郎」に象徴されるドイツ社会の民族的偏見が、社会的差別を伴って、ルール・ポーランド人の社会生活・職場生活を圧迫していた。このように、彼らの改姓の背景には、異質なものに対する国民国家ドイツの圧力と排除、ドイツ社会における偏見が存在していた。

4 マズール人をめぐるプロイセン政府とルール・ポーランド人の運動

マズール人運動の誕生

ドイツ西部へのマズール人の移住は、一八七〇年代初めの工業発展とともに始まり、ポーランド人の東西移動に先行して、ルール鉱夫の重要な要素をなしていた。彼らは、西部ではポーランド人と同一視され、「ポーランド野郎」と蔑視されていたが、それに反発する彼らの一部は、特別の誇りをもって、「古プロイセン人」と自称するのが常だった。

ルール地方のマズール人については、まとまった研究を寡聞にして知らない。ここでは、一九一四年にボーフム警察本部長によって作成された「西部のマズール人に関して」という覚え書きをもとに、彼らの運動の歴史を簡単に振り返っておこう。

マズール人鉱夫も、ルール労働運動の波に洗われないわけにはいかなかった。そのさい彼らは、ポーランド人鉱夫が最初中央党系のキリスト教鉱夫組合と結びついたのに対して、むしろ「旧組合」、したがって社会民主党に接近した。ここでは、マズール人鉱夫がプロテスタントだったという事情が大きく作用していた。しかし、「旧組合」に組織されていたマズール人の数はけっして多くはない。せいぜい四〇〇人というところだった。それでも、社会民主党のアジテーターのなかに若干のマズール人がいたことは、当局にとって軽視できない事実であった（一九一四年三月一三日付「覚え書き」：2-3。RM, Abt. VII, Nr. 37 a）。

ルール・マズール人がみずからの運動を組織し始めるのは、一八八〇年代後半のことである。一八八六年には、ゲルゼンキルヒェンにおいて、プロテスタントの労働者協会、扶助協会が創設された。その後、東プロイセンプロテスタント労働者協会が創られ、活発に活動した。これは、一八九八年にゲルゼンキルヒェンの一組織と合同し、一九〇八年には工業地域のプロテスタント労働者協会を糾合して、東プロイセン－西プロイセン労働者同盟を結成した（覚え書き：12-13）。労働者同盟は、本部をゲルゼンキルヒェンに置き、東プロイセンプロテスタント労働者協会二〇団体、一六九一人を擁して、「国民的な基盤に立ち、カイザーとライヒに忠誠を尽くし、マズール人の当然の政治的・経済的利害を守ること」を目的の第一に掲げていた（RM, Abt. VII, Nr. 37 b）。一九一四年二月現在では、労働者協会四〇団体、三五〇〇人が同盟に加入していた。同盟の集会では、ドイツ語しか使われず、協会の集会でも老人のみがマズール語を用いるだけで、目的に掲げられていた「マズール語の奨励」はまったく有名無実になっていた（覚え書き：13-14）。

労働者同盟に不満を持つマズール人は、一九一一年に、東プロイセン同盟を結成した。本部をボーフムに置き、古プロイセン連合と別称した。この同盟は、その名前から理解されるように、一種の同郷組織であり、目的として、「真の祖国愛のもっとも重要な土台として、工業地域におけるすべての東プロイセンの同郷人のなかに、共通の故郷への愛と忠誠を育て上げ、彼らを文化的に促進し、助言と行動によって経済的に強め支援すること」をうたっていた。労働者同盟との相違は、東プロイセン同盟が何よりも「故郷」＝東プロイセンとの結合をもっとも重視し、宗派・職業に関係なく、すべての東プロイセン人に門戸を開いていたことであった。東プロイセン同盟は着実に発展し、一九一四年段階で、一三協会、約三〇〇〇人のメンバーを擁していた（覚え書き：14-15）。

ゲルゼンキルヒェン、ボーフム両同盟の関係は厳しいものであった。とりわけ、先行組織としての前者の自己防衛的態度は際立っていた。しかし、当局からの資金援助問題もあり、両者の関係は改善に向かった。一九一四年二月、労働者同盟の代議員集会では、ポーランド人の「祖国敵対的志向」を防止するためには、東プロイセン、西プロイセン出身のすべての同郷人は団結すべきことが強調された（覚え書き：16）。

西部工業地域のマズール人移住者への独自な宣伝活動は、一八九三年にまず、マズール人のプロテスタント牧師であるアレクシがイニシアティヴをとった。『プシヤーツェル・エヴァンギェリェツヌィ』（プロテスタントの友）紙の発行である。それは、『プシヤーツェル・ロボトニーチ』（労働者の友）紙、九四年『ポルスキ・プシヤーツェル・ファミリィ』（ポーランドの家族の友）紙へとかたちを変えたが、マズール語によるこれらの週刊新聞は、マズール人のあいだに特別の関心も呼び起こさなかった。その後、一九〇八年には、ドイツ語の『アルトプロイシシェ・ツァイトゥング』（古プロイセン新聞）が発刊され、労働者同盟の機関紙とされたが、一九一一年七月に停刊を余儀なくされた。第一次大戦前におけるマズール人の新聞発行の最後の試みとして、一九一一年九月に、マズール人のプロテスタント牧師ミュッケライによってドイツ語の『ハイマートグリューセ』（郷土通信）紙が月刊紙として創刊された（覚え書き：17-19）。

マズール人の結社・新聞活動は、ポーランド人のそれに比すべくもない。前述の両同盟に組織されていたマズール人は、ルール地域居住男性マズール人の一二・五％でしかなかったと言われ（覚え書き：22）、しかも、社会のあらゆる分野に民族的組織網を張りめぐらしていたポーランド人に対して、運動のポテンシャルはきわめて小さかった。新聞発行は、当初の期待にまったく反していた。マズール人は、これらの新聞に無関心であったと言ってよいだろう。マズール人のこうした状況の背景には、おそらく彼らの言語事情があった。西部の多くのマズール人は、マズール語よりははるかにドイツ語の方を読むことができたと言われている。彼らがドイツ語をとおしてドイツ社会への同化を進めていたことは間違いない。

しかし、彼らのドイツ社会への同化は、必ずしも彼ら全体の「ドイツ人化」を意味しているわけではない。その点は、プロイセン政府の肩入れがあったとしても、西部工業地域において、マズール人の運動がそれなりに存在していたことからも明らかである。ドイツの歴史家ヴェーラーは、東プロイセンのマズール人が、ドイツ人でもポーランド人でもなく、「マズール語を話すプロイセン人」と感じていたと述べているが（Wehler, 1962 : 149）、西部のマズール人の一部も、東プロイセンとの関係から、「古プロイセン人」としての自覚を保持していた。プロイセン政府は、それゆえに、彼らに対して独自な民族政策を進め、彼らの「カイザーとライヒ」への忠誠の念を掘り起こして、ポーランド民族運動に対抗的な運動を育てようとしたのである。

プロイセン政府のマズール人政策

ポーランド民族運動が誕生し、それが無視できない政治的ファクターに成長するに及んで、プロイセン政府は、ポーランド人政策の一環としてマズール人の動向に注目するようになった。そのことは、プロイセン内相通達に見られるように、世紀転換期にはすでにはっきりしていた。内相通達は、マズール人をポーランド・ナショナリズムや社会民主主義的運動から遠ざけておくための方策に関して、後述する民衆文庫の問題に注目しながら、マズール語の説教の是非を問いかけていた（一九〇二年七月二日付ヴェストファーレン州知事宛て。OP, Nr. 5426）。プロイセン政府は、ポーランド人とマズール人を意識的に分断し、後者を保護・育成して、前者の民族運動にあたらせようとした。その点では、マズール人の運動は、最初から、当局と密接に結びついて出発したのである。

プロイセン政府のマズール人政策の要は、国庫補助金の支給だった。政府のねらいは、補助金援助によってマズール人運動を支え、それを国家の側に導くことだった。何となれば、愛国的意識に支えられたマズール人の運動の発展それ自身が、彼らをポーランド人の運動やドイツ社会主義運動から遠ざけておく最大の保証だったからである。その意味では、前述したアレクシの新聞発行に当局から援助の手が差し伸べられ、ゲルゼンキルヒェンとボーフムのマズール人組織には、文庫拡充の名目で活動援助費が与えられたのは、きわめて当然のことだった。ついでに一言すれば、一九〇一年には、ルール最大の重工業家クルップにより、マズールの新聞企業に対し援助がなされている（一九〇一年一二月二八日付アルンスベルク県知事のヴェストファーレン州知事宛て報告。OP, Nr. 5426）。

補助金の全容の正確なところは分からないが、ヴェストファーレン州について差し当たり史料で確認できる範囲でそれを表に示そう（アルンスベルク県知事のヴェストファーレン州知事宛て報告。OP, Nr. 5426）。

表14で明らかなように、国庫補助金交付に関しては、最初はマズール人のプロテスタント聖職者が仲介の役を果たし、なかでもゲルゼンキルヒェンのミュッケライ牧師は、その後も一貫して重要な役割を果たし続けた。彼が『ハイマートグリューセ』紙を創刊するにさいしては、一〇〇〇マルクの特別補助金を与えられたほどだった（一九一一年九月一三日付ゲルゼンキルヒェン警察本部長のミュンスター県知事宛て報告。RM, Abt. VII, Nr. 37 a）。一九一一年ごろからは、補助金の使途については、ボーフム警察本部長が強い影響力を及ぼすようになるが、それは、ポーランド人監視体制の確立に伴

表 14　マズール人運動に対する年度別補助金

（ヴェストファーレン州）

会計年度	補助金額	配分
1900	600M.	ミュッケライ他計 6 人のマズール人牧師
1901	600	同上
1902	600	ミュッケライ 200M，その他 6 人計 400M.
1904	700	
1906	700	マズール人聖職者 7 人
1907	700	同上
1908	925	ボーフムの牧師ホーフ 100M.
1909	700	
1911	1200	ボーフム警察本部長 700M. ミュッケライ 200M. 宣伝用カレンダー 150M.
1912	1500	ボーフム警察本部長 1100M. ミュッケライ 300M. 宣伝用パンフ 100M.
1913	1500	ボーフム警察本部長 1200M. ミュッケライ 300M.
1914	1600	ボーフム警察本部長 1200M. ミュッケライ 400M.

（アルンスベルク県知事報告より作成．OP, Nr. 5426）

う当然の対応であろう。

補助金の使途の主要部分は、マズール人運動の中心であったゲルゼンキルヒェンそのほかにおけるマズール人の民衆文庫・移動文庫の創設ないしは強化に使われている（以下、民衆文庫、カレンダー、パンフに関する記述は、アルンスベルク県知事報告による。OP, Nr. 5426）。それらは教会の一室に付属していることが多かったようだ。前述したように、労働者同盟、東プロイセン同盟の文庫制度促進のためにも利用された。プロイセン当局の最大の関心は、ポーランド・ナショナリズムや社会民主主義の影響を防ぐために、ドイツ民族主義的な著作・図書を普及させることによって、マズール人を教化することにあった。文庫に収容する本については、最初はゴチック文字によるマズール語の図書も考慮されていたが、マズール人のドイツ語習得度が高いということもあって、しだいにドイツ語の本の比重が高くなり、ついにはドイツ語の本のみになった。

一九一一年の宣伝用カレンダーとは、東プロイセン家庭カレンダー一〇〇〇部の購入にあてられたものであり、翌年にも同じカレンダーを普及させるために、ボーフム警察本部長からその倍額が交付されている（一九一二年一月一〇日付および七月四日付報告）。一三年には、オストマルク・カレンダーが購入されたが、いずれもドイツ・ナショナリズムの線で編集されていた。

一九一二年の宣伝パンフは、この年の労働争議を機会に、ポーランド人職業組合に加盟しているマズール人を主な対象に作成されたものである（一九一二年七月四日付報告）。一九〇八年のホーフ牧師への一〇〇マルクは、宗教的なパンフ作成に使用された（一九〇八年一二月三〇日付報告）。こうした宣伝には、オストマルク協会のルール地区連盟も独自に協力した。一九一一年四月一日付のボーフム警察本部長の報告によれば、オストマルク協会発行のビラは、マズール人とポーランド人の民族的対立とマズール人住民のドイツ的性格を強調しており、普及のために五万部も用意されたという（アルンスベルク県知事宛て報告。OP, Nr. 6396）。

こうしたプロイセン政府のマズール人政策は、マズール人のための新聞発行を助成し、彼らの民衆文庫創設に力を尽くし、マズール民族組織にテコ入れした。それらすべては、いわばドイツ・ナショナリズムの観点から推進されたのである。しかし、マズール新聞への彼らの反響は小さく、労働者同盟等の影響力は限られていた。民族政策自体の実質的成果は、それほどのものではなかったように見える。実際に、ボーフム警察本部長ゲルシュタインは、「工業地域に住んでいる成人男性マズール人の……八七・五％は組織にはいまだ疎遠であり、そのかなり大きな部分は民族的に無関心であるか、反民族的政党の甘言にすでに屈してしまっている」（前掲報告：22）と述べて、内心の苛立ちを隠そうともしていない。

しかし、ここで注目しておきたいのは、むしろ、プロイセン当局が、ポーランド民族運動に対抗して、その影響がマズール人に波及するのを未然に防ぎ、マズール人のアクティヴな分子を新聞・同盟に組織して、ドイツ・ナショナリズムの社会的基盤を広げようとした姿勢である。プロイセン当局からすれば、思い通りの成果を上げることができなくても、マズール人のドイツ社会への同化傾向を踏まえて、独自のマズール人政策により彼らとポーランド人のあいだにくさびを打ち込み、マズール人活動分子をドイツ国家の積極的な担い手に変えていくことは、それだけで少なからぬメリットがあっただろう。

ルール・ポーランド人とマズール人

ルール工業地帯においては、ドイツ東部とは異なって、ポーランド人とマズール人は隣接して居住し、また職場の炭坑でじかに接する機会も多かった。にもかかわらず、両者の関係は疎遠であり、ルール・ポーランド人が、マズール人を自分たちの視野に入れて運動を起こしていくのは、かなりのちのことであった。言語的にはきわめて近かったが、両者の歴史、とりわけ宗教の相違が、両者を隔てる壁になっていた。

それにしても、プロイセン政府が世紀の交わりにはすでにマズール人に働きかけていたことを考えると、ポーランド人のマズール人対策の遅れには、奇異の念がしないでもない。しかし、ポーランド民族運動の主要な流れが、カトリック意識と民族意識を柱として形成されていくだけに、マズール人問題は、ひとまず運動の枠外に置かれていたと考えてよいだろう。とはいえ、ポーランド民族運動がマズール人問題を意識していなかったわけではない。一九〇五年には、ポーランド人職業組合はマズール人が使っていたゴチック体でアピール文を印刷している。また、職業組合は、マズール人を演説者に立て、彼らのための集会を組織している（Kulczycki, 1997 : 79）。ともあれ、ポーランド民族運動がマズール人に積極的に働きかけ始めるのは、帝国結社法や監視体制の中央集権化によって、ポーランド人がプロイセン政府の反動攻勢にさらされるようになってからのことである。

一九〇八年の後半から翌年をとおして、『ヴィアルス・ポルスキ』紙には、ルール諸地域のポーランド人コロニーに関する報告が逐一掲載されていく。それは、おそらく、いま述べた厳しい状況に直面して、ポーランド人の社会生活や協会生活、民族的事態を洗い直そうとする意図から出ている。ここで目を引くのは、ポーランド人の現状と問題点を紹介するこれらの記事の多くが、同時に、マズール人についても簡単ながら触れていることである。それらは、総じて、ポーランド人とマズール人との関係が疎遠であることを指摘している。たとえば、そこでは、「マズール人はポーランド人と一緒にならず、しだいにまったく脱民族化してきている」（一九〇九年五月一三日。OD, Nr. 886）、「マズール人はポーランド人との結びつきを求めず、ドイツ人の方を見やっている」（六月二〇日）、「ポーランド人に対してよそよそしい態度」（六月二六日）、「ポーランド人に対する関係はかなり冷淡」（七月二二日）などの表現が目立っている。

同時に、『ヴィアルス・ポルスキ』紙は、一九〇九年九月八日付の記事で、コシチンスキの小冊子『マズール人』を取り上げ、「異郷」におけるマズール人の居住状態は彼らの啓蒙にとって有利であり、ポーランド人による彼らの救済が必要であることを説いた（OD, Nr. 886）。これ以降、マズール人の「ドイツ化」を防ぎ、彼らをポーランド人の側に獲得すべきという主張は、さまざまな方面から聞かれるようになる。その場合、こうした主張に一貫している特徴は、マズール人を「わが兄弟」と呼び、東プロイセン出身の「プロテスタント宗派のポーランド人」と位置づけていることである。ここでは、言語の共通性が意識され、「ポーランド語とマズール語との何らかの相違を立てるために、マズール語と呼ばれた」（『ナロードヴィェツ』（一九一一年一月二一日。OD, Nr. 887）とも捉えられた。そして、「プロテスタント的性格」から国民自由党に従っているマズール人に変化が出てきたことを認め（同上）、「マズール人の同盟者は当然ポーランド人だけだ」（同上、一九一一年九月一二日）とまで断言されている。

奇妙なことに、ドイツ当局やマズール人の側からは、マズール人を歴史的に跡づけようとした小冊子・ビラなどが出されているのに対し、政府や警察関係の史料によるかぎり、ポーランド民族運動の側から、歴史にまで踏み込んでマズール人問題を考察しようとしたものは、あまりにも少ない。彼らは、両者の相違を越えて、頭からマズール人をポーランド民族と括っているかのようである。

マズール人獲得の試み

その意味では、ポーランド語で書かれた『ヴェストファーレン・ラインラントの手引き』と題された本のなかの一章「マズール人」は、注目すべき議論を展開していた。著者は不明だが、おそらくポーランド人と見て差し支えないだろう。この「マズール人」の章は、多少歴史に立ち入っている。著者のポーランド民族運動に対する視線は厳しい。その議論をかいつまんで要約すれば、以下のようになる（『翻訳』一九一三年一〇月二四日。RM, Abt. VII, Nr. 37 a)。

マズール人は純粋にポーランド民族の一つであるけれども、むしろドイツ騎士団に臣従し、その兄弟から分かれた。その結果、マズール人は、思考・志向性において独自の文化を形成し、独自の方言すら生み出したのである。また、マズール人は、すぐれてプロテスタントを信仰している点で、ポーランド人と違っている。彼らも、ポーランド人と同じく非常に宗教的であり、ポーランド語による不十分な司牧の結果、教区ごとにまとまって自分たちだけで宗教行為を執り行っている。それだけに、彼らのあいだでは、さまざまなセクトが顕著である。

マズール人は、ほかのすべての健全な民族と同様に、自分たちの伝統・慣習・言語に執着している。また、社会的理想も守ってきている。しかし、それらを強力に育成するには、彼らはあまりにも無力である。

純粋に民族的な点のみを考慮すれば、ポーランド人とマズール人とのあいだのすべての違いはぼやけてしまう。ゲルマンの洪水、プロイセン政治の暴力行為に対するポーランド民族の態度、それは、ポーランド－マズール共通の志向である。それならば、両者の分裂の本来的な原因は何か。それは、宗派の相違、そして方言の相違、端的に言えばポーランド語の発音の相違にある。マズール人はプロテスタントであるがゆえに、「ドイツ人」と見なされ、そこでマズール人に対する不信、しばしば憎悪さえ生まれた。一方、両者の生活上でのさらなる分解的要素であるポーランド語の発音の問題は、相互に不信と軽蔑の念を強めている。

マズール人は、ポーランド民族にとってはたして救いようがないのであろうか。西部の事情は有利である。労働をとおして接触する機会は多く、ポーランド人とマズール人が同じ家に住んでいる場合もある。また、ポーランド人がドイツ人のカトリック聖職者の意思に抗しているように、マズール人がドイツ人牧師から独立して、彼らの祈祷協会に結集していることも、一つの利点である。なぜなら、彼らはドイツ人牧師の影響力をそれほど受けていないからである。

われわれは、マズール人を獲得するうえで、社会民主主義者の態度を見習うべきだろう。彼らはけっしてマズール人を馬鹿にせず、相手を対等な人間として扱っている。われわれは、まず自己の民族感情を押しつけてはならない。相手の主体性を尊重し、彼らの思考方法を理解して、それにふさわしい態度をとるべきである。

さらに、われわれが社会民主党から学ぶべき点は、彼らが物質的・職業的問題を通じてマズール人を獲得しているということだ。われわれがマズール人の信用を得るためには、彼らのなかにただ労働者の側面のみを見なければならない。そして、彼らを獲得したならば、すぐさま彼らをポーランド協会に引きずり込むようなことがあってはならず、彼らのために独自のセクションを作る必要がある。

ポーランド人職業組合のマズール人組織化の成果も、以上の点に関係している。しかし、その成果はあまりにも乏しい。マズール人のあいだに、教育や民族的理念を呼び起こすための特別の組織がぜひ必要だ。まずは、マズール語の新聞が必要である。

以上の議論は、何よりもマズール人の主体性を尊重しようとしている点で、ひときわ際立っている。ポーランド民族運動のなかに一般的に見られる反社会主義的風潮を考えれば、その社会民主党観——マズール人問題に限ってのことだが——は、異質ですらある。こうした理解がボーフム中央本部の大きな注目を集めたとしても、ポーランド民族運動内部にどのような反響を呼んだのかは、いまのところ掴むことはできない。

ただ、ここで触れられていたポーランド人職業組合の役割については、すでに当の職業組合自身が意識していたことだった。それでは、「その成果はあまりにも乏しい」と嘆かれたマズール人組織化の取り組みは、実際にはどうだったのか。職業組合機関紙『グウォス・グルニカ』の一九一〇年二月三日号は、マズール人鉱夫とポーランド人労働者との結びつきの弱さはポーランド人側の努力不足によるとして、このように述べていた。「職業組合鉱夫部門の規約が政治的・宗教的争いを排除しているることにより、職業組合は、マズール人を獲得するのにふさわしい組織であり、組合は彼らのあいだに宣伝し、とくに彼らのなかにマズール人問題に取り組む信任者を持たねばならず、そのためにも、まず支部集会に彼らを招待しなければならない」(一九一〇年二月五日付ボーフム警察本部長のアルンスベルク県知事宛て報告より要約。RM, Abt. VII, Nr. 35 a, Bd. 1)と。こうして、マズール人を獲得するための具体的な取り組みが始まった。ドイツ紙は、ポーランド人がマズール人鉱夫の集住地域で彼らの家を一軒一軒回り、職業組合にリクルートしている様子をリポートしている。リクルートを進めやすくするために、ソシンスキは、職業組合のカトリック的なポーランド・ナショナリズム的性格を否定しようとさえしたという(Kulczycki, 1997 : 80)。

一九一一年七月には、職業組合編集による新聞の第一号が発行され、その後同紙は『ミェシェチニク・グルニチ』(鉱夫月報)と改称されて、普及していった。このような努力が徐々に実を結んでいったことは確かである。ボーフム警察本部長も、ある「成果」を認めている(前掲覚え書き : 7)。それにしても、職業組合のマズール人メンバーは、数百人程度であったようだ(Kulczycki, 1997 : 81)。ポーランド人とマズール人とのこれまでの関係を考えるならば、急激な変化は望むべくもなかった。しかもなお、ポーランド人がマズール人に対して宗教的・言語的偏見を持っていたとすれば、なおさらである。マズール人の多くがドイツ語に馴染んでいたという現実からすると、新聞の効果にも疑問符を付けざるを得ないだろう。

ルール・ポーランド人の運動のマズール人観と一ポーランド人の反省

ポーランド人とマズール人とのあいだの溝は、結局埋められないままに終わった。両者は民族的出自においては同一であり、同じ言語体系を持っていたとしても、それぞれの歩んできた歴史の違いは、大きかった。マズール人の「故郷」である東プロイセンは、ドイツ騎士団、プロイセン公国、プロイセン王国とドイツ人の支配を受けてきた。ときにポーランドの影響下に入ることがあっても、マズール人のあいだで、親プロイセン的＝親ホーエンツォレルン的傾向が支配的だったことは、一般に知られている。一九世紀を通じて、言語などのうえでも、彼らのドイツ社会への同化は著しく進んだ。生活上でのポーランド人との接触も希薄だった。彼らがプロテスタントであるという事情も、ここでは大きく作用していた。

そこで、ルール・ポーランド人の運動にとっては、宗教問題の解決が何よりも要求された。彼らは、この問題について慎重な態度をとった。民族運動側は、「マズール人の宗教的感情は無条件に認められねばならない」(『ナロードヴィェツ』一九〇九年一一月二七日。OD, Nr. 886) ことを認めたうえで、宗教問題を差し当たり棚上げしようとしたのである。こうして、ルール・ポーランド人の運動は、「プロテスタント宗派のポーランド人」(マズール人) と「カトリック宗派のポーランド人」が「兄弟」として「政治的・職業的問題で共同すべき」ことを提唱した (『ヴィアルス・ポルスキ』一九一〇年五月三一日。OD, Nr. 886)。ここにおいて、マズール人鉱夫獲得の課題を負わされたのがポーランド人職業組合だったことは、すでに述べた。しかし、マズール人をひとしなみにポーランド人と呼ぶことには、マズール人が大きな違和感を持ったであろうことは容易に想像できる。しかも、職業組合はルール地方のカトリック・ポーランド人の結集体であるという事実には変わりなかった。とすれば、いくら宗教的問題を棚上げしようにも、プロテスタンティズム信仰に立つマズール人側の拒否反応を解消することは難しかったに違いない。たとえば、ミュンスター県ブーエルのマズール人組織、東プロイセン労働者協会は、職業組合の宣伝を拒否することを決定している（一九一〇年六月一四日付アルンスベルク県知事のプロイセン内相宛て報告。OP, Nr. 5426)。

最後に、ポーランド人とマズール人の関係を見る場合、私たちがやはり注目したいのは、ポーランド人の宗教意識やマズール人観の持つ問題の大きさである。ここで問われるのは、ポーランド民族運動におけるカトリシズム信仰がポーランド文化への確信と自負、言葉を換えれば、その優越性の意識と結びついていたのではないかという問題である。当時のルール・ポーランド人運動においては、ポーランド人の進むべき方向が「十戒」としてさまざまな場で示された。それらのうちの一つの一節は、ポーランドである「私」がポーランド人に呼びかけるかたちで、こう述べている。「きみは、私がドニエプル川、ドヴィナ川にいたるまでの西方文化を担ってきたこと、私がヨーロッパの楯であり、キリスト教と文明の拠点であったことを覚えていなさい」と（『ヴィアルス・ポルスキ』一九一三年六月一二日。RM, Abt. VII, Nr. 36 a, Bd. 2)。

これに類似した言い回しはほかでもよく見られるが、右に示した言葉は、「東方」と「西方」という「野蛮」―「文明」の周知の二分法をうかがわせるとともに、ヨーロッパ世界、すなわち「キリスト教と文化（文明）を担った」ポーランドの役割をとくに強調している。ここにおいて、キリスト教信仰（カトリシズム信仰）とヨーロッパ文化の高さとが不可分のものと認識されていることは言うまでもないし、しかもそこには、それらを支えてきたのがポーランドであるという強烈な自負がみなぎっている。

それでは、このような捉え方は、ポーランド民族運動を取り囲む状況のなかでは、いったいどのような機能を果たしているのだろうか。民族運動一般にしばしば見られるように、ポーランド人も過去の歴史のなかにみずからのアイデンティティを求め、民族文化の高さを誇示することが常だった。それは、帝国主義期ドイツ国民国家の圧力に対抗して、ポーランド人の民族意識を鍛え上げ、彼らの力を結集するためには必要だっただろう。しかし、そうした意識がマイノリティのマズール人に向かい合うとき、それは容易に差別＝蔑視意識に転化されることが多かったのではないか。

マズール人を自陣営に引き寄せようとしているだけに、ルール・ポーランド人運動の側も、そうした感情を露骨に口に出すようなことはしていない。私の手元にある史料によるかぎりでは、彼らの言葉遣いも慎重である。だが、「当地のマズール人には、民族的な感情を持つ教養ある人びとが欠けている」（『ヴィアルス・ポルスキ』一九〇九年五月一三日。OD, Nr. 886）とか、「（マズール人は）自分自身のことをあまりにも気にかけなさすぎる」（同上、一九〇九年一一月二三日。OD, Nr. 886）とかの表現の背後には、マズール人の異質性の認識や彼らへの批判的感情以上のものが隠されているように思う。すでに紹介したが、同時代のポーランド人の書いた「マズール人」のなかで、「マズール人を馬鹿にせず、相手を対等な人間として扱っている」社会民主主義者の態度を見習うべきだとして、民族運動に再考を求めていることは、ポーランド人がマズール人を「馬鹿にし、見下している」現状を批判しているものと理解されねばならない。

ポーランド人のこうした意識のあり方は、彼らに対するマズール人の反感をいっそう強めた。この点について、同時代人のヴァホヴィャクはつぎのように述べている。「ポーランド人は、マズール人に対し自己の文化的優越性をつねに誇示していた。ここにこそ、ポーランド人が犯した最大の誤りが求められる。まさにこうした事情が、ポーランド人とマズール人とのあいだをかくも疎遠にしたのである」（Wachowiak, 1916 : 14）。

第五章　ルール・ポーランド人の運動と第一次世界大戦

1　第一次世界大戦前夜のルール・ポーランド人

民族的団結を求めて

ルール・ポーランド人の運動は、一九〇八年の帝国結社法によって大きな打撃を受けた。ルール・ポーランド人にとって、運動の発展に何よりも必要だった母語による公開の民族集会を開くことは不可能になった。彼らは、協会活動に重心を移し、その会員集会やさまざまな催し・パレード・行列を通じ、あるいは新聞や民族の祭典などをとおして、民族的アイデンティティの保持に努め、団結を強めようとした。そのようななかで、選挙期間中の選挙人集会は、母語によってみずからの思いの丈を語ることのできる貴重な機会であった。しかも、このころにはすでに、保守党やリベラルからポーランド語の選挙声明が配られ、国民自由党はポーランド語の選挙人集会まで招集するという状況が生まれていた（一九〇八年四月四日帝国議会におけるブレイスキ演説。*Reichstag*, Bd. 232 : 4675（B））。それだけに、選挙人集会の活用は、ルール・ポーランド人にとっていっそうゆるがせにできないものとなった。

一九一三年六月のプロイセン下院議会選挙のさい、ルール各地の選挙協会は、精力的に選挙人集会を開いた。それは、五〇人ほどから二〇〇人を優に超えるものまでさまざまだったが、いずれも前年秋の土地収用法の最初の適用を受けて、ルール・ポーランド人が怒りの声を上げる絶好の場となった。彼らの憤激は、まず、プロイセン＝ポーランド関係の歴史の見直しを要求する。ドイツがいまあるのは、ポーランド国王ソビエスキに負っているのではないか。ソビエスキがウィーンでトルコ人を撃退しなかったならば、今日おそらく一人のドイツ人もこの世に存在しなかっただろう。「わが国王によって救済された者たちの子孫が、いまやわれわれを殲滅しようとしているのだ」（一九一三年四月一三日のディステルンでの集会におけるヤナシク報告。RM, Abt. VII, Nr. 28. 出典は以下同じ）。

ほかの選挙人集会では、統一戦争におけるポーランド人の貢献が声高に叫ばれた。プロイセン政府が兵士を必要としたデンマーク戦争、普墺戦争、普仏戦争のとき、「ポーランド人の息子たちはよく戦った」（四月二七日集会でのコシャク発言）。「普仏戦争でわれわれの父親たちは血を流したのだ」（四月二〇日集会でのグレイェク報告）。普仏戦争のさい、ドイツの将軍たちは、わが同胞、ポーランド人の勇気を賛美し、ビスマルクですら彼らの勇気を認めたのである。ところが鉄血宰相は、その返礼として、「絶滅政策を軌道に乗せたのだ」（四月二〇日ヒュルスでの集会におけるレシニェイェフスキ報告）。

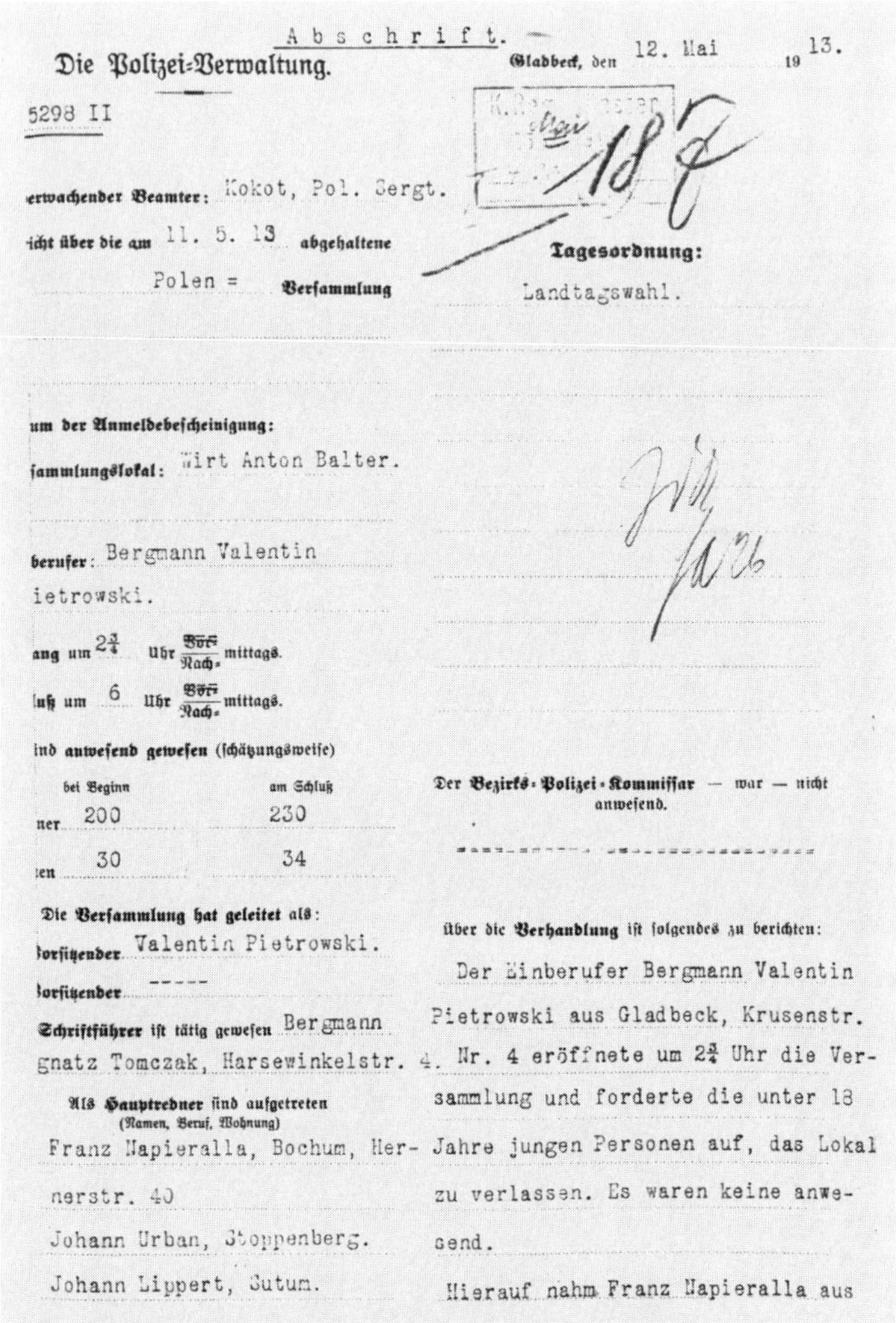
Abschrift.

Die Polizei-Verwaltung. Gladbeck, den 12. Mai 1913.

5298 II

K. Reg. ... 187

...erwachender Beamter: Kokot, Pol. Sergt.

...icht über die am 11. 5. 13 abgehaltene Polen = Versammlung

Tagesordnung: Landtagswahl.

...um der Anmeldebescheinigung:

...sammlungslokal: Wirt Anton Balter.

...berufer: Bergmann Valentin ...ietrowski.

...ang um $2\frac{3}{4}$ Uhr ~~Vor-~~ Nach- mittags.

...luß um 6 Uhr ~~Vor-~~ Nach- mittags.

...ind anwesend gewesen (schätzungsweise)

	bei Beginn	am Schluß
...ner	200	230
...en	30	34

Die Versammlung hat geleitet als:

...orsitzender Valentin Pietrowski.

...orsitzender -----

Schriftführer ist tätig gewesen Bergmann ...gnatz Tomczak, Harsewinkelstr. 4.

Als Hauptredner sind aufgetreten (Namen, Beruf, Wohnung)

Franz Napieralla, Bochum, Hernerstr. 40

Johann Urban, Stoppenberg.

Johann Lippert, Sutum.

Der Bezirks-Polizei-Kommissar — war — nicht anwesend.

Über die Verhandlung ist folgendes zu berichten:

Der Einberufer Bergmann Valentin Pietrowski aus Gladbeck, Krusenstr. Nr. 4 eröffnete um $2\frac{3}{4}$ Uhr die Versammlung und forderte die unter 18 Jahre jungen Personen auf, das Lokal zu verlassen. Es waren keine anwesend.

Hierauf nahm Franz Napieralla aus

図 26　ポーランド選挙協会の選挙人集会に関する警察の報告記録

左側の出席者の項目は、上段が男性、下段が女性である。

ポーランド人は、こうして、プロイセン＝ドイツの「忘恩」をなじりながら、その民族政策の一つ一つを批判して、民族の団結を訴えた。その場合、多くの者が触れたのが、民族的英雄としてのソビエスキであり、コシチューシコであり、あるいはコシチューシコの蜂起で名を馳せた靴工のキリンスキ、同じく鎌で武装した農民軍の伝説的英雄グヴォヴァツキである。現在でも、ポーランド国家の建設者として国民的伝説にもなっているカジミェシュ大王の名は、ポーランドの文化と啓蒙を象徴するものとして押さえられている。「カジミェシュ大王は、大王の治世の協議会（「元老院」）については、このように誇り高く語られている。すでに一四世紀において、国民議会を召集した。わが民族が当時もう持っていたものを、ドイツ人は一八四八年になってやっと得たのである」（同上、リプスキ発言）。こうした捉え方は、民族の祭典として憲法記念祭を祝う方向と軌を一にしている。また、ポーランド・ロマン派の三大詩人の一人ミツキェヴィチ、『クオ・ヴァディス』で知られるノーベル賞作家ヘンリク・シェンキェヴィチなどの名が挙げられたのも、ポーランド文化の優秀性を確認するためであり、もちろん、彼らが民族独立の希望を作品に託していたからである。

要するに、これらの選挙人集会では、報告者や発言者は、総じて、プロイセン＝ドイツの土地収用法や結社法、ヴレッシェン事件などの民族政策を糾弾しつつ、一方でポーランドの文化と啓蒙の高さを強調し、他方で、外国の圧政に立ち向かった民族蜂起を歴史のなかで蘇らせた。民族運動の側からすれば、ポーランド人の民族意識を高めるためには、まずは、「民族的伝統」を繰り返し掘り起こす必要があった。なぜなら、それこそが、ポーランド人のあいだでも進みつつあるプロイセン＝ドイツ社会への同化を阻む防波堤と考えられたからである。
一般的に、『翻訳』で見るかぎり、ルール・ポーランド人の運動が国際的問題を取り上げることはそれほど多くない。しかし、注目すべきことに、このときの選挙人集会は、国際情勢を敏感に反映している。すなわち、第一次バルカン戦争である。ここで、ルール・ポーランド人の言葉を聞いてみよう(三月三〇日のレンカーベックでの集会におけるリプスキ報告)。

バルカン諸国は、何百年もトルコのくびきの下に呻吟してきた。彼らは、以前にはまとまりがなく、お互いに戦い合ってさえきた。いまや彼らは団結し、つぎつぎと成果を獲得した。トルコは敗北した。強力なアドリアノープル要塞は、勝利したバルカン諸国の手に渡った。彼らの勝利の喜びは大きい。われわれもそれに共感するものである。勝利者は、まさに、われわれのスラヴの兄弟たちであるからだ。
われわれも、神の助けでそうした状態に達することができるだろう。

もとより、バルカン同盟諸国の背後にロシアが控えていたことや、バルカン同盟に対するロシアの思惑などは、ルール・ポーランド人にとっては関係ない。彼らは、ロシアを盟主とするような汎スラヴ主義には無縁である。彼らが注目したのは、「ロシア人とバルカンスラヴ人のあいだの連帯感」の強まりであり(「スラヴの脅威」『ヴィアルス・ポルスキ』一九一三年四月五日。RM, Abt. VII, Nr. 36 c)、何よりも問題だったのは、「トルコ」の「圧制」に抗して、「スラヴの兄弟たち」が「団結」によってみずからの「解放」を勝ち取ったということである。ポーランド人の第一次バルカン戦争解釈は、そのようなものであった。

リプスキ報告の意図は明白である。ここでは、「トルコ」をドイツになぞらえ、バルカン同盟諸国の「解放」をポーランドの運命に重ね合わせているのである。しかも、「クルップの大砲もドイツの将校も、アドリアノープルの崩壊を阻止することはできなかった」（前掲、レシニェイェフスキ報告）。これは、当時緊密の度を加えていたオスマン帝国政府とドイツの関係を押さえたうえでの発言である。これ以上のドイツ帝国批判はあろうか。しかし、ポーランド人の運動方向は、バルカン諸国のそれとは違う。「武器ではなく、神の摂理によって」（同上）自由を獲得すべきなのである。

オランダで開かれたポーランド人会議

ポーランド人をめぐる現状や民族的課題についてさまざまな議論が交わされた選挙人集会の半年後、ルール・ポーランド人は、自分たちの運動の総点検を試みた。彼らは、ドイツ・ナショナリズムの圧力がいっそう増していくなかで、これまでの民族運動の問題点を洗い直す必要に迫られたのである。以下では、彼らがどのような問題を取り上げ、将来の方向性をいかに打ち出したのかを見てみよう。

一九一三年一一月一日の土曜日は、万聖節の日であった。早朝から雨がしとしと降り続き、霧が地を覆っていた。陰鬱な秋の朝の空気を振り切って、大勢のポーランド人がヴァンネ、オーバーハウゼン、あるいはハンボルンの駅に集まり、オランダに向かっていった。国境を越え、列車がオランダの小都市ウィンタースウェイクに着いたとき、彼らはオランダの自由な空気を胸いっぱいに吸い込んだ。午前一〇時、ポーランド人がウィンタースウェイクのカトリック教会にぞくぞくと姿を見せ始め、一一時一〇分にミサが始められた。教会は、最後の一席まで埋め尽くされた。ここでは、ポーランド語の讃美歌を歌うことも自由だった。その後、彼らは、集会場の「記念会館《フェスト・ヘボウ》」の大ホールに赴き、そこでつつましい共同午餐会を開いた。一時直後に、銀行員で、以前は機械工だったフランチーシェク・ストルペ（ボーフム）がポーランド人会議の開会を宣言した（「自由なるオランダの地におけるポーランド人会議」『ナロードヴィェツ』一九一三年一一月四日。RM, Abt. VII, Nr. 36 a, Bd. 2）。ストルペは、ポーランド人会議を招集した実行委員会の委員長である。なお、この実行委員会は、西部の運動で大きな役割を果たしていくが、一九一三年に同じくポーゼンで生まれた国民評議会と対をなしている（Kleßmann, 1978 : 103）。

会議の目的については、招請状がつぎのように記していた（一九一三年一一月九日付ボーフム警察本部長のプロイセン内相宛て報告。RM, Abt. VII, Nr. 35 a, Bd. 1）。

われわれは、共通する目的すべて、つまり信仰・言語・わが父祖の保持、ならびに道徳的・物質的教育の面で労働と啓蒙によって異郷のポーランド人社会全体の向上を果たすために、相互に了解し合いたいと思う。

帝国結社法は、すでに述べたように、西部工業地域においては、公開集会からポーランド語を奪った。しかし、それはむしろ、ポーランド人の協会活動をいっそう強めることにもなった。その発展は、警察当局も認めていた。そこで、ルール・ポーランド人の運動の側では、この新たな局面において運動を統一的に進めるために、運動の現状を点検し、今後の方向性を全体で確認しようとした。こうして、西部工業地域におけるポーランド人会議の開催が、一九一三年九月一四日に最終的に決定されたのである。しかし、民族運動指導者たちが、公開の場で出席ポーランド人の意思疎通を図ろうとする場合の最大の障害は、帝国結社法の存在であった。彼らは、開催地として、従来から体操協会などが祭典のさいに利用していたオランダのウィンタースウェイクを選んだ。

多数のポーランド人をこの会議に結集させるために、ポーランド紙が会議の意義を宣伝したことは当然である。いちはやく情報を入手したボーフム警察本部は、警視正ゲールケをウィンタースウェイクに派遣した。これは、彼が何らかの会議参加資格を得るためのものであったというが（『ヴィアルス・ポルスキ』一九一三年一一月四日。RM, Abt. VII, Nr. 36 a, Bd. 2）、この点はボーフム警察本部長は否定している（一九一三年一一月二九日付ボーフム警察本部長のプロイセン内相宛て報告。RM, Abt. VII, Nr. 35 a, Bd. 1）。ゲールケとウィンタースウェイク市当局との接触については不明だが――明言はしていないが、ポーランド紙からは両者のあいだに接触があったように読み取れる――、市当局の側で、会議を「ドイツ皇帝に対するポーランド人の陰謀」に結びつける考えが生まれたことは確かだった。それは、市長が実行委員会に対し、ポーランド語のできるプロイセンの警官の派遣方を提案したことのなかに示されていた（『ヴィアルス・ポルスキ』一九一三年一一月四日）。ボーフム警察本部長はこの申し出を拒否したらしいが（一九一三年一一月二九日付報告）、ポーランド人側の指導者ヤン・ブレイスキとミハウ・クフィャトコフスキは市長提案に強く抗議し、会議においては「革命的陰謀や社会民主主義的陰謀」の恐れはまったくあり得ないとの保証を与えて、提案を撤回させた。市長は、この言葉を順守しないときには今後の会議は許可しないという条件で、最終的に会議の開催に同意した（『ヴィアルス・ポルスキ』一九一三年一一月四日）。

しかし、会議の開催を妨害しようとするドイツ民族主義的新聞の画策は執拗だった。ルール地方の重工業資本を代弁していた『ライニシュ＝ヴェストフェーリシェ・ツァイトゥング』紙は、ポーランド人攻撃のキャンペーンを張った。同紙の記事「オランダの地におけるポーランド人の策動」（一九一三年一〇月二九日）は、以下のようにぶち上げている（『ナロードヴィェツ』一九一三年一〇月三一日による紹介を要約。RM, Abt. VII, Nr. 36 a, Bd. 2）。

この集会の反ドイツ的・反国家的性格は明白である。それが、オランダの地で開かれることになれば、ドイツ帝国においては、不審と遺憾の念が示されるに違いない。オランダはわれわれと経済的にもっとも緊密に結びついており、オランダ・ドイツの両民族は、民族的にも文化的にもきわめて近い関係にある。ポーランド人の伝統的な敵意は、プロイセンやドイツのみならず、総じてすべてのゲルマン民族に向けられているのだ。

見られるように、これはドイツ人読者に向けられたものではない。むしろ、オランダに対する「脅迫」に近いものだ。『ヴィアルス・ポルスキ』紙によれば、こうした新聞はオランダの当局や新聞社に送られ、ついにはエッセンのオストマルク協会がウィンタースウェイクにまで赴き、同地で発行されているオランダの新聞、そのほかの新聞に『ライニシュ＝ヴェストフェーリシェ・ツァイトゥング』の記事の掲載を迫った（一一月四日）。しかし、このような画策は、すべて不調に終わった。

以上のような経緯があったからであろうか、非公開で行われた第一日目の集会は、緊張した雰囲気のなかで幕を開いた。出席者は、氏名の明記された招請状を提示してはじめて入場を許された——招待されていなかった協会の会長も、現地で入場券を受け取る可能性はあった。出席者数一一〇四名、彼らは多かれ少なかれ民族運動内で指導的立場にある者たちで、クラクフ、ポーゼンなどの諸協会・新聞の代表、プロイセン下院議員などの来賓を合わせると、総勢一二〇〇人に上った。開会を宣言したストルペは、プロイセン警察のスパイの策謀を防ぎ、会議の情報が警察に流れることを予防するために、討議についてメモを取ることを禁ずる旨の了解を求めた。若干の「幹事」がそのための監視を委任された。どんな些細なメモも容赦なく取り上げられた。スパイ活動防止のために、実行委員会はあらゆる点にまで神経を配ったのである（一九一三年一一月九日付ボーフム警察本部長報告）。

ブレイスキから提示された議題は、以下のとおりである。

1　われわれの協会とそれらの活動分野の調整
2　青少年に対するわれわれの活動
3　われわれの民族的活動における女性
4　ポーランド語司牧に関する教皇座への請願

これらの四点は、ルール・ポーランド人の運動が当面している問題の所在と課題とをよく示していた。それぞれについて、簡単に説明していこう。

ブレイスキ報告

第一議題は、一方で民族運動の広がりを、他方で帝国結社法の圧力を反映していた。この時期には、運動の発展のなかで、いくつかの地域においては、多くのポーランド協会の成立によってお互いの競争が激しくなり、軋轢が生ずるほどだった。これまで、それぞれのポーランド協会は各自活動分野を広げており、それが民族運動のエネルギーになっていた。しかし、相互の角逐によるマイナス面が目立ってきたのである。ここで、民族運動の指導者は、さまざまなポーランド協会の活動を一定の目的に制限し、「相互の境界線を尊重する」ことによって、運動全体の統一性を図ろうとした。そのための調停機関として、協会委員会の設立が提起された（同上報告）。

このことはまた、ルール・ポーランド人の運動が帝国結社法の規制を強く受けつつあったことと関係している。ルール地方の警察当局は、しばしば、非政治的なポーランド協会（たとえば宗教協会）

をも「政治団体」と認定して、帝国結社法の監視下に置こうとしたが、ポーランド人側はそれに対して自己防衛を図る必要があった。このように、ブレイスキ報告は、まさに運動の広がりと結社法の圧迫という状況に対応するために提起されたものだったのである（報告の全容は、一九一四年二月二七日付アルンスベルク県知事のプロイセン内相宛て報告に添付されている。以下は、これによる。OP, Nr. 2748, Bd. 12)。

ブレイスキは、政治的協会と非政治的協会とを区別し、その活動領域を確定しようとした。その場合、「言葉の真の意味での」政治的協会である選挙協会ないし選挙委員会については問題がなかった。問題とされたのは、警察や裁判所によってしばしば「政治的団体」と見なされた教育・啓蒙団体、スポーツ団体、とくに「ストラシュ」協会と体操協会「ソークウ」である。ブレイスキは、この種の「政治的団体」について、従来の路線の見直しを求めた。ブレイスキは、ここで「ストラシュ」協会をもっぱら文化的教育活動に引き寄せるべきことを力説し、とりわけポーランド諸協会の指導者を教育によって養成する機関と捉えた。つまり、諸協会に対する「ストラシュ」協会は、「初等・中等学校に対する大学のような」関係にある、と。

体操協会については、政治的問題、とくに選挙問題には取り組むべきでないことが強調された。これは、帝国結社法による警察の干渉を未然に防ごうとするねらいに基づいていた。体操協会は、たびたび警察によって目をつけられていたのである。したがって、ブレイスキ報告において、体操の追求のみならず、とりわけ、当時注目されてきていたスポーツの奨励という問題が取り上げられたのもいわば当然だった。こうして、スポーツによってポーランド人青少年を組織化することが、体操協会の中心的課題に据えられるようになった。しかし、体操協会をめぐる現実は厳しかった。一方には労働者体育家連盟があり、社会民主党と連携して労働者体育・スポーツ運動を前進させていた。他方では、軍当局とプロイセン政府を後ろ盾として、青年ドイツ同盟が青少年の軍国主義的組織化を進めていた。両者とも、青少年の現状不満の表現である「戸外への希求」を体育・スポーツをとおして吸い上げ、相互にしのぎを削っていたのである（望田　1983：61-112)。こうした状況のなかでは、ポーランド人青少年がドイツのスポーツ・青少年団体の影響を受けるのは免れがたく、それだけにいっそう体操協会はスポーツによる彼らの民族的育成に乗り出さねばならないのであった。

非政治的協会については、それがすべてのポーランド人に開かれた一般的な目的を持っているものであろうと、特殊な目的に限定されているものであろうと、もっとも重視されたのはポーランド人職業組合である。それは、西部工業地域のポーランド人の大部分が炭鉱労働者であったためである。同時に、民族運動の側が、まず何よりも、「平和的方法」で勤労民衆の賃金条件・生活条件の改善をたたかい取り、それによって彼らの物質的基盤を固めることに最大の重点を置いていたからにほかならない。のみならず、職業組合は、ルール・ポーランド人のさまざまな活動を実質的に支えていた。既述したように、職業組合の鉱夫部門は、動員の面を含めてポーランド産業博覧会を全面的に支援し、その成功に大きく貢献していた。さらに、帝国結社法に対抗する「沈黙の集会」で、イニシアティヴを握っていたのは職業組合だった。その意味では、アメリカの歴史家クルチツキが「職業組合は、ルール地方で最大で最強のポーランド人組織として、社会運動の特徴を帯びた」（Kulczycki, 1997：82）と評価しているのも、けっして間違ってはいない。

教会協会、つまりポーランド・カトリック協会に関しては、ポーランド民族運動の柱であるカトリシズム擁護の点から、特別な注意が払われている。これらの協会は、政治活動を控えねばならず、「いかなるドイツの暴力にも従属すべきではない」のだった。なぜなら、この「ドイツの暴力」は、ポーランド協会を中央党の利益のために利用しているからである。なお、ここで興味あるのは、カトリック教会史上重要な記念日に関する祭典のみならず、ポーランドの詩人・芸術家などの民族的祭典も、この協会の活動分野に位置づけられたことである。これは、祭典そのものに教会行事が欠かせなかったという事情のほかに、祭典に宗教活動の枠をはめることによって、プロイセン官憲の干渉を回避しようとしたことによるものであろう。

以上のように、それぞれの組織が位置づけ直されるなかで、つぎの点が決議において宣言された。すなわち、ポーランド人はドイツの協会に加入すべきでないこと、一八歳以上のすべてのポーランド人は何らかのポーランド民族組織ならびにポーランド労働組合に加入しなければならないこと、各ポーランド協会はポーランド語・ポーランド史の民族教育を推進する教育サークルを組織内に創設すること、ポーランド協会はドイツ人を会員として受け入れてはならず、協会の会長はかならずポーランド人でなければならないこと、以上の諸点である（一九一三年一一月九日付ボーフム警察本部長報告）。この最後の点は、一部の教会協会が、いまだにドイツ人聖職者を会長に据えていることへの批判であった。民族運動の側は、組織活動の全戦線で、ドイツ社会からの分離をいっそう強く推進しようとした。

新たな運動の発展を目指して

第二議題の報告者は、『ナロードヴィェツ』紙の発行者クフィャトコフスキである。彼の提案した決議は、従来、ポーランド紙そのほかで議論されていた論点をそのまま踏襲するものだった。つまり、ルール・ポーランド人の運動は、つねに、ポーランド民族の将来を担うべき存在としての青少年教育には最大の関心を払ってきたが、決議もその点を裏書きしていた。決議では、民族教育における家庭内での両親、とりわけ母親の役割が強調され、ポーランド語の読み書き・ポーランド語の礼拝に配慮するよう要請された。同時に、青少年教育の指導者の必要性も呼びかけられている。さらに、ポーランド語の読み書き授業がドイツの学校から排除されていることに対して、ポーランド語の入門書を取りそろえ、子どもたちの学習を励ますことが求められた。この報告は、以上の決議を実行するにふさわしい全権を持つポーランド人児童保護委員会の選出をも提起した。それは、休暇中の共同遠足、林間学校の開催、児童文庫の設立をとおして、青少年の民族教育を推進する責任を負ったのである（一九一三年一一月九日付ボーフム警察本部長報告）。

青少年問題に関する討論は、とくに時間が延長された。それほどこの問題は、ポーランド人出席者全員の関心を呼んでいたのである。この背景には、ポーランド人指導者からたびたび指摘されてきた、次代を担う若者たちの「ドイツ化」の進捗という現実があったことは、容易に推測できる。会場はしばしば興奮のるつぼと化した。火つけ役は、クラクフの児童福祉協会の代表、女教師のルシチンスカであった。『ナロードヴィェツ』紙は、彼女の演説について、こう述べている（同上報告より引用）。

遠くまで聞こえる、響きのある感情のこもった声で、演説者は、輝かしい深い愛国心で満たされた思想を語り、それは聴衆の心を強く揺り動かした。ポーランド人移住者は、これまで一度として、そのような言葉をポーランド女性の口から聞いたことはなかった。その言葉が引き起こした熱狂は、まさに筆舌に尽くし難いものだった。

なお、ルシチンスカは、クラクフのポーランド人女教師たちが林間学校に協力し、自分が代表をつとめている協会が遊戯用具や本を用意することを約束した。ここに、ポーランド人の民族的連帯が、国境を越えて示されたのである。

第三議題は、ユッケンドルフのヤニツキが報告し討論されたが、ここでは当然のように、第二議題と関連づけられて、取り扱われた。決議は、ポーランド人共同社会の発展と繁栄、そしてつぎの世代の民族教育に女性が決定的な役割を果たすことを確認したうえで、彼女らを特別な協会に組織すべきことを提案していた（同上報告）。このことは、とりもなおさず、しばしばドイツ人聖職者の指導下に置かれていたロザリオ信心会のあり方への批判を意味していた。事実、一九一三年ごろから、ポーランド婦人協会が各地で設立され、ルール地方の警察の注目を引いていくが、ポーランド人会議は取り組みの遅れていた女性運動の分野でも分離を意識的に進めようとしたのである。

第四議題の司牧問題は、これまでポーランド民族運動の側から繰り返し提出されてきた。彼らは、ここで、たんにポーランド語による説教・秘跡・告解等を要求しただけではない。問題は、母語と信仰を保持するためには何が必要かということである。この場合、彼らの議論の出発点になっていたのは、つぎのような危機感だった。ポーランド人移住者は、ポーランド民族の「二つの宝」である「ポーランド語と信仰を失う危険にさらされている」。そうした危機的状況をもたらしているものこそ、ドイツ人聖職者ではないのか。シェキェルスキ報告はルール・ポーランド人をめぐる状況をこのように捉えて、ドイツ人聖職者を激しく攻撃した。報告曰く、「ドイツ人聖職者による異常なほどのドイツ化の結果、第二世代の大部分はドイツ化しているのだ」（報告の全容は、一九一四年二月二七日付アルンスベルク県知事報告に添付）。ポーランド人会議に出席していたオーバーハウゼンのドイツ人助任司祭ベームが発言し、名前を挙げて罵倒された同僚を弁護しようとしたとき、彼はポーランド人の怒りを買い、やじり倒された。このエピソードは、いみじくも会議の雰囲気を端的に物語っていた。「異郷」のポーランド人は、まず何よりも、「血と言語と民族的伝統の絆により民族と結びついている司牧者」（決議）の獲得を第一義的課題にしたのである（一九一三年一一月九日付ボーフム警察本部長報告）。

たしかに、「パーダーボルン神学校ではポーランド語が必修科目となり、したがって、ポーランド語を話す聖職者の数もしだいに増えつつあった」と言われる。しかし、だからといって、そのことによって「司牧不足についてのポーランド人の絶えざる不平を取り除く手段が見つかった」（Wachowiak, 1916 : 61）と単純に言えるのであろうか。ポーランド人会議における司牧問題の論議は、そのようなことではカタがつかないことをはっきりと示していた。

第二日目は、公開集会ということもあって、出席者はほぼ二〇〇〇人にまで膨れ上がった。前日の議論が継続され、ルール・ポーランド人の運動の進むべき方向がこれまでに紹介した報告と討論の内容を整理したかたちで七点にまとめられ、大衆的に確認された（一九一三年一一月九日付ボーフム警察本部長報告）。

ポーランド人会議は、西部のポーランド民族運動の総意を代表するものとなった。ドイツ化の厳しい状況に直面して、ルール・ポーランド人は、協会相互の矛盾や対立を克服し、民族運動の統一的発展を勝ちとるために全力を挙げた。そのことは、新組織の実行委員会がこの会議を主導した点からも、ルール・ポーランド人の運動を担っていた『ヴィアルス・ポルスキ』と『ナロードヴィェッ』をそれぞれ代表するブレイスキとクフィャトコフスキとが、ともに報告者として、会議で主要な役割を果たしていたことからも、十分理解されるのである。ここにおいては、両者の従来の対立と反目は後景に退いている。ともあれ、ポーランド人会議は、東部およびオーストリア領ポーランドの運動との連帯も意識して、運動の再構築を図った。それは、とりもなおさず、ポーランド人がプロイセン＝ドイツの国家・社会から分離を進めようとする動きにほかならなかった。そうした彼らの強い意志は、一九一二年の土地収用法の強制的適用に対する激しい抗議となって、現れている。会場では、さまざまなポーランド語印刷物が販売されたが、とりわけ注目を浴びたのは、「強制土地収用」というタイトルのついた絵はがきだった。第二日目には、プロイセンでは禁止されている歌が全員で歌われた。これらの事実は、プロイセン＝ドイツの支配に対するポーランド人の自立的姿勢を何よりも物語っていよう。

2 第一次世界大戦とルール・ポーランド人

第一次世界大戦のなかで

一九一四年八月一日、ドイツ政府は全土に総動員令を発し、ロシアに宣戦を布告した。ドイツが戦争に踏み切ったのである。七月三〇日のロシアの総動員令を受け、ドイツにとってこの戦争が敵によって強いられた「防衛戦争」であるという体裁を整えたうえでのことであった。八月一日に総動員令が発せられたのち、王宮広場に集まった四万人から五万人もの熱狂した群衆を前にして、皇帝ヴィルヘルム二世はつぎのように訴えた。「余はわが国民《フォルク》のなかではもはやいかなる党派も知らない。われわれのあいだにはドイツ人がいるのみ」と。民衆の一部は、ヒステリックな戦争陶酔状態にまで陥った。最近の研究によれば、ここで巻き起こった「戦争熱」は全国一律ではなく、都市と農村、世代間・階級間・男女間などでは差があり、地方や農村では、民衆の気分は「戦争熱」にはほど遠く、将来への不安に駆られていたという。しかし、大都市を中心に、また多くは知識人・作家や市民層の青年たちに担われて、国民の動員と部隊の出征が熱狂的な雰囲気を伴って行われたことは間違いない（伊藤　2017：146-151）。

皇帝のバルコニー演説と戦争突入によって作り出された「戦争熱」のなかで、一九一四年八月四日帝国議会において、ポーランド党も社会民主党とともに戦時公債に賛成した。ポーランド人の議員団が「挙国一致」「城内平和」を担ったのである。それまで政府に批判を強めていた彼らも国家に忠誠的態度を示し、数多くのポーランド人は兵役を志願した（同上：209）。その点では、ルール・ポーランド人も同じだった。『ヴィアルス・ポルスキ』紙は、一九一六年八月においてもなお、このように書いていた。「市民的尊厳も城内平和の利害も同じく、ポーランド人に対して、ワルシャワやクラクフから聞かれるメロディーの魔法に惑わされることなく、戦争開始以来取ってきた立場を守り、国家の一員であることから生ずるいっさいの義務を果たすように命じている。……そのことは、ポーランド人に対して、健全な政治的理性および国民的な自己保存欲求が命じていることだ」。『ヴィアルス・ポルスキ』紙は、ポーランド人独自の国家の即時再建への投機を拒否し、その代わりに、プロイセン・ポーランド人に対する完全な同権と文化的なマイノリティ保護を要求したのである。もちろん、ルール・ポーランド人のこうした国家忠誠的態度の背景に、戦時期における運動という戦術上の理由があったことは明らかだろう。とにかく、同紙は戦争勃発以来厳しい事前検閲の下に置かれており、くわえて戦争開始のさいには、ルール・ポーランド人の協会指導者の多くは「保護検束」され、彼らの協会生活全体は麻痺状態になっていたのである（Kleßmann, 1978 : 146）。こうしたなかでの『ヴィアルス・ポルスキ』紙の要求だった。それは、ポーランド人住民に対する例外法の廃止を一貫して求めていたポーランド議員団の姿勢と軌を一にしていた。議員団は、公開集会においてポーランド語の使用を禁じた帝国結社法第一二条（言語条項）の撤廃とプロイセン土地収用法の廃止、ポーゼン州民衆学校の宗教教育におけるポーランド語使用の許可などを要求していた（伊藤　2017 : 210）。

ところで、「戦争熱」はルール鉱夫のあいだでとりわけ高かったと言われるが、ポーランド人鉱夫はこの熱狂をともにすることはなく、兵役を避けるためにオランダに逃げる者も多かった。しかし、すでに述べたように、公的には、ルール・ポーランド人は国家忠誠的態度を維持しており、当局との協力による民主的改革や労働者の社会的地位の改善を期待していた。しかし、徴兵という戦争の直接的インパクトが組合を襲い、組合活動の人的資源を奪った（Kulczycki, 1997 : 137-138）。クレスマンによれば、ポーランド人職業組合のルール地方鉱夫部門の組合員数は、一九一三年の二万八九三六人から、一四年の一万六一三七人、一五年の九一三〇人、一六年の九〇二七人へと急減している（Kleßmann, 1978 : 283）。

他方で、職業組合鉱夫部門は、ドイツのほかの三組合との共同行動を進め、それら四組合は、一九一五年二月六日に鉱夫の解雇や賃金カットなどへの苦情を訴える請願書をプロイセン商工相に提出した。また、職業組合は独自の行動もとっている。民族差別ゆえのポーランド人鉱夫への虐待に抗議する声明（一五年二月二二日）がそれである。さらに、この請願書において炭鉱で戦争捕虜を使うことに反対していた組合は、その後の大臣との協議で、オーバーシュレージエンの炭鉱での外国人労働者虐待問題を取り上げた。ロシア・ポーランド人をはじめとするスラヴ系の戦争捕虜や外国人労働者への差別と虐待は、周知のことだった。当然、職業組合も彼らには特別の関心を寄せており、一九一六年四月ミュンスターの地方司令部は、職業組合鉱夫部門の影響によってロシア・ポーランド人のあいだに起こった不満と不服従を非難し、その労働条件に関して外国人労働者とのさらなる接触を禁じている（Kulczycki, 1997 : 140-143）。

戦局が動くなかで、職業組合を取り巻く状況も大きく変化した。まず、政府が戦時経済の立て直しに迫られたことである。先に触れた戦争捕虜および外国人労働者の大量雇用の問題も、ここに位置づけられる。同時に、炭鉱の生産性を確保する点からも、当局は、熟練鉱夫たちを炭鉱に戻すために彼らの除隊を進め始めた。こうして、職業組合のルール地方鉱夫部門の組合員は、一九一七年に一万二七四六人に増え、それは一六年の四一％増であり、一八年には二万八三四人の六三％増だった。前線から戻った彼らのなかには、経験ある活動家や組合職員も含まれていた。また、膠着した国内政治を打開するために、一九一七年四月一九日に政府が帝国結社法の言語条項の廃止に踏み切ったことも、職業組合には追い風となった。ルール地方では、山猫ストライキなどが広がった。こうした動きに対して、ミュンスターの地方司令部は、『ヴィアルス・ポルスキ』紙を扇動の源と見なし、同紙に以前の検閲を科した（Kulczycki, 1997 : 143-145）。

事態はさらに流動化した。ルール地方でストライキ運動が拡大するとともに、旧組合、キリスト教鉱夫組合、職業組合鉱夫部門は共同アピールを出して、ストライキに参加しないように訴えた。彼らの優先事項は、何よりも従業員の代表として組合を経営側に認知させることだった。ドイツ革命とドイツの敗戦がその好機となった。一九一八年一一月一五日の鉱業協会と四組合の共同宣言は、組合の認知や賃上げ、八時間労働日の実施を発表した。これは従来の組合活動の延長にあり、組合側の勝利だったが、必ずしもすべての労働者を満足させたわけではなかった。ここで注目すべきは、共同宣言がドイツ愛国主義の精神を滲ませていたことである。職業組合は、ドイツ国民とドイツ国家への忠誠を公式に表した。彼らはいまや、新体制の擁護者となったのである。しかし、国際政治は激動していた。職業組合は、ポーランド人鉱夫の公認の代表としてドイツで然るべき地位を保持するか、新生ポーランド国家でみずからの地位を固めるか、そのいずれかを迫られたのである（Kulczycki, 1997 : 146-147）。

ルール・ポーランド人運動の終焉

この間、一九一七年夏ごろから、ルール・ポーランド人のあいだで新しい労働者政党創設の動きが出てきていた。そのイニシアティヴをとったのはボーフムの職業組合指導部のマンコフスキであり、ヤン・ブレイスキも重要な役割を果たしていた。一〇月一七日ヴァンネで非公式の創立集会が開かれ、一九一八年一月二〇日国民労働者党が正式に結成された。この時点では、規約もプログラムもいまだ決まっていなかったが、その後公表されたプログラムは、階級闘争から距離をおき、社会主義的労働運動を排除する立場に立っていた。そこには、あきらかに、ポーゼンの影響力が強く反映されていた。労働者党の名称は、ルール地方で正当性を持っているにすぎなかった。内部抗争はすぐ表面化し、『ヴィアルス・ポルスキ』紙は新党の労働者的性格をはっきりさせるべきことを要求した。マンコフスキとコルファンティとの路線対立でもあったが、それは従来のボーフムとポーゼンとのあいだの対立の延長でもあった。両者の争いがドイツ革命やポーランド国家建設の陰に隠されているあいだに、ボーフムの党は機関紙『ヴィアルス・ポルスキ』の下に自立路線を歩み、新しい方向に踏み出すことになる。職業組合の幹部は、国民労働者党を職業組合の「前衛」と捉え、両組織を「相互に支援し、補完し合う」関係だと位置づけた。だが、国民労働者党は短命に終わった。国民労働者党は、一九二三年一月に解散し、前年の八月に創設された在ドイツポーランド人同盟に合併されていくのである（Kleßmann, 1978 : 129-133）。

戦時中のルール・ポーランド人の運動を全体で見た場合、一九一三年のポーランド人会議を招集した実行委員会を無視することは許されない。それは一九一六年に再組織されて、ルール・ポーランド人の協会活動の指導的地位を占めることになった。その幹部会には、ルール・ポーランド人運動の代表的指導者たちを迎えている。実行委員会は、ポーランドの再建と分割列強の崩壊という激変から生まれた政治的・社会的問題（帰国移住、国籍問題）に直面するなかで、ほとんどのポーランド協会を結集して、ルール・ポーランド人の「最高代表機関」として活動した。一九一八年一二月のヘルネの総会で、八委員会が創設されたが、そのなかでもっとも重要な役割を果たしたのは帰国移民委員会だった。つまり、ヴァイマル共和国において、ポーランドへの帰還者の世話をする組織である。二二年八月、実行委員会は先に述べた新設のポーランド人同盟に合併されて、その活動を終えた(Kleßmann, 1978 : 103-105)。

第一次大戦後、ルール・ポーランド人は、外国に移住した者、新生ポーランド国家に移った者(幻滅した一部の者は、またルールに立ち戻った)、ドイツにとどまった者に分かれた。それぞれが新しい生活環境で、当該社会に順応するしかなかった。ドイツに残ったポーランド人は、ヴァイマル共和国憲法で保障されたマイノリティ保護を頼みとして、新しい道を模索した。しかし、そのヴァイマル共和国では、ポーランド国家やポーランド人は憎悪すべきヴェルサイユ体制の象徴として攻撃の対象となり、第二帝政期ドイツの反ポーランド主義は増幅されていった。ポーランド人は、こうしたヴァイマルの反ポーランド的な政治的空気のなかで生活せざるを得なかったのであり、そのなかで彼らがその政治的意志を貫くのはこの上なく難しいことだった。ルール・ポーランド人の活動も、彼らが第二帝政期とは比較にならないほどの少数派だったこともあり、往時の面影はなくなった。彼らは前述のポーランド人同盟の一翼を担い、運動を継続していくが、ポーランド人同盟の活動の中心にはマイノリティ教育を担う学校問題が置かれ、文化・教育活動に集中したのである(伊藤 2017 : 第五章1・2を参照)。

こうした事態の変化のなかで、大戦前ルール・ポーランド人運動の中核を担っていたポーランド人職業組合は、政治・社会活動を後退させ、宗教協会や学校協会、合唱協会(合唱団)のはるか後塵を拝することになった。職業組合は、ヴァイマル期をとおして、ルール地方の鉱夫部門などを含む組合員を急速に減らし続け、一九三四年七月にはそのボーフム事務所はメンバー不足のために閉鎖された(Kleßmann, 1978 : 175, 193)。

ナチ政権期のポーランド人同盟について一言すれば、ドイツ＝ポーランド不可侵条約やナチスの「強制的同質化」が複雑に作用するもとで、逮捕や集会の禁止などさまざまな抑圧と干渉を受けながらも、同盟は何とか命脈を保っていた。しかし、三五年九月には、ルール地方最古のポーランド協会の一つ聖バルバラ協会を含むカトリック協会が「反国家活動」の非難を受けて解散に追い込まれた。その後、第二次大戦の勃発とともに、すべての組織の解散と資産押収が命じられ、ついで指導者は逮捕されて、彼らは強制収容所に送られた(Kleßmann, 1978 : 177-184)。ここに、ルール・ポーランド人の運動は実質的にその幕を閉じたのである。

エピローグ

国民国家への反省

本書で扱ったルール・ポーランド人をめぐる問題は、一世紀以上を経た今日においても、その抱える重さを私たちに問いかけている。それは、端的に言えば、国民国家における国民統合、ナショナリズムと差別・排除の問題であり、排外主義の問題である。周知のように、二〇世紀の九〇年代以降、新自由主義的なグローバル化が進むなかで、世界的な規模で格差が拡大しつつある。それに伴って、民族・宗教などに関わるさまざまな差別と偏見の問題がのっぴきならないものとして私たちに突きつけられている。現在、そうした問題をはっきりと表しているのが、移民・難民問題、外国人労働者問題、そして定住外国人をめぐる一連の事柄であろう。

私は、一九九三年の四月から夏まで、史料調査のためにノルトライン＝ヴェストファーレン州立文書館（ミュンスター）で過ごした。この五月、同州のゾーリンゲンで、極右の少年がトルコ人住宅に放火し、五人の女性（そのうち三人は子ども）を焼死させるという痛ましい事件が起こった。いわゆるゾーリンゲン事件である。じつは、九〇年の東西ドイツの統一以来、ナショナリズムの高まりと東西両地域の経済格差が重なり合って、「外国人は出て行け」の動きが強まっていた。東欧・第三世界から流入した外国人難民（庇護申請者）に対する排斥運動が広がったのである。代表的なのは、九一年九月ホイアスヴェルダ、九二年八月ロストックで、彼らの宿泊施設が襲撃された事件である。その後、九二年一一月のメルン事件とこのゾーリンゲン事件とが続いた。それらは、それまでの外国人難民に対する攻撃が定住外国人にまで向けられ始めたという点で、問題の深刻さを浮き彫りにした。彼らは、戦後ドイツの復興のために外国人労働者として呼び寄せられ、ドイツ社会に定住したトルコ人の家族だった。極右の標的は、定住外国人にまで拡大された。このような外国人襲撃事件に対しては、とくにメルン事件以後、ドイツ各地で外国人排斥・極右暴力反対の旗を掲げて、ローソクの火を灯す「光の鎖」運動が展開された。

ドイツではもともと、民族や言語の共通性に基づく国民観念が強く、長いあいだ一九一三年の国籍法が続いていた。それは、市民権を「血縁共同体」として定義し、ドイツ国内の移住者に対して排他的だった。しかし、二〇〇〇年に新しい国籍法が施行され、出生地主義の原則を導入することによって、ドイツ国籍法の従来のあり方を大転換させた。移民や外国人に、ドイツ国民への門戸が開かれたのである。そうしたドイツの方向転換の先に、イラク・シリア問題に端を発する大量の難民を迎え入れたメルケル政権やドイツ国民の姿勢があった。

ところが、そのドイツにおいて、難民排斥の声が高まり、難民受け入れを制限せざるを得ない事態となっている。二〇一七年九月のドイツ総選挙では、新興右翼政党「ドイツのための選択肢（Ａｆ

D)」が得票率一二・六％、九四議席を獲得し、第三党としてはじめて連邦議会に進出した。「ドイツのための選択肢」は、「反難民・移民」「反イスラム」を掲げて躍進した。注目すべきなのは、とくに経済格差が解消せず、難民・移民への反感が強い旧東ドイツでの得票率が二〇・五％に上り、旧西ドイツの約二倍に達したことだった。ここでは、格差の拡大を批判する国民が、「難民のために使うお金があったらドイツ人のために」と主張するAfDに投票したことは明らかだった。同党の選挙中のスローガンは、「国と国民を取り戻す」であり、「自国第一」の動きがドイツでも広がったのである。

他方で、差別や偏見、排外主義に反対し、抗議するドイツ市民の共同行動がすぐに展開されたのは、ルール・ポーランド人の生きた一〇〇年前とは大きく異なる点である。先に述べたゾーリンゲン事件のさいには、私の住んでいたミュンスターでも、さっそく抗議デモが起こり、多くの学生・市民が参加した。一七年九月の総選挙後には、極右政党の反移民・差別や排外主義に抗議して、一〇月には連邦議会開会に向けてベルリンで一万人デモが行われた。彼らの抗議の拠り所は、「何人も、その性別、生まれ、人種、言語、故郷および家柄、その信仰、宗教上または政治上の見解を理由として、不利益を受け、または優遇されてはならない。何人も、その障害を理由として不利益を受けてはならない」（基本法第三条第三項）という憲法の条文だった。

いま、欧州連合（EU）諸国では、反移民・反EUを唱える右翼・極右政党やポピュリズム政党が躍進し、現状に不満を持つ市民のあいだには排外主義の動きが強まっている。二〇二〇年一月三一日にイギリスがEUから離脱した背景には、あきらかに、EU諸国出身の移民に対する反発、排外主義の存在がある。こうした排外主義では、「ヨーロッパ」よりは、「愛国」と「自国第一」なのである。つまり、国民や国民国家、ナショナリズムが前面に押し出されていると言ってよいだろう。

しかし、それは、私たちのこれまでの歴史に背を向けることにならないだろうか。現在の国際社会では、第二次世界大戦への反省から生まれた国際連合やEUはもとより、とりわけNGO（非政府組織）やNPO（非営利組織）といったトランスナショナルな組織も大きな役割を果たしている。前者が国民国家を基軸としているのに対して、後者は多様なネットワークを張って、一般市民の利益を何よりも考えながら、人権・平和・環境・開発の諸問題に積極的に取り組んでいる。現在では、こうしたトランスナショナルな組織を抜きにして国際社会を語ることはできない。たとえば、近年私たちに突きつけられている気候変動（地球温暖化）問題でもそうである。気候変動の脅威に対し、その是正を求めて世界的広がりを見せる運動の中心は、若者であり、環境NGOである。

現代世界への問いかけ

ところで、差別と排除の問題を考えようとするとき、その重要なポイントの一つは、世界あるいは国家を視野におさめながらも、人びとが実際に生活している場としての地域に目を向けることだろう。二〇一一年の三・一一（東日本大震災と福島第一原発事故）が私たちに突きつけたのも、地域の特徴や地域格差の問題だった。近代国民国家が基本的人権や生存権・社会権などを保障するものであることは、言うまでもない。しかし、国民国家がひとまとまりの「国民」を建前に、実際には「国民」

をさまざまに分断・序列化し、「国民」以外のものを差別・排除しているのが現実であろう。現在は、そうした状態を克服し、人びとの基本的人権を実現するために、さまざまな場で多くの努力が重ねられている。このような努力や試みを見るには、地域に目を凝らすことが欠かせない。そこでは、言うなれば、市民・住民の観点が重要な意義を持ってくるのであり、国民国家や国民は相対化されざるを得ない。もちろん、いまでも、本書で扱ったルール・ポーランド人に対する差別と排除、排外主義に類する現象が地域で見られないわけではない。しかし、地域に生きる人びとの生活が差別と偏見を超える動きを生み出していることも明らかだろう。

ここで、二つの地域を取り上げてみたい。まず、プロローグでも触れた大阪の猪飼野である。猪飼野朝鮮市場は、戦前とは違って、一九六〇年代以降大きく変わった。チマ・チョゴリ姿もだんだんと減り、食生活も変化した。それは何よりも、日本生まれの世代が主体となってくる在日朝鮮人の世代交代や高度経済成長に伴う日本社会の変動によって生み出された変化だった。一九七三年の行政区画の改変によって、猪飼野の地名も地図上から姿を消した（猪飼野と呼ばれた地域は、現在の生野区と東成区にまたがる地域で、鶴橋、中川、桃谷などの町名で区切られている）。それでも、猪飼野は、在日朝鮮人にとって、詩人の金時鐘によれば、「なくても　ある町」（詩「見えない町」の冒頭の言葉。金　2019：13）、「在日世代の生理になじんだ慣習の地」（同上：323）、つまり「日本暮らしの在郷の地」（同上：324）である。

現在、猪飼野は、「在日」のこうした思いを背負いながら、コリアタウンへと変貌している。ここの住民である在日朝鮮人などの特別永住者や一般永住者を含む在留外国人には、選挙権がない。彼らは「国民」には含まれず、参政権から排除されているのである。その意味では、本書が対象としたルール・ポーランド人と「在日」では決定的な違いがある。このコリアタウンでは、そうした「在日」の青年団体と日本人の青年団体が、地域の再生に向けて共同して「コリアタウン構想」を提唱し、それは大阪市行政の支援も受けて九一年に具体化したのだった。住民の立場からの、「在日」と「日本国民」との共同による街おこしである。このコリアタウンは、二〇〇〇年代以降には、韓流ブームに乗って、関西の観光名所として賑わうようになった。コリアタウンを囲む一帯には、民団、総連のそれぞれの支部、キリスト教や仏教などの宗教施設、民族学校などが点在し、そこでは、それぞれの歴史を背負った「在日」の人びとが、経済活動、文化教育、民族祭典などさまざまな活動を通じて、「二一世紀の在日世界のコアとなるような慣習や文化を保っている」（水野／文　2015：169-171, 216-219）。

つぎに取り上げるのは、東京都新宿区の大久保地域（大久保一、二丁目と百人町一、二丁目）である。二〇一九年一〇月一日現在、新宿区全住民三四万八二七五人のうち、外国籍住民は四万二四六六人（一二・二％）を占め、中国（一万四六九九人）がもっとも多く、ついで韓国・朝鮮（一万三五五人）、ベトナム（三一二三人）、ネパール（三〇〇六人）と続いている（新宿区ホームページ）。これらの外国人が集まっているのが大久保地域であり、ここはまさに多文化の街である。『朝日新聞』の特集記事（「大久保……多文化の街」二〇一五年一二月三日、一〇日、一七日）によると、大久保には、韓

図 27　新宿区大久保地域（著者撮影、2018 年 4 月 3 日）

国系の店が軒を連ね（コリアタウン）、台湾やタイの料理店がある「多国籍エリア」では、最近ベトナムやネパールなどの店も増えている。JR新大久保駅では、二四言語で「階段や通路は右側を歩いて下さい」と呼びかけ、新大久保商店街では、二二言語で「ようこそ」という放送を街頭で流している。それにはいずれも、日本語学校に通う外国人学生たちが協力しているという。また、航海や漁業の守護神である道教の女神「媽《ま》祖《そ》」を祭っている東京媽祖廟は、台湾の華僑が建てた寺だが、寺は誰にでも開かれている。日本人やインドネシア人、タイ人、韓国人の信者のほか、台湾や中国出身の大学生や日本語学校の学生たちが訪れて、日本語を教え合ったり、困りごとを相談したりする。ここは、まさに多文化の家なのである。

　この大久保で注目したいのは、大阪のコリアタウンと同じように、日本の市民団体が外国人との共生を目指す地域づくり、地域社会の再生を韓国人などと共同して担っていることである。「外国人と共に住む新宿区まちづくり懇談会」は、すでに一九九二年に結成されている（水野／文　2015：220）。ここでも、日本人商店主らと韓国人商店主が協力して地域振興を進め、そうした動きが「韓国人は出て行け」などのヘイトスピーチに対峙しているのである。

いまもなお、国民国家が果たしている役割は大きい。国民国家を構成単位とする国際連合は、国際政治の主要な担い手であり、諸国民国家はEUなどの地域統合やさまざまな国際組織で協力している。また、国民国家は、グローバル化のなかで、その力をむしろ強めている傾向にもあり、国民意識は、それぞれの文化や歴史をバックに、いまだに影響力の点で大きなものがある。しかし、他方で、人の移動や外国人労働者の流れは、従来の国民国家中心の捉え直しを迫っている。先に述べたように、それぞれの地域に生きる外国籍の、つまり「国民」に含まれない人びとも、地域住民として地域社会に欠かせない存在となっている。ここでは、地域住民や一人の人間としての立場から、人びととの共同・共生が目指されている。そうした共同を実現し、差別と排除をなくすためには、異なる歴史と文化を持つ人びとと対話・交流し、人びとのあいだに民主主義的な関係を構築する以外に道はないだろう。それには、自分たち自身のあり方をさまざまな角度から点検することが欠かせない。

私たちは、自分自身の置かれた立場に制約されて一面的な認識＝盲点を持ちやすい（西川　1997：32）。たしかに、私たちは、自分の置かれた立場によって認識が制約され、そこに盲点が生ずることをしばしば経験している。それだからこそ、私たちにおいては、歴史のうえでも、「はじっこ」だからというだけでそれらを切り捨ててよいのかという問いかけが大事になってくる。まさに、鹿野政直による『「鳥島」は入っているか』(一九八八年)である。「はじっこ」と思われているような存在や地域は、社会や世界から疎外され、私たちによって意識されることは少ない。しかし、格差と差別の矛盾がしわ寄せされるのはそうした存在に対してであろう。それだけに、そこに目を向けることは、人びとの生活の現実について私たちの目を開かせ、人びととの関係を発展させる土台となるのではなかろうか。

内外において民族差別・排外の動きに直面しているいま、私たちには、「はじっこ」やマイノリティ、異文化の存在を自覚し、他者の経験を取り入れて視野を広げる、いわば「歴史を見る眼」が要求されている。人びとがともに生きる世界を築くためには、私たちにとって大切なのは、そうした歴史へのまなざしを育て、鍛えることだろう。それは、先に述べたように、自分たちの認識の盲点をできるだけ小さくしようとする努力の積み重ねをとおしてはじめて可能となるに違いない。

改訂新版あとがき

本書の誕生は、『三十七人の著者　自著を語る』（編集　渡邊勲、知泉書館、二〇一八年）の執筆にさいして、『異郷と故郷』を読み直したことがきっかけとなっている。この『異郷と故郷』が出版されてすぐに誤植や思わぬ間違いに気づき、また不適切な表記なども指摘されて、私自身訂正の必要を感じていた。だが、何よりも『三十七人の著者』で述べたつぎのような思いは、ある時から自分の意識のなかではずっとくすぶっていた。

ゼミの学生や卒業生たちなどからは、プロローグの魅力にひかれて面白く読み進んだものの、途中からは難しくて投げ出してしまったという感想ももらった。身近な学生を読者に想定して書いただけに、この反応はショックで、私としてはもう一度内容を再構成し、叙述の仕方を含めて読者に分かりやすく書き改めたいと思ったのだった。

しかし、書き直す機会を得るのはなかなか難しく、内心忸怩たる思いを抱きながら、その後ほかの問題に手を伸ばし、定年前の一〇年間ほどは学内行政にかなりの時間を取られてしまった。

『異郷と故郷』を久しぶりに読み直すなかで、恥ずかしいことに、新たな間違いも発見した。同時に、強く感じたのはつぎのようなことだった。『異郷と故郷』で取り上げた問題は、わが国と朝鮮半島との歴史的関係やそれに根差した「在日」へのヘイト、あるいは「外国人は出ていけ」といった類の移民・難民、外国人労働者に対する排外主義とナショナリズムに揺れる日本や世界の状況、そうしたもろもろの現実を見れば、今もなお大きな意味を持っているのではないか、むしろ、現在においていっそう切実さを増してきているのではないだろうか、と。こうして、『異郷と故郷』の改訂版を出したいという決意が固まり、その準備に入ることになった。

実際に、『異郷と故郷』をルール地方という一地域に焦点を絞り込んで見直そうとすると、さまざまな問題にぶつかった。全体の構成はほぼ変えないとしても、プロローグとエピローグの書き直しはもちろん、本文の章節や小項目を新たに書き加え、削除する項目と内容を慎重に検討しなければならなかった。また、小項目の一定の組み換えは避けられず、叙述上の細かい点の修正も必要だった。

旧版の具体的な検討作業を進めるにつれて、史料や文献にふたたび当たり、叙述の再考を迫られたことも再三だった。旧版のくどい文章表現に思わず苦笑いし、完全な思い違いや不正確な解釈に気が付いて、冷や汗をかくこともあった。ともあれ、一度整理し終えた史料を引っ張り出し、これまでの叙述と付き合わせる作業は、思いのほかに手間取った。このように苦労して書き直した改訂新版だが、旧版に比べて多少とも読みやすくなったであろうか、いささか心配ではある。

『異郷と故郷』の出版以来かなりの年月が経っているが、その間筆者はルール・ポーランド人の問題をきちんとフォローしてきたわけではない。近代ヨーロッパの国民国家を再考する一方で、拙著『ドイツの長い一九世紀』（青木書店、二〇〇二年）や『近代ドイツの歴史とナショナリズム・マイノリティ』（有志舎、二〇一七年）など、ドイツ・ナショナリズムにおける「東」の意味を問う仕事に集中してきた。その意味では、ルール・ポーランド人の運動に関しては、その後の研究文献の渉猟は不十分であり、本書でも、最近の文献についてはそれほど多くは参照していない。しかし、広範囲にわたったルール・ポーランド人の運動に関する史料（ドイツ語文献に限られているが、警察や行政当局の史資料など）を広く読み込んだうえで、筆者のような問題関心からルール・ポーランド人の運動の実態と意味を考察しようとした研究は少ないのではないかと思う。また、新型コロナウイルスの脅威のもとで、差別や偏見・排外の動きが深刻な矛盾として表れている現在、本書のような問いかけはいっそう深められてよいだろう。

最後に、簡単ながら、出版の経緯について触れておきたい。本書は、本来ならば旧版と同じく東京大学出版会から出すのが自然かもしれない。しかし、諸般の事情によって、それは断念せざるをえなかった。そうしたなかで、本書が生まれるきっかけを作っていただいた渡邊勲さんのお力添えもあり、筆者の思いを汲み取って下さったのが、有志舎の永滝稔さんである。永滝さんには三年前の拙著の出版でお世話になったばかりであり、何とも心苦しかったが、今回もご尽力いただくことになった。昨今のコロナ禍による経済悪化のなかで、いっそう厳しさを増す専門書の出版事情を考えると、感謝の言葉もない。あらためて、心からお礼申し上げたい。

二〇二〇年四月

伊藤定良

引用文献・参考文献一覧

I　未刊行史料

Nordrhein-Westfälisches Staatsarchiv Münster

Oberpräsidium (der Provinz Westfalen) (OP): Nr. 2748, Bd. 2～7, 9, 11～12; Nr. 5426; Nr. 5758; Nr. 5915; Nr. 6396.

Regierung Münster (RM): Abt. Ⅶ, Nr. 23, Bd. 1～2; Nr. 28; Nr.29; Nr. 31; Nr. 34 p, Bd. 1; Nr. 35; 35 a, Bd. 1; Nr. 35 b; Nr. 36, Bd. 1～2; Nr. 36 a, Bd. 2; Nr. 36 c; Nr. 37, Bd. 1; Nr. 37 a; Nr. 37 b; Nr. 155; Nr. 289.

Regierung Arnsberg (RA):

Ⅰ, Nr. 125～126; Nr. 149～154.

Ⅰ Pa, Nr. 95; Nr. 212; Nr. 239; Nr. 243.

Ⅰ Sta, Nr. 474; Nr. 491; Nr. 493; Nr. 500～501.

Oberbergamt Dortmund (OD): Nr. 883; Nr. 885～887; Nr. 889.

Ⅱ　刊行史料

1）史料・年鑑・百科事典・議会速記録ほか

Chronik der Deutschen, Dortmund 1983.

Grand Larousse encyclopédique, t.3, Paris 1960.

Huber, Ernst Rudolf (Hg.), *Dokumente zur deutschen Verfassungsgeschichte*, Bd 1, Stuttgart *et al.* ³1978.

Huber, Ernst Rudolf (Hg.), *Dokumente zur deutschen Verfassungsgeschichte*, Bd. 3, Stuttgart *et al.* ³1990.

Köpping, Walter (Hg.), *Lebensberichte deutscher Bergarbeiter*, Oberhausen 1984.

Polenspiegel: Die Umtriebe der Polen nach ihrer eigenen Presse, hrsg. v. Franz Wagner/ Fritz Vosberg im Auftrage des Deutschen Ostmarkenvereins, Berlin 1908.

Schulthess' Europäischer Geschichtskalender. Neue Folge: 30. Jhg. 1914, München 1917. Reprint: Nendeln/Liechtenstein 1976.

Schulz, Ursula (Hg.), *Die Deutsche Arbeiterbewegung 1848-1919 in Augenzeugenberichten*, Düsseldorf 1968.

Sichelschmidt, Gustav (Auswahl und Einleitung), *Herrliche Zeiten: Das Wilhelminische Berlin in fünfzig Ansichtskarten*, Berlin 1970.

Stenographische Berichte über die Verhandlungen des Reichstags, Bd. 229 (1908); Bd. 232 (1908).

Stenographische Berichte über die Verhandlungen des Hauses der Abgeordneten, 1901, Bd. 1; 1902, Bd. 1.

高田敏／初宿正典編訳『ドイツ憲法集〔第３版〕』信山社、2001 年

『朝日新聞』2015 年 12 月 3 日、10 日、17 日

２）著作

Bülow, Bernhard, Fürst von, *Deutsche Politik*, Berlin 1916.

Hartmann, Eduard von, *Moderne Probleme*, Leipzig 1886.

Hue, Otto, *Die Bergarbeiter. Historische Darstellung der Bergarbeiter-Verhältnisse von der ältesten bis in die neueste Zeit*. Mit einer Einführung zum Nachdruck von Hans Mommsen, 2 Bde., Berlin/Bonn 1981.

Imbusch, Heinrich, *Arbeitsverhältnis und Arbeiterorganisationen im deutschen Bergbau. Eine geschichtliche Darstellung*. Mit einer Einleitung zum Nachdruck von Klaus Tenfelde, Berlin/Bonn 1980.

Luxemburg, Rosa, *Gesammelte Werke*, Bd.2, hrsg. vom IML/ZKdSED, Berlin 1972.

Marchlewski, Julian, *Zur Polenpolitik der preussischen Regierung: Auswahl von Artikeln aus den Jahren 1897 bis 1923*, Berlin(O) 1957.

Die Polen im Rheinisch-westfälischen Steinkohlen-Bezirke, herausgegeben vom Gau “Ruhr und Lippe” des Alldeutschen Verbandes, München 1901.

『金時鐘コレクション　Ⅳ―「猪飼野」を生きるひとびと』藤原書店、2019 年

高峻石『越境―朝鮮人・私の記録』社会評論社、1977 年

ルクセンブルク、ローザ『ローザ・ルクセンブルク選集』第２巻、現代思潮社、1962 年

Ⅲ　研究文献

Altkemper, Johannes, *Deutschtum und Polentum in politisch=konfessioneller Bedeutung*, Leipzig 1910.

Bade, Klaus J., “Massenwanderung und Arbeitsmarkt im deutschen Nordosten von 1880

bis zum Ersten Weltkrieg: Überseeische Auswanderung und kontinentale Zuwanderung," *Archiv für Sozialgeschichte*, Bd. 20, 1980.

Bade, Klaus J. (ed.), *Population, Labour and Migration in 19th- and 20th-Century Germany*, Leamington Spa/Hamburg/New York 1987.

Baier, Roland, *Der deutsche Osten als soziale Frage: Eine Studie zur preußischen und deutschen Siedlungs- und Polenpolitik in den Ostprovinzen während des Kaiserreichs und der Weimarer Republik*, Köln/Wien 1980.

Bernhard, Ludwig, *Die Polenfrage: Der Nationalitätenkampf der Polen in Preußen*, München/Leipzig [3]1920.

Blanke, Richard, *Prussian Poland in the German Empire (1871-1900)*, New York 1981.

Borodziej, Łucja, *Pruska polityka oświatowa na ziemiach polskich w okresie Kulturkampfu*, Warszawa 1972.

Bredt, Joh. Victor, *Die Polenfrage im Ruhrkohlengebiet: Eine wirtschaftspolitische Studie*, Leipzig 1909.

Brepohl, Wilhelm, *Der Aufbau des Ruhrvolkes im Zuge der Ost-West-Wanderung: Beiträge zur deutschen Sozialgeschichte des 19. und 20. Jahrhunderts*, Recklinghausen 1948.

Broszat, Martin, *Zweihundert Jahre deutsche Polenpolitik*, Frankfurt am Main 1972.

Brubaker, Rogers, *Citizenship and Nationhood in France and Germany*, Cambridge/London 1992.

Brüggemeier, Franz-Josef, *Leben vor Ort: Ruhrbergleute und Ruhrbergbau 1889-1919*, München 1983.

Conze, Werner, *Gesellschaft- Staat- Nation: Gesammelte Aufsätze*, hrsg. von Ulrich Engelhardt, Reinhart Koselleck und Wolfgang Schieder, Stuttgart 1992.

Crew, David F., *Town in the Ruhr: A Social History of Bochum, 1860-1914*, New York 1979.

Eley, Geoff, *Reshaping the German Right: Radical Nationalism and Political Change after Bismarck*, New Haven/London 1980.

Fischer, Fritz, *Griff nach der Weltmacht: Die Kriegszielpolitik des kaiserlichen Deutschland 1914/18*, Düsseldorf [4]1971.

Fricke, Dieter, *Der Ruhrbergarbeiterstreik von 1905*, Berlin(O) 1955.

Galos, Adam/Felix-Heinrich Gentzen/Witold Jakóbczyk, *Die Hakatisten: Der Deutsche Ostmarkenverein 1894-1934. Ein Beitrag zur Geschichte der Ostpolitik des deutschen Imperialismus*, Berlin(O) 1966.

Glück, Helmut, *Die preußisch-polnische Sprachenpolitik: Eine Studie zur Thorie und Methodologie der Forschung über Sprachenpolitik, Sprachenbewußtsein und Sozialgeschichte am Beispiel der preußisch-deutschen Politik gegenüber der polnischen Minderheiten vor 1914*, Hamburg 1979.

Goehrke, Fritz, *Das Reichsvereinsgesetz vom 19. April 1908*, Dortmund o.J.

Grot, Zdzizław/Maria Rothbarth/Heidrun Werner, "Koła Polskie — Polnische Fraktionen im preußischen Landtag und im Reichstag," in: Fricke, Dieter *et al.* (Hg.), *Lexikon zur Parteiengeschichte: Die bürgerlichen und kleinbürgerlichen Parteien und Verbände in Deutschland (1789-1945)*, Bd. 3, Leipzig 1985.

Hagen, William W., *Germans, Poles, and Jews: The Nationality Conflict in the Prussian East, 1772-1914*, Chicago/London 1980.

Hahn, Hans Henning/Peter Kunze (Hg.), *Nationale Minderheiten und staatliche Minderheitenpolitik in Deutschland im 19. Jahrhundert*, Berlin 1999.

Hartwig, Edgar, "Alldeutscher Verband (ADV) 1891-1939," in: Fricke, Dieter *et al.* (Hg.), *Lexikon zur Parteiengeschichte*, Bd.1, Köln 1983.

Hauser, Oswald, "Polen und Dänen im Deutschen Reich," in: Schieder, Theodor/Ernst Deuerlein (Hg.), *Reichsgründung 1870/71: Tatsachen, Kontroversen, Interpretationen*, Stuttgart 1970.

Heinemann, Manfred, "Die Assimilation fremdsprachiger Schulkinder durch die Volksschule in Preußen seit 1880," *Bildung und Erziehung*, 28. Jhg., 1975.

Herbert, Ulrich, *Geschichte der Ausländerpolitik in Deutschland: Saisonarbeiter, Zwangsarbeiter, Gastarbeiter, Flüchtlinge*, München 2001.

Hettling, Manfred/Paul Nolte (Hg.), *Nation und Gesellschaft in Deutschland: Historische Essays*, München 1996.

Hicky, S. H. F., *Workers in Imperial Germany: The Miners of the Ruhr*, Oxford 1985.

Hobsbawm, Eric/Terence Ranger (eds.), *The Invention of Tradition, Cambridge et al.* 1983.

Hubatsch, Walter, "Masuren und Preußisch-Litthauen in der Nationalitätenpolitik Preußens 1870-1920," *Zeitschrift für Ostforschung*, 14. Jhg. 1965, 15. Jhg. 1966.

Huber, Ernst Rudolf, *Deutsche Verfassungsgeschichte seit 1789*, Bd. 4, Stuttgart ^{2}1982.

Jaworski, Rudolf, "Psychologische Aspekte des 'Feindbildes Polen' in der neueren deutschen Geschichte," in: Topolski, Jerzy/ Wojciech Wrzosek (Hg.), *Die methodologischen Probleme der deutschen Geschichte*, Poznań 1991.

Kleßmann, Christoph, *Polnische Bergarbeiter im Ruhrgebiet 1870-1945: Soziale Integration*

und nationale Subkultur einer Minderheit in der deutschen Industriegesellschaft, Göttingen 1978.

Kleßmann, Christoph, "Nationalitäten im deutschen Nationalstaat," in: Langewiesche, Dieter (Hg.), *Ploetz: Das deutsche Kaiserreich*, Würzburg 1984.

Kleßmann, Christoph, "Long-Distance Migration, Integration and Segregation of an Ethnic Minority in Industrial Germany: The Case of the 'Ruhr Poles'," in: Bade, Klaus J. (ed.), *Popuration, Labour and Migration in 19th- and 20th- Century Germany*, Leamington Spa/ Hmburg/New York 1987.

Koch, Max Jürgen, *Die Bergarbeiterbewegung im Ruhrgebiet zur Zeit Wilhelms II.* (1889-1914), Düsseldorf 1954.

Korth, Rudolf, *Die preussische Schulpolitik und die polnische Schulstreiks*, Würzburg 1963.

Kotowski, Albert S., *Zwischen Staatsräson und Vaterlandsliebe: Die Polnische Fraktion im Deutschen Reichstag 1871-1918*, Düsseldorf 2007.

Kulczycki, John, J., *School Strikes in Prussian Poland, 1901-1907: The Struggle over Bilingual Education*, New York 1981.

Kulczycki, John, J., T*he Polish Coal Miners' Union and the German Labor Movement in the Ruhr, 1902-1934: National and Social Solidarity*, Oxford/New York 1997.

Langewiesche, Dieter, *Nation, Nationalismus, Nationalstaat in Deutschland und Europa,* München 2000.

Laubert, Manfred, *Die preußische Polenpolitik von 1772-1914*, Berlin 1920.

Lemberg, Hans, "Das Deutsche Reich im polnischen Urteil 1871-1945," in: Hildebrand, Klaus (Hg.), *Das Deutsche Reich im Urteil der Großen Mächte und europäischen Nachbarn (1871-1945)*, München 1995.

Lucas, Erhard, *Zwei Formen von Radikalismus in der deutschen Arbeiterbewegung*, Frankfurt am Main 1976.

Mai, Joachim, *Die preußisch-deutsche Polenpolitik 1885/87*, Berlin(O) 1962.

Makowski, Krzysztof, "Polen, Deutsche und Juden und die preußische Politik im Großherzogtum Posen: Versuch einer neuen Sicht," in: Hahn, Hans Henning/Peter Kunze (Hg.), *Nationale Minderheiten und staatliche Minderheitenpolitik in Deutschland im 19. Jahrhundert*, Berlin 1999.

Mommsen, Wolfgang J., *Der autoritäre Nationalstaat: Verfassung, Gesellschaft und Kultur im deutschen Kaiserreich*, Frankfurt am Main 1990.

Mosse, George L., *The Nationalization of the Masses: Political Symbolism and Mass Movements*

in Germany from the Napoleonic Wars through the Third Reich, Ithaca/London 1975.

Mühlberg, Dietrich *et al.*, *Arbeiterleben um 1900*, Berlin 1983.

Murphy, Richard C., *Gastarbeiter im Deutschen Reich: Polen in Bottrop 1891-1933*. Aus dem Amerikanischen übersetzt von Tamara Schoenbaum-Holtermann, Wuppertal 1982.

Murdzek, Benjamin P., *Emigration in Polish Social-Political Thought, 1870-1914*, New York 1977.

Murzynowska, Krystina, *Die polnischen Erwerbsauswanderer im Ruhegebiet während der Jahre 1880-1914*. Aus dem Polnischen übersetzt von Clara Bedürtig, Dortmund 1979.

Neubach, Helmut, *Die Ausweisungen von Polen und Juden aus Preussen 1885/86: Ein Beitrag zu Bismarcks Polenpolitik und zur Geschichte des deutsch-polnischen Verhältnisses*, Wiesbaden 1967.

Niedzielska, Magdalena, "Die Geschichtsschreibung der Provinz Preußen und die Frage der nationalen Minderheiten im 19. Jahrhundert," in: Hahn, Hans Henning/Peter Kunze (Hg.), *Nationale Minderheiten und staatliche Minderheitenpolitik in Deutschland im 19. Jahrhundert*, Berlin 1999.

Peters, Michael, *Der Alldeutsche Verband am Vorabend des Ersten Weltkrieges (1908-1914): Ein Beitrag zur Geschichte des völkischen Nationalismus im spätwilhelminischen Deutschland*, Frankfurt am Main *et al.* 1992.

Reulecke, Jürgen (Hg.), *Arbeiterbewegung an Rhein und Ruhr: Beiträge zur Geschichte der Arbeiterbewegung in Rheinland-Westfalen*, Wuppertal 1974.

Rill, Bernd, *Deutsche und Polen: Die schwierige Nachbarschaft*, Puchheim 1981.

Rimmele, Eva, *Sprachenpolitik im Deutschen Kaiserreich vor 1914: Regierungspolitik und veröffentlichte Meinung in Elsaß-Lothringen und den östlichen Provinzen Preußens*, Frankfurt am Main *et al.* 1996.

Schieder, Theodor, *Das Deutsche Kaiserreich von 1871 als Nationalstaaat*, Köln/Opladen 1961.

Schieder, Theodor, *Nationalismus und Nationalstaat: Studien zum nationalen Problem im modernen Europa*, hrsg. von Otto Dann und Hans-Ulrich Wehler, Göttingen 1991.

Smith, Helmut Walser, *German Nationalism and Religious Conflict: Culture, Ideology, Politics, 1870-1914*, Princeton 1995.

Tampke, Jürgen, T*he Ruhr and Revolution: The Revolutionary Movement in the Rhenish-Westphalian Industrial Region 1912-1919*, London 1979.

Tenfelde, Klaus, *Sozialgeschichte der Bergarbeiterschaft an der Ruhr im 19. Jahrhundert,*

Bonn-Bad Godesberg 1977.
Tims, Richard Wonser, *Germanizing Prussian Poland: The H-K-T Society and the Struggle for the Eastern Marches in the German Empire, 1894-1919*, New York 1941. Reprint: 1966.
Trzeciakowski, Lech, "Die Nationalitätenpolitik Preußens im preußischen Teilungsgebiet (1772-1918)," in: Nitsche, Peter (Hg.), *Preußen in der Provinz*, Frankfurt am Main *et al.* 1991.
Verhey, Jeffrey, *The Spirit of 1914: Militarism, Myth, and Mobilization in Germany*, Cambridge *et al.* 2000.
Wachowiak, Stanislaus, *Die Polen in Rheinland-Westfalen*, Diss., München 1916.
Wehler, Hans-Ulrich, "Zur neueren Geschichte der Mazuren," *Zeitschrift für Ostforschung*, 11. Jhg., 1962.
Wehler, Hans-Ulrich, *Krisenherde des Kaiserreichs 1871-1918: Studien zur deutschen Sozial- und Verfassungsgeschichte*, Göttingen 1970.
Wehler, Hans-Ulrich, *Sozialdemokratie und Nationalstaat: Nationalitätenfragen in Deutschland 1840-1914*, Göttingen 1971.
Wehler, Hans-Ulrich, *Das Deutsche Kaiserreich 1871-1918*, Göttingen 1973.
Wertheimer, Mildred S., *The Pan-German League 1890-1914*, Reprinted: New York 1971.
Westerhoff, Christian, *Zwangsarbeit im Ersten Weltkrieg: Deutsche Arbeitskräftepolitik im besetzten Polen und Litauen 1914-1918*, Paderborn 2012.
Wichardt, Hans-Jürgen, "Die Polenpolitik Preußens und die Vereins- und Versammlungsfreiheit in der Rechtsprechung des königlich Preußischen Oberverwaltungsgerichts," *Zeitschrift für Ostforschung*, 27. Jhg., 1978.
Wippermann, Wolfgang, *Der 'deutsche Drang Nach Osten': Ideologie und Wirklichkeit eines politischen Schlagwortes*, Darmstadt 1981.
Wüstenfeld, Gustav Adolf, *Frühe Stätten des Ruhrbergbaues*, Wetter/Wengern 1975.
Zank, Wolfgang, *The German Melting-Pot: Multiculturality in Historical Perspective,* Basingstoke/New York 1998.
飯田芳弘『指導者なきドイツ帝国—ヴィルヘルム期ライヒ政治の変容と隘路』東京大学出版会、1999 年
伊藤定良「帝国主義成立期における全ドイツ主義運動」『歴史認識における人民闘争の視点』［1972 年度歴史学研究会大会報告］青木書店、1972 年
伊藤定良『異郷と故郷—ドイツ帝国主義とルール・ポーランド人』［新しい世

界史⑧』東京大学出版会、1987 年 a
伊藤定良「『ポラック』と『コロニスト』」『UP』180（1987 年 b）
伊藤定良「第一次大戦前ドイツにおけるポーランド民族運動とカトリシズム」『青山史学』10（1988 年）
伊藤定良「ドイツ第二帝制期におけるポーランド人問題」油井／木畑／伊藤／高田／松野『世紀転換期の世界―帝国主義支配の重層構造』未來社、1989 年
伊藤定良「国境を越える労働者」増谷英樹／伊藤定良編『越境する文化と国民統合』東京大学出版会、1998 年
伊藤定良『ドイツの長い一九世紀―ドイツ人・ポーランド人・ユダヤ人』青木書店、2002 年
伊藤定良「国民国家・地域・マイノリティ」田村栄子／星乃治彦編『ヴァイマル共和国の光芒―ナチズムと近代の相克』昭和堂、2007 年
伊藤定良『近代ドイツの歴史とナショナリズム・マイノリティ』有志舎、2017 年
伊藤定良／平田雅博編『近代ヨーロッパを読み解く―帝国・国民国家・地域』ミネルヴァ書房、2008 年
伊藤定良／伊集院立『国民国家と市民社会』有志舎、2012 年
井村行子「19 世紀の移民―ヨーロッパ移民史の一側面」『史学雑誌』93－2（1984 年）
ヴェーラー、ハンス - ウルリヒ『ドイツ帝国　1871－1918 年』大野英二／肥前榮一訳、未來社、1983 年
江口朴郎『帝国主義と民族』東京大学出版会、1954 年：第 2 版第 4 刷、1991 年
大野英二『ドイツ金融資本成立史論』有斐閣、1956 年
大野英二『ドイツ資本主義論』未來社、1965 年
鹿野政直『「鳥島」は入っているか―歴史意識の現在と歴史学』岩波書店、1988 年
川手圭一「ドイツ人とポーランド人の狭間に生きた人々―マズール人の言語・宗教・民族的アイデンティ」平田雅博／原聖編『帝国・国民・言語―辺境という視点から』三元社、2017 年
キェニェーヴィチ、ステファン『歴史家と民族意識―ポーランドの民族的伝統についての省察』阪東宏訳、未來社、1989 年

キェニェーヴィチ、ステファン編『ポーランド史』加藤一夫／水島孝生共訳、全2巻、恒文社、1986年
木谷勤「『1813－1913年』―解放戦争百周年記念式典をめぐる国家と国民」『名古屋大学文学部研究論集』113［史学38］（1992年）
金賛汀『異邦人は君ヶ代丸に乗って―朝鮮人街猪飼野の形成史』岩波新書、1985年
近藤潤三『移民国としてのドイツ―社会統合と平行社会のゆくえ』木鐸社、2007年
近藤潤三『ドイツ移民問題の現代史―移民国への道程』木鐸社、2013年
ジョベール、アンブロワーズ『ポーランド史』山本俊朗訳、文庫クセジュ（白水社）、1971年
杉原達『越境する民―近代大阪の朝鮮人史研究』新幹社、1998年
西川正雄『現代史の読みかた』平凡社、1997年
野村正實『ドイツ労資関係史論―ルール炭鉱業における国家・資本家・労働者』御茶の水書房、1980年
阪東宏「ポーランド革命――月蜂起とポーランド問題」『岩波講座　世界歴史20』岩波書店、1971年
阪東宏『ヨーロッパにおけるポーランド人―19世紀後半－20世紀初頭』青木書店、1996年
姫岡とし子『近代ドイツの母性主義フェミニズム』勁草書房、1993年
フィッシャー、フリッツ『世界強国への道―ドイツの挑戦、1914－1918年』Ⅰ・Ⅱ、村瀬興雄監訳、岩波書店、1972／1983年
福応健「第二帝制期ドイツ地方行政の構造と性格―ルール重工業地帯における『郡長』をめぐって」『社会経済史学』45－2（1979年）
藤田幸一郎「東ドイツ農村労働者の国内移動」『社会経済史学』39－1（1973年）
ブルーベイカー、ロジャーズ『フランスとドイツの国籍とネーション―国籍形成の比較歴史社会学』佐藤成基／佐々木てる監訳、明石書店、2005年
ホブズボウム、エリック／レンジャー、テレンス編『創られた伝統』前川啓治／梶原景昭ほか訳、紀伊國屋書店、1992年
マゾワー、マーク『暗黒の大陸―ヨーロッパの20世紀』中田瑞穂／網谷龍介訳、未來社、2015年
水野直樹／文京洙『在日朝鮮人―歴史と現在』岩波書店、2015年
望田幸男『軍服を着る市民たち―ドイツ軍国主義の社会史』有斐閣、1983年

モッセ、ゲオルゲ・L・『大衆の国民化―ナチズムに至る政治シンボルと大衆文化』佐藤卓己／佐藤八重子訳、柏書房、1994年
矢野久『労働移民の社会史―戦後ドイツの経験』現代書館、2010年
山本秀行「ルール鉱夫の生活空間と社会的ネットワーク―19・20世紀転換期を中心に」『社会運動史』10（1985年）
良知力『向こう岸からの世界史――一つの48年革命史論』未來社、1978年：ちくま学芸文庫、1993年
割田聖史「ルール・ポーランド人研究の現在と課題―伊藤定良著『異郷と故郷』によせて」『青山史学』30（2012年）

表一覧

地図・図版典拠一覧

地図　ドイツ帝国（1871 ～ 1914 年）の版図

図 1　1773 年のポーランド王国の状態
左からエカテリーナ 2 世＝ロシア、スタニスワフ・アウグスト・ポニャトフスキ＝ポーランド、ヨーゼフ 2 世＝オーストリア、フリードリヒ 2 世＝プロイセン
(J.E. ニルソンの銅版画)。(Rill, 1981 : 153)

図 2　プロイセンの学校教育の国民化
ポーランド人の子どもにドイツ語を叩き込んでいる教師。
(Borodziej, 1972 : 115)

図 3　グーテホフヌング製鉄所（オーバーハウゼン）
(Tampke, 1979 : 108-109 の挿入写真)

図 4　オストマルク協会の創設者
左からケンネマン、ティーデマン、ハンゼマン。
(Hagen, 1980 : 118-119 の挿入写真)

図 5　ルール地方の地帯区分（Tenfelde, 1977 : 35）

図 6　ボトロプのプロスパー炭鉱のコロニー（1926 年）
電柱は、ほんの少し前に設置されたばかりであろう。(Brüggemeier, 1983 : 25)

図 7　坑内の切羽
坑内での崩落の危険を防いでいる。(Tenfelde, 1977 : 320-321 の挿入写真)

図 8　ポーランド協会「イェドノシチ」の規約
ポーランド語とドイツ語の双方で書かれている。(RA, Ⅰ Pa, Nr.114)

図 9　労働者の体操家による平行棒の体操練習
ホールが使えないときは、裏庭で練習した。「ソークウ」の練習風景も同様だったに違いない。(Mühlberg *et al.*, 1983 : 128-129 の挿入写真)

図10　『ヴィアルス・ポルスキ紙からの翻訳』（RA, Ⅰ , Nr.150）

図11　1794 年の蜂起（ラツワヴィツェの戦い）でのコシチューシコ（1746－1817 年）。
農民の大鎌部隊はロシア軍と英雄的に戦い、それは伝説化された。
(Rill, 1981 : 156)

図12　ショパン（1810－49年）（伊藤　1987a：123）

図13　ミツキェヴィチ（1798－1855年）（伊藤　1987a：124）

図14　スウォヴァツキ（1809－49年）（伊藤　1987a：124）

図15　ポニャトフスキ（1763－1813年）（伊藤　1987a：125）

図16　パデレフスキ（1860－1941年）（伊藤　1987a：130）

図17　1912年鉱夫ストライキ
集会が弾圧され、逃げ惑う労働者、女性、子ども。
(Köpping (Hg.), 1984 : 148)

図18　帝国宰相ビューロー（1849－1929年）
背景は宰相官邸（絵葉書）。(Sichelschmidt, 1970)

図19　警察による集会の解散（ベルリン）
ポーランド人の集会についても、同様だったであろう。
(Schulz (Hg.), 1968 : 272-273の挿入写真)

図20　『ヴェストファーレンそのほかのポーランド新聞からの翻訳』(OD, Nr.886)

図21　ポーランド王ヤン3世ソビエスキ（1629－96年）
「ウィーン救援300周年」記念メダル　（沼尻勲氏提供）

図22　チェンストホーヴァの聖マリア像（黒い聖母）(*Grand Larousse*, 1960 : 748)

図23　発禁処置を受けた便箋の模様
チェンストホーヴァの聖母像を囲んでいるラテン語は、「ポーランドの女王であるイエス＝マリアよ、われわれのために祈りたまえ」という意味である。
(RM, Abt. Ⅶ, Nr.36, Bd.1)

図24　発禁処置を受けた便箋の模様
ポーランドの最後の分割。(RM, Abt. Ⅶ, Nr.36, Bd.1)

図25　改姓申請書
ドルトムント－ヴァムベルの鉱夫クライェフスキは、ラインハルト姓への改姓を申請している。彼はプロテスタントであり、おそらくマズール人であろう。1911年当時は、このように、書式が整備されていった。
(RA, Ⅰ Sta, Nr.549)

図26　ポーランド選挙協会の選挙人集会に関する警察の報告記録
左側の出席者の項目は、上段が男性、下段が女性である。(RM, Abt. Ⅶ,

Nr.28）
図27　新宿区大久保地域（著者撮影、2018 年 4 月 3 日）

著者紹介
伊藤定良（いとう　さだよし）
東京大学文学部第二類西洋史学専修課程卒業
東京大学大学院人文科学研究科西洋史学専門課程博士課程単位修得済退学
青山学院大学文学部教授を経て、
現在、青山学院大学名誉教授
〔主要著書〕
『異郷と故郷——ドイツ帝国主義とルール・ポーランド人』［新しい世界史⑧］（東京大学出版会、1987年）
『越境する文化と国民統合』（共編著、東京大学出版会、1998年）
『ドイツの長い一九世紀——ドイツ人・ポーランド人・ユダヤ人』（青木書店、2002年）
『近代ヨーロッパを読み解く——帝国・国民国家・地域』（共編著、ミネルヴァ書房、2008年）
『国民国家と市民社会』［21世紀歴史学の創造1］（共著、有志舎、2012年）
『近代ドイツの歴史とナショナリズム・マイノリティ』（有志舎、2017年）

【改訂新版】異郷と故郷——近代ドイツとルール・ポーランド人——
2020年6月30日　第1刷発行

著　者　伊藤定良
発行者　永滝　稔
発行所　有限会社　有　志　舎
〒166-0003　東京都杉並区高円寺南4-19-2
クラブハウスビル1階
電話　03(5929)7350　FAX　03(5929)7352
http://yushisha.webnode.jp
DTP　言海書房
装　幀　伊勢功治
印　刷　株式会社シナノ
製　本　株式会社シナノ

ISBN978-4-908672-40-8